黃旭初回憶錄

黃旭初———原著

蔡登山———主編

徐悲鴻油畫〈廣西三傑〉：左起依次為白崇禧、李宗仁、黃旭初

1937年12月，第五戰區司令長官李宗仁

白崇禧（左）與李宗仁（右）
青年時期

李宗仁

1948年的李宗仁

1938年軍事委員會副總參謀長白崇禧

《良友》雜誌137期以白崇禧將軍為封面

白崇禧在國民議會第一次會議

當第二次世界大戰之際孝威將軍曾為
文建議美國羅斯福總統呼籲美國以物
資援拳旋租借法案成立復賦詩贈之一
時朝野相和者眾經輯為太平洋鼓吹集
并自撰長聯示余深佩其公忠體國為正
義而奮鬥之精神厥功洵不朽也謹為之
跋中華民國五十四年仲秋月白崇禧□

白崇禧書法

任浙江省主席時期的黃紹竑

黃紹竑

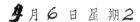

徐蕉因数日前天氣已甚熱，料厚冬衣須令各方穿仍着水，父收拾藏閣中。不料昨日又溽寒，今晨更甚，因取梯向閣上取厚衣，着拖鞋上梯，不慎致従扶级上跌下，傷左足及臀部，不能行動。

　　李德公三月廿九日美國新澤西州来函云:

旭初兄勛鑒久缺音問幸候起居成歉庇前月拜讀大禾並附飲水小冊暨張公讓之食色論萬里故人備承閏懷衷心感激莫可言宣弟飲七合水好屆兩月右手風湿確已減輕八九成歷年便秘亦有進步並勉強承命寫序西合餘四字于本月十二日航空郵寄楊煤重席妥收計早已到達勿為告慰同時弟一個左右仍友人介紹一西医調治嗜喘十多年之舊疾又後診斷出血壓稍高症候每怪早好談話一多或閱讀書報亙多即覺頭痛影響睡眠不寿洞服現左服西药祇一星期两病均靈然而愈完全恢後正常枕善相信与飲七合水必有极大之因係才可收此意外之功效函托張君讓对中西医確有相当造诣图托社会哲学必肯研究並認世界有資本主義必有共産主義此理兄瞭解尚屬公允而且中山先生在他的民生主義第一講秋開章明義説民生主義就是共産主義又名社會主義即大同主義云此惜中山先生棄世太早党內失去領草重鎮致成左右派之紛爭尚幸中山釐定本党聯俄容共扶植農工三大改策適为時代所需此又為全國踏課多子

的景況俾營內部並免糾紛而對外亦不一致尤以民十四年
唐繼堯傾滇黔諸將號稱十萬之師假道東下威脅利誘無所不用
其極更有粵桂內部叛將沈鴻英劉震寰楊希閔等公開作
內應吾人祗憑藉鞏固革命之熱忱毅然主動高舉義旗
竟破消滅龐大之敵軍首先造成陵西之統一聲威遠播大元帥
府促成兩廣一體摧公欲墮乃年以特庇為芳旋成立國民政府
更策動廣西崛起義並誓言全力為其鞏固於是乃至衡陽誓師北進
似趙勢如破竹大前鋒已逼湘鄂邊界革橫司不逞吳佩孚鈗
委為叛逆聲罪致討並大軍南下衡陽並進而予協拒吳氏之聲威不
敢肖大鋒錐一面火速請求我人出師援助一面星夜向衡州窺覷撥
退吳軍與期會開奮其餘眾銜尾窮追我軍衡陽棄奉不守幸我鈗
枝趕去將衡情附近前鋒之兵若識部協同我軍奮行進殺於敵人
於是立此十里於戰於四條定吾人謀另北伐時機甫熟自動左援首
派鈗枝撻奉復行諸言同時調大眾集中桂林入湘以壯聲勢我
乃星夜趕赴虞以厲於往國府早日決定北伐大計疏通友軍並敦
一致行動免致全國革彼危及革命根挺此時左民十五年四月五日各
大黨至對我故快欲迎但對北伐感率反不熱心抱懷疑態度蓋
因三月廿日發生中山艦子保汪俗柏被迫出國左右派日暗鬥傾
札更烈東江海棚雖我了且告勝利但尚未結束各小省友軍
以廣東富庶煙片林立富易政寶藉妙光年苦我官兵厭願尤
以譚程兩公諾有生智芳一投机者曾左湖南譚程兩軍被唐
左等形迫痛筆讀收蹴審蘇南官眾廷席天柴乐福信訊諸等然
失敗我们再展開北伐之師大张棋鼓代筆諸問有上进名伸陵當

　　龍澤賢処有刊物名「長城内外」内容係暴露中共惨
形也，託名為「毎日新闻社」编印。蒋云实也为香港政府新闻
处所办，不在香港公布，专以供给北美英屬地華人阅看也。
　　夜，知李省廷已由台湾到港，因与通电话。李云：明
日上午有约，下午三时当来看。

1966年2月6日之《黄旭初日記》

上午偕绿蕉区海至皇后大道渣打大厦603室禹田公司交国云孙本月体学宿舍费305.7元。云孙昨夜看球赛今晨乃返校。

国凤孙女男友 Tony Cabello 出生于南美智利，现为美籍公民，今年二十八岁，已服过兵役三年。来函称与国凤相爱已年余，拟趁今年暑假时结婚，婚后仍令国凤修毕博士学业，徵我们同意。我嘱国芝函致，先问凤玉也。

下午将四时，李荐廷来访，说係谷凤翔秘书长託其来问候满谷，甚希望公能访台，但我并不对公作此敦促。白先生尝与长谈，彼身体精神均佳，尚有雄心。白现殆公反函，经岳军及中央党部通知者。望公能表派，其实能与在台旧友叙旧，但与不可临时藉故不行也。渠向华对我说，决不赴台，年论大型或小型会议。白先生以为公赴台恐感棘手。此谈结论，我问李荐廷之感性，我说：我从未不肯说过絕对不赴台湾。

荐廷又述新闻数则：(一)闻因李佳公近遊广州，药欲考虑以孙哲生为副总统之说。(二)偷敦消息：毛泽东将於不久访戴高樂及非洲数国。

白函如下：

旭初吾兄勋右：(此段赞扬甘武森稳家巴西新创天地著，略)李荐廷兄赴港旅行，特记我将此间生聚教训准备反攻大陆之实际状况当面报告，寄吾兄必乐於也。

近阅报载美国总统詹森鼓勁全球性的和平攻势似已

失败。越战乃能援大共匪反美援越，以下驷对上驷，策略消耗美国实力。在越之美陆海空军兵力已达廿七万人，南越陆军约四十八万人，合计为七十五万人。越共义勇军约十八万人，北越正规军约十一万人（内含改扮四万人），共廿九万人。武器装备兵员均居劣势。美军除核子武器尚未使用，所有陆海空军所用武器装备，均属近代化且最优秀者。自美军的武器战以未藏至现时为止，在越战耶军祇固守点线居多，广大地面则由越共所领，现代战争乃军之政治经济文化综合的总体战，全面战。决非第二次世界大战以前之传统性军事战争所可比拟。

美军在越作战，不断得到当地广大民众之协助，因美国受国内及国际方面要协争之压迫，始采用和平攻势，使越南民众且有观望被共党之威迫刊诱，多数倒向越共，不敢坚决参加反共战争。北越正规军中之以万肢转段逶共匪游击战训练后寻回的战争，控制广大地域到处袭击美军并行破坏工作，使美军作战困难，即令美国再增加兵力，但领海防讨内，亦不能结束越战也。

近来共匪反美援越已运高炮至苏浙闽粤桂滇海或海省区已疯狂备战，桂滇两省往有重兵者，越援大匪军而参战，居时美国乃亦开辟第二战场，援助国军反攻大陆，以牵制匪军。若能在南海粤桂两省战略弱点登陆，两省民众必群起响应，匪军继之其他各省必因风景陵，美国为掩护国军上陆，迅速统束远东反共战争，应有下列各项之准备两行动：

一、美国应促成东北亚同盟包含中美韩日越菲等国美国应採用前商韩联军统帅特立性将军的建议武装亚洲盟国军队亚洲共匪之由亚洲同盟解决美国祇以海空军及军需支援不需差多数美国子弟擾牲且可避免侵略之恶名。

二、中共匪藉穷黩武好战为亚洲反世界之敌人反攻大陆时应由东北亚盟国组後亚洲反共联军韩国地区为右翼联军中国地区为中央维军越南地区为左翼联军并应威责设亚洲反共联军统司令部。

三、反攻大陆開始防美国应首先炸共匪蘭州包头两处之核子工廠及海空军基地並应将经济交通中心炸毁使匪区各种活动陷于瘫痪促成毛匪政权之瓦解。

四、詹森总统应以甘迺迪总统处理古巴苏俄飞弹之精神與勇气使美賠慴服苏俄恐中共之强大又惧美国核子之毁滅乃祈仍与美国保持和平共存祇要苏不援助匪韓则亚洲反共联军可以事半功倍矣。

五、拟二月一日报载美国停炸北越三十七天胡志明仍悍拒和谈詹森总统已下令恢復轰炸北越头轮圈可祈擴大海军封锁港口杜绝苏匪两方海運援越詹森此举已获得美国国会反興谕多数之支持英国及共他友邦同情与谅解此次演变下去越战可祈擴大自在意料之中這点是良好时机惟机者多稍瞬即易失稍有犹豫即断例如十五年前参帅主张派炸鸭绿江美政府如果採纳並扶助国军登陆当时遗居大陆逾百万人以上之國军势必乘机反正可惜杜鲁门不採纳参帅建议反将其去调离南韩

使國軍失去第一次反攻大陸的時机。距今五年前,大陸遍地
飢荒,民眾痛恨共匪廣東災民五十萬人以上分向港澳逃
亡,共匪失去控制力量美國此時如能協助我反工用空投大
量輕便武器及糧食並由我方派幹部空降一及由港澳陸地
進入難民隊臨時加以組織 運用使之抗力加大同時國家
由沿海之於汕或大鵬灣登陸兩廣五千萬以上之民眾
必起而反共各省軍民心必聞風奮起,形成不可阻止之
洪流的時未能利用,這是我們失去第二次的反攻大陸良机。
觀察共匪好戰野心現正使我火何東布亞半島蔓延,快
不許胡志明波和越共擴大力形性杜大這是我們第三次
反攻大陸的良机我希望早日實現 渐望會稽之此。
弟待聘台灣十有七年矣日夜焦思國家何時反攻大陸解
救大陸同胞現在國際形勢,確已接近反攻時机屆時
我 總統蔣公必統三軍揮戈北指取彼凶殘也,開居等
聊,以個人構思,拉雜書此,以代面談真所謂紙上談
兵不值故人一笑也。未盡之處經諸廉廷兄面達,此祝
儷安
　　　　　　　弟白崇禧敬啟 五五.二.二.

　　李若庭因去年患心脏梗塞后，迄现上楼出觉气喘，白记火毯夏照养画，不聊赴台湾上一长坡而返。我邮函夏话来我家面谈。夏夫妇今日午后来，与李锐恼，婚焦诚往枫林阁晚餐而别。客当问夏有乌所需？夏云：别乌所需。

　　陈建中由台北寄明月倩牌一掛，由刘友通转到。

1966年2月10日之《黄旭初日记》

用張發奎 劉候武 林翼中 黃旭初，覓成五人署名召集之悼白發起人談話會今日下午三時半假座中國文化協會集會，川者約百人，我被推為主席。商討結果，決定各項如下：

（一）名稱　港九各界追悼白崇禧先生大會

（二）日期　民國五十六年元月廿二日即舊曆十二月十二日星期日

（三）地点　九龍總商會（九龍旺角自由道）

（四）籌備會之組織及負責人

1. 主任委員 張發奎 副黃旭初 林翼中 劉候武

2. 總幹事 吳壽頤 黃士鑒 副周異斌

3. 事務組 鍾仲

4. 文書組 周異斌 黃同仇

5. 典禮組 王世昭

6. 佈置組 唐迪

7. 交際組 陳國軍 徐慧儀

8. 財務組 李曾桃

9. 新聞組 陳訓念 曾恩波

10. 編輯組 陳克文

（五）發起人均為追悼會籌備委員，不論今日到會與否。

（六）經費之籌措：由正副主委召開工作人員會議決定。

談話會散後，張主委隨即召集上列十項人開第一次工作人員會議，決定：(1)派周異斌向九龍總商會洽借會場。(2)會場洽妥後再具文向港府申請許可開會。(3)經費預算定最少五千元

1966年12月18日之《黃旭初日記》

黃旭初次子黃武良攝於南寧旭園

新桂系信史
——《黃旭初回憶錄》的重要性

白先勇

　　新桂系作為一個軍事集團在民國史上從北伐、抗戰、到國共內戰，都扮演了舉足輕重的角色，因此新桂系歷史，在民國史上亦應佔有一定的重要性，但是因為新桂系在國民黨軍隊中，並不屬於中央嫡系，在官方國軍史上，記載並不翔實，有時刻意疏漏，甚至扭曲。因此，廣西省前省主席黃旭初的回憶錄，便更加彌足珍貴，補償了國府官方歷史的不足。

　　新桂系領袖以李宗仁、白崇禧為首，黃旭初位列第三，有「廣西三傑」之稱，前三傑為李、白加黃紹竑。李、白長年在中央任職，唯有黃旭初固守廣西，主政廣西，近二十年，有廣西大管家之稱。黃旭初與李、白關係親密，深得二人信任倚重，他對二人之軍政生涯，尤其李、白與蔣介石之間的恩怨分合，瞭如指掌，詳加記載。

　　一九四九年國共內戰，國軍潰敗，黃旭初於十二月二十一日由海南島飛香港，沒有入台，一直寓居香港，至一九七五年逝世，享年八十四歲。黃旭初長居香港，開始撰寫他的回憶文章，多發表在香港《春秋》雜誌上，共一百三十萬言，其中《廣西與中央二十餘年來悲歡離合憶述》最令人注目，黃旭初以參與者及旁觀者的雙重身份，分析廣西與中央二十多年來，自北伐開始，直至一九四九年國府敗退，分分合合，盤根錯節的複雜關係。黃旭初有記日記的習慣，敘述多有根據，下筆井井有條，其為人謹慎，行事篤實，三〇

年代，建設廣西，父親總管其事，黃旭初便為其最得力的執行者，父親託以重任，因其誠信可靠。黃旭初的回憶錄，可以說是一部新桂系信史，有極高的參考價值。

今年一月「獨立作家」出版社，出版了第一部《黃旭初回憶錄》，由蔡登山先生主編，始出版即引起史學界的重視。如今第二部《黃旭初回憶錄》即將問世，由同一出版社出版，此冊回憶錄側重李宗仁、白崇禧、黃紹竑三位新桂系領袖的生平事蹟、軼事祕聞。其中有關父親白崇禧的部份，有幾件大事由黃旭初講來特別具有意義，可信度高。兩岸一直流傳的一個說法：白崇禧三次逼蔣介石下野。事實上蔣介石每次下野均為大勢所逼，以退為進，非任何個人所能脅迫，父親在國民黨權力結構中，無論軍權、政權皆不足以左右蔣介石之進退。

據黃旭初論述，一九二七年北伐途中，寧漢分裂，八月，蔣介石下野，當時謠傳「蔣總司令下野，為李宗仁、白崇禧和何應欽所逼成」，但此事真相，據李宗仁親口告訴黃旭初，並非如此。當時徐州方面，蔣介石率軍作戰，吃了敗仗，八月六日返南京召見李宗仁，一見面便說：「這次徐州戰役，沒有聽你的話，吃了大虧，我現在決定下野了！」李宗仁大吃一驚，忙道：「勝敗兵家常事，為甚麼要這樣說呢？」蔣介石說：「你不知道，其中情形複雜得很，武漢方面一定要我下野，否則劫難難以干休，那我下野就是了。」原來武漢汪精衛政府，以武力逼蔣下野，唐生智領軍蓄勢待發。李宗仁力陳刻下局勢十分緊張，孫傳芳軍威脅首都，武漢方面又派兵東進，請蔣顧全大局，不要下野。蔣說：「我下野後，軍事方面，有你和白崇禧、何應欽三人，可以應付得了孫傳芳，而武漢東進的部隊，最少可以因此延緩。」其實蔣介石曾派褚民誼赴漢口與汪精衛商洽，褚民誼與汪私交甚深，但仍未獲諒解。蔣介石為形勢所逼，終於下野，寧漢對立危機，因此消除。李宗仁如此結論：「當時外間不明真相，且有部分黨人以訛傳訛，歪曲事實，硬把罪名加

到我和何應欽、白崇禧的頭上，說蔣的下野，是我們三人『逼宮』使然，恰和事實完全相反。那時白崇禧在蘇北軍中指揮作戰，不知此事。據我所知，何應欽當時也力勸總司令打消辭意，絕無逼其下野的事。」李宗仁對黃旭初這段親口敘述，應當接近事實真相。

父親白崇禧將軍與蔣介石總統的關係長達四十年，相生相剋，極為微妙複雜，恩怨難分，愛恨交加。北伐軍興，蔣力邀當年僅三十三歲的父親充當國民革命軍的參謀長，充分顯示蔣對白的器重，但北伐剛完畢，蔣便策動「滅桂」計劃，發動「蔣桂戰爭」，欲置白於死地。引黃旭初的話：「蔣先生確實深愛白崇禧的長才，但又每每對他不滿，真是矛盾！」據黃引述北伐期間，一次黨國元老蔣介石親信張靜江對李濟深、李宗仁說：「蔣先生和各元老談話，常露對白氏的批評，謂其不守範圍。我曾為此與蔣先生辯論，以為他所直接指揮下各將官，論功論才，白崇禧都屬第一等，值此軍事時期，既求才若渴，應對白氏完全信任，使能充分發展所長，不可稍存抑制心理，但蔣先生總是說『白崇禧是行，但是和我總是合不來，我不知道為什麼不喜歡他。』」張靜江所引蔣介石這段話，生動的描述了蔣、白之間的矛盾關係，這是北伐時期，日後大凡如此。蔣「不知道為什麼不喜歡他（白）」，原因值得深究玩味。李宗仁對白的評語：「才大心細，遇事往往獨斷獨行。」父親北伐期間，屢建奇功，南昌之役，蔣親自領軍，卻被孫傳芳部擊潰，父親增援，則大破孫軍，後率第四集團軍一路打進北平，最後完成北伐，時年三十五歲。父親少年得志，鋒芒太露，功高震主，而不知收斂，不免觸犯上級，招來「滅桂」之禍。

父親與黃旭初在大陸期間時有書信往來，本書收集了多封父親任職華中剿匪總司令駐蹕武漢時的信件，當時國共內戰，國軍節節敗退，瀕臨崩潰，父親憂心如焚，浮於紙上。父親入台後，兩人通信就困難了，父親受到當局嚴密監控，與海外桂系同僚多斷絕來往，一九五二年，黃旭初託日本友人攜帶一短箋問候父親，父親竟

未回覆，八年後始託人向黃解釋：當時環境極為惡劣，與香港桂系同僚書信來往，是當局大忌。黃這才明瞭父親在台灣處境之艱難。

一九七○年代初，黃旭初來過一次台灣。七弟先敬車他到六張犁回教公墓父親墳上致哀，黃旭初形容憔悴，神情悵然，獨自在父親墓前竚立良久。經此國破家亡之際，新桂系風流雲散，當年叱吒風雲的革命舊友，一一飄零，廣西三傑中的大管家，能不滿懷悽愴。一九六六年十二月二日父親在台逝世，黃旭初在香港寫下輓聯，追述父親一生軍功，並感慨兩人未竟之大業：

從建立策源地而北伐，從結束閱牆而禦侮，數千里縱橫馳騁，名滿山河；志大未全伸，抗日迴天功特著。

在共事模範營為少時，在分頭服務為中歲，四十年聲應氣求，心存鄉國；老來空有約，乘風話語願終虛。

導讀　黃旭初與「廣西三傑」

劉維開

　　民國建立以後，廣西出身的軍政人士在政壇上一直有著十分重要的角色，外界習稱為「桂系」。依時間先後，「桂系」可以分為北京政府時期與國民政府時期兩個階段，前者以陸榮廷、沈鴻英等為主，後者前期以李宗仁、黃紹竑、白崇禧，後期以李宗仁、白崇禧、黃旭初為領導。亦有為區分便利，將前者稱「舊桂系」，後者稱「新桂系」，而後者實建立在擊敗前者、統一廣西的基礎上，李宗仁、黃紹竑、白崇禧被稱為「廣西三傑」。

　　自辛亥革命起，廣西長期處於以陸榮廷為首的軍政人士控制之下，他們大多出身草莽，具有強烈的權利欲和冒險性。一九一六年藉反對袁世凱稱帝的護國戰爭，將勢力擴張至廣東，擁有兩廣地盤，成為對於南方政局具有影響的軍閥派系。一九一七年，孫中山在廣州成立護法軍政府，桂系雖然為其主要結盟力量之一，旋即因軍政府的成立威脅到自身發展，策動反孫行動。一九二〇年起，孫中山發起兩次軍事行動，將桂系逐出廣東，並進軍廣西，重挫陸榮廷勢力，桂系亦因此由盛轉衰，逐漸瓦解。就在此時，廣西內部以李宗仁、黃紹竑、白崇禧為首的一股新的軍事政治勢力崛起，進而取代了陸榮廷等舊勢力，成為廣西的新領導者。

　　李宗仁，字德鄰，廣西臨桂人。一八九一年（清光緒十七年）生，一九〇八年入桂林廣西陸軍小學（後改名「廣西陸軍速成學堂」）第三期就讀，一九一三年畢業後，進入南寧將校講習所供職，嗣因講習所停辦，返鄉任小學教員。一九一六年，廣西加入反

袁行列，李宗仁審時度勢，決定再度從軍，先後參與護國戰爭和護法戰爭，一九一八年升任營長。一九二一年，李宗仁乘孫中山進兵廣西討伐陸榮廷之際，率所部脫離原部，進入粵桂邊境的六萬大山，自成局面，並接受粵軍收編，為「粵桂邊防軍第三路軍」，駐防北流、鬱林一帶。一九二二年，粵軍總司令陳炯明謀叛孫中山，將入桂粵軍撤回廣東。陸榮廷舊部及各地游雜部隊乘勢而起，紛紛打出自治軍的旗號，自立為王，割據地盤，廣西進入所謂「自治軍時代」。李宗仁亦宣布脫離粵軍，以維持鬱林五屬為名，就任「廣西自治軍第二路總司令」，管轄鬱林、陸川、北流、博白、興業、貴縣、容縣七個縣。這七個縣占廣西人口四分之一，穀物產量約占全省三分之一，各種財政收入也占三分之一左右。李宗仁以此為基地，利用當地豐富的人力物力資源，招兵買馬，勢力日漸強盛。及至黃紹竑率部投奔，更進一步增強了他的實力。

黃紹竑，字季寬，廣西容縣人。一八九五年（清光緒二十一年）生，一九一〇年入桂林廣西陸軍小學讀書，與李宗仁、白崇禧為先後期同學。一九一一年辛亥革命爆發，參加學生軍敢死隊，隨廣西北伐軍赴武昌支援。一九一二年入武昌陸軍軍官第三預備學校，一九一四年結業後，入保定陸軍軍官學校第三期學習。一九一六年畢業後回廣西服務，編入馬曉軍之陸軍模範營。該營係陸榮廷接受日本士官學校畢業生馬曉軍建議而設置，接納受過正規教育的軍校畢業生入營擔任連附、排長，亦無形中成為廣西軍校生大本營，桂系新生力量的重要人士，如白崇禧、黃旭初等均出自該營。一九二一年粵軍攻佔廣西時，馬曉軍接受入桂粵軍改編，任百色警備司令、田南警備軍第五路司令等職，黃紹竑亦由營長升任統領。粵軍撤回廣東後，馬曉軍部遭自治軍攻擊，馬脫離部隊，所部由黃紹竑指揮，欲退往容縣。李宗仁得知後，派員前往連絡，於一九二二年七月雙方合作，黃紹竑受任為廣西自治軍第二路第三支隊司令。由此開始了李、黃合作的歷史，亦為桂系新興力量崛起的

關鍵。

李、黃合作一段時間後，因政局變化，兩人又分途發展。一九二三年，孫中山逐走陳炯明，重返廣州設立大本營，是時因廣西的沈鴻英背叛革命政府，準備出兵討伐。黃紹竑以時機來臨，決定展開新的局面，秘密派參謀陳雄到廣州，與時在廣州養傷的白崇禧取得聯繫，積極活動，與革命政府接洽，表明意圖。另一方面，黃紹竑取得李宗仁諒解，脫離鬱林，以假意受編，投靠沈鴻英，接受所委任廣西陸軍第八旅旅長，實則計劃俟機起義。七月，以粵軍攻克肇慶，沿西江追擊沈部，黃氏認為時機成熟，組織廣西討賊軍總指揮部，自任總指揮，以白崇禧為參謀長，率部向梧州進發，與粵軍配合，夾擊駐梧州沈部，使粵軍順利攻佔沈鴻英的後方基地。事後，受孫中山委任中央直轄西路討賊軍第五師師長，進而掌握梧州的軍政大權，成立討賊軍總指揮部，使梧州成為桂系發展的另一個根據地。

白崇禧，字健生，廣西臨桂人，一八九三年（清光緒十九年）生。一九〇七年入廣西陸軍小學第一期就讀，因病中途退學，後進入廣西省立初級師範就讀。一九一一年辛亥革命爆發，白崇禧參加學生軍敢死隊，與黃紹竑等同赴武昌。之後與黃紹竑同在武昌陸軍軍官第三預備學校、保定陸軍軍官學校就讀。一九一六年軍校畢業後，原本志願到新疆工作，但因時局混亂、交通阻梗而未能如願，遂返回廣西，與黃紹竑同在馬曉軍的陸軍模範營任職，並與黃一起逐級升遷，由排長、連長、營長而統領。一九二二年，馬曉軍部駐防百色時，因巡哨時跌傷左腿，赴廣州就醫，期間常向黃通報廣東軍事、政治情形。黃紹竑率部脫離沈鴻英起義後，白崇禧至梧州協助，任參謀長，並以梧州為根據地向外擴張。

李宗仁在黃紹竑、白崇禧擴張的同時，亦將所部改名為「廣西定桂軍」，此後「定桂」與「討賊」兩軍在廣西的迅速發展，形成一股新勢力，與沈鴻英與陸榮廷的勢力，鼎足而三。隨後，李、

黃、白三人聯手，利用陸榮廷與沈鴻英的矛盾，確立「聯沈倒陸，先陸後沈，統一廣西」的計畫，迫使陸榮廷於一九二四年九月宣佈下野，結束在廣西長達十三年的統治；繼而迎戰沈鴻英部，於一九二五年二月攻克桂林，沈氏敗走。正待廣西統一之際，雲南唐繼堯宣佈就任大本營副元帥。該職係孫氏於一九二四年十月北伐期間任命，惟唐氏一直未曾到任，此時就任，實為得知孫中山北上病危，藉機奪取革命政府的領導權。但因雲南至廣東，必須經過廣西，遂派員游說李、黃，要求借道。李、黃等對於唐之用心十分清楚，以與革命政府的關係，自應拒絕，但是時正值對沈軍事進行，拒絕則恐形成兩面作戰，正在猶疑之間，唐繼堯已派軍進入廣西，李、黃等遂於結束討沈軍事後，立即展開討唐軍事，於一九二五年七月將入桂滇軍逐出省外。至此擾攘數年的廣西戰事終告平息，舊勢力倒臺，李宗仁、黃紹竑、白崇禧成為廣西統一後新的領導人，同時也開啟了桂系在民國政壇的新局面。

李、黃、白完成廣西統一後，進而與廣州方面合作，一九二六年三月，李宗仁、黃紹竑通電，廣西依歸國民政府，兩廣統一。廣州國民政府撤銷廣西綏靖督辦公署，將李、黃所轄各軍改編為國民革命軍第七軍，成立廣西省政府，任李宗仁為國民革命軍第七軍軍長、黃紹竑為廣西省政府主席兼第七軍黨代表、白崇禧為第七軍參謀長。爾後李宗仁、白崇禧率第七軍參與北伐，作戰勇猛，有「鋼軍」稱號，而隨著軍事力量的發展，李、白等亦成為國民政府中新的政治力量。一九二八年，第二期北伐軍事展開，以李宗仁、白崇禧所部湖南湖北各軍，編為第四集團軍，成為國民政府四個主要軍事集團之一，李宗仁與蔣介石、馮玉祥、閻錫山並稱。北伐軍事結束，桂系所控制區域，從兩廣、兩湖直至河北，學者稱此為「廣西王國」。惟全國統一未久，一九二九年內戰再起，桂系首當其衝，李宗仁、白崇禧等退回廣西。至一九三〇年中原大戰結束，黃紹竑以不願繼續參加內戰為由，取得李、白的諒解，離開廣西，隨後轉

入中央任職。黃紹竑離任後，所遺廣西省主席一職，由黃旭初接任，與李宗仁、白崇禧合作，進入桂系的李、白、黃階段。

　　黃旭初，廣西容縣人，一八九二年（清光緒十八年）生。一九一二年入廣西陸軍速成學堂步兵科，與李宗仁等為同學。一九一四年畢業，以成績優異，保送北京陸軍大學學習，一九一七年畢業後，分發回廣西，任督軍署參謀。是年五月，廣西陸軍模範營成立，以馬曉軍為營長，黃任上尉連長。黃紹竑、白崇禧等保定陸軍軍官學校畢業生在該營充任中尉連附。一九一七年冬，黃隨軍入湘，參加護法戰爭。模範營改編為湘粵桂聯軍總司令部衛隊第一營，仍任上尉連長。一九一八年桂軍從湘北退湘南，衛隊第一營改編為護國軍第一支隊第一營，黃升任少校營附。一九一九年桂軍從湖南回桂，第一營擴編為陸軍第一師第二團，馬曉軍任團長，黃為該團少校團附，黃紹竑、白崇禧在該團分任營連長。一九二一年六月，黃充任廣西督軍署中校參謀，七月，粵軍入桂，陸榮廷通電辭職，孫中山委任馬君武為廣西省長，黃任省長公署軍政處軍事科科長。一九二二年春，粵軍撤回廣東，廣西進入「自治軍時代」，黃旭初遭陸榮廷殘部蒙仁潛逮捕，幸得親友多方營救，始免於死，但仍被監禁。一九二二年六月，李宗仁以廣西自治軍第二路總司令名義，從鬱林到南寧與蒙仁潛等開會，李以與黃在廣西陸軍速成學校同學的關係，將黃保釋出獄，並邀黃到鬱林工作，任參謀長，為李宗仁勢力的發展出力甚大。

　　一九二四年春，黃紹竑的討賊軍與李宗仁的定桂軍同受廣州革命政府領導，協力合作，稱「定桂討賊聯軍」，趁陸榮廷在桂林被沈鴻英圍攻的機會，奪取南寧。七月，聯軍以李宗仁為總指揮，黃紹竑為副總指揮，白崇禧為參謀長兼前敵總指揮，黃旭初為副參謀長，出兵討陸，此亦為日後桂系的領導格局。十月，陸榮廷通電下野，廣西軍事結束；十一月，廣西全省綏靖督辦公署成立，李宗仁任督辦，黃紹竑為會辦兼省長，白崇禧為參謀長。督辦公署下設

兩個軍：第一軍為原定桂軍，以李宗仁為軍長，黃旭初為參謀長；第二軍為原討賊軍，以黃紹竑為軍長，白崇禧為參謀長。一九二六年三月，兩廣統一，廣西兩軍改編為國民革命軍第七軍，下轄九個旅，黃旭初為第四旅旅長。

一九二六年六月，李宗仁率領第七軍夏威、李明瑞、胡宗鐸、鍾祖培等四個旅北伐，留黃旭初、伍廷颺、呂煥炎、劉日福等四個旅由黃紹竑指揮駐守廣西，稱為「後方第七軍」。黃紹竑委任黃旭初兼後方第七軍參謀長，又兼南寧警備司令。一九二七年七月，南京國民政府以廣東、廣西軍隊合編為第八路軍，以廣東省主席李濟琛為第八路軍總指揮，黃紹竑為副總指揮。廣西後方第七軍的四個旅改編為三個師，黃旭初任第七軍第六師師長；十月，廣西成立第十五軍，黃紹竑任軍長，黃旭初師改編為第十五軍第二師，黃仍任師長。十一月，李濟琛因事赴上海，召黃紹竑至廣州代理主持軍政事宜，張發奎所部黃琪翔乘機，藉口打倒新桂系，在廣州發動事變，謀捕黃紹竑，黃聞風逸去，所部駐廣州軍隊被繳械。黃旭初適到廣州，得友人密告，隻身潛逃香港，繞道返回梧州。十二月，黃旭初率所部進攻廣州，會同李濟琛部，擊敗張發奎、黃琪翔部。一九二八年四月，黃旭初升任第十五軍副軍長兼第二師師長。

一九二九年五月，李、黃、白等以原十五軍為主，在廣西成立護黨救國軍反蔣，以李宗仁為總司令、黃紹竑為副總司令、白崇禧為前敵總指揮。黃旭初奉命率軍攻粵，與粵軍激戰於白泥市，為粵軍所敗，黃負重傷，急送香港醫治，至一九三〇年三月，傷癒回桂，改任教導第二師師長。五月，中原大戰發生，桂系與張發奎聯合閻錫山、馮玉祥反蔣，出兵湖南，企圖攻略武漢。七月，桂、張兩軍在衡陽附近遭粵軍擊敗，損失慘重，被迫撤回廣西，於柳州整頓。八月，黃紹竑脫離桂系歸附中央，廣西軍政改組，黃旭初繼任第十五軍軍長。此時，廣西遭滇軍、粵軍兩面夾擊，處境極為困難。一九三一年二月，蔣介石幽禁胡漢民於南京湯山，廣東陳濟棠

等改變態度反蔣，將進入廣西境內的粵軍撤回，李宗仁、白崇禧等重新統治廣西。三月十五日，黃旭初受任為國民革命軍護黨救國軍第一方面軍總司令部政治委員會主席。五月，反蔣人士在廣州另立國民政府，以與蔣介石的南京國民政府相抗衡，是為「寧粵分裂」。六月，廣州國民政府決議整編兩廣軍隊，將廣東軍隊整編為國民革命軍第一集團軍，以陳濟棠為總司令；廣西軍隊整編為國民革命軍第四集團軍，以李宗仁為總司令，白崇禧為副總司令，張發奎、廖磊、李品仙、黃旭初等分任第四、七、八、十五軍軍長。隨即任命黃旭初為廣西省政府委員兼主席，七月一日在南寧正式就任。

　　黃旭初主持廣西省政，與李宗仁、白崇禧團結一致，臂助李、白貫徹「建設廣西，復興中國」的方針，提出「三自」、「三寓」政策，即「自衛、自治、自給」和「寓兵於團，寓將於學，寓募於徵」政策，至一九三四年三月，又通過「廣西建設綱領」，由省政府公佈施行。並制定了政治、經濟、軍事、文化建設計畫及政策。一九三六年六月，兩廣事變發生，中央以和平解決為方針；九月，任命李宗仁為廣西省綏靖主任、白崇禧為軍事委員會常務委員、黃旭初為廣西省政府委員會主席，李、黃兩人由南寧飛抵廣州謁蔣，表示服從中央，結束廣西長達五年的半獨立狀態。

　　抗戰期間，廣西為大後方，省政建設幾乎配合中央措施，人力物力之支援，盡其所有，徵調兵員達一百二十餘萬之眾，白崇禧曾謂：「廣西的所有，無論軍事、政治、經濟、文化，都已悉數貢獻中央，僅對用人一事，還沒盡量由中央任意直委，而保留著一點推薦權」。一九四一年十月，蔣介石蒞桂林視察廣西省政，致詞指出「廣西逐年進步的原因，由於黨政軍合作，民財建教合作」，且能與外省人合作，「外人來桂的，居之甚安，無排外情形，這也是一進步」。抗戰勝利後，國共戰爭又起，一九四九年十一月，中共第四野戰軍分兵三路進攻廣西；二十四日，行政院會議決定調黃旭初

任華中軍政長官公署副長官，由李品仙繼任廣西省政府主席。黃旭初擔任廣西省主席一職前後長達十九年，為民國史上任期最長之省主席，卸任後由柳州飛南寧，經海口轉往香港。

黃旭初寓居香港期間，長期於雜誌撰寫與廣西、桂系相關之回憶文章，其中連載於《春秋》之「廣西與中央廿餘年來悲歡離合憶述」，於本年（二〇一五）初，由蔡登山兄彙集成《黃旭初回憶錄——李宗仁、白崇禧與蔣介石的離合》，出版後引起眾多回響。蔡登山兄復就黃氏所發表文章中，憶述李宗仁、黃紹竑、白崇禧，即所謂「廣西三傑」相關文字整理成編，為《黃旭初回憶錄——廣西前三傑：李宗仁、白崇禧、黃紹竑》，作為黃旭初回憶錄系列之二。黃旭初與李宗仁、黃紹竑、白崇禧三人之關係，俱見前述，回憶錄中關於李宗仁者十八篇、白崇禧者五篇、黃紹竑者五篇，俱為其所親見親聞之記述。其中所錄李宗仁、黃紹竑、白崇禧函件，實為歷史存證，史料價值極高。另有〈李、白、黃怎樣撰寫回憶錄？〉一篇，作為附錄，內容頗堪玩味，提供讀者對於三人回憶錄如何形成之參考。

編者序　寫在《黃旭初回憶錄》之前

蔡登山

　　黃旭初在五○年代末在香港《春秋》雜誌上開始寫回憶的文章，前後有十來年，據香港傳記作家胡志偉先生估計，有二百一十五篇，共一百卅萬言。其中寫了近兩年的《廣西與中央廿餘年來悲歡離合憶述》四十四章節，在一九六三年八月四日完成初稿，文章刊出後，李宗仁從美國來函，對第一篇的章節作了若干更正與補充。於是黃旭初又寫了補正之一〈李宗仁由美來函話當年〉、補正之二〈廣西人在浙皖兩省的地方政權〉、補正之三〈桂人主皖政——由李宗仁到夏威〉、補正之四〈國軍戰敗避入越南經過詳情〉，對原書稿做了更詳盡的補充，可見其精益求精的態度。此書稿談及李宗仁、白崇禧和蔣介石的恩怨離合甚多，為此我又找到黃旭初所寫的四篇文章，分別是：〈白崇禧兩度任副總參謀長之憶〉、〈蔣李初次會晤經過詳情〉、〈蔣李第二次會晤經過詳情〉、〈我記憶中的早年李宗仁〉，當作本書的附錄，如此對李宗仁、白崇禧和蔣介石之間的關係，當有更進一步的瞭解。書名經黃旭初的次子黃武良先生同意也改為《黃旭初回憶錄——李宗仁、白崇禧與蔣介石的離合》（簡稱《黃旭初回憶錄》系列一）

　　《黃旭初回憶錄》系列一，在二○一五年一月二十三日（週五）下午四時在臺北廣西同鄉會做新書發表會，現場有廣西同鄉、研究學者、媒體記者，擠得水洩不通。大家說今天是好日子，問其故，說我們把「一、二、三、四、五」幾個數字排序湊足了，但這完全是巧合，是我們始料未及的。不過《黃旭初回憶錄》系列一的

出版，確是非常重要的一件事，在新書發表會之前，黃武良先生把消息告知廣西容縣政協文史委員會及廣西桂林李宗仁文物陳列館，他們都紛紛發來賀電。其中李宗仁文物陳列館韋館長說：「黃旭初先生同李宗仁先生、白崇禧先生統稱『廣西三傑』，共同鑄造廣西的輝煌歷史。《李宗仁回憶錄》、《白崇禧回憶錄》早已面世，一直期待著黃旭初先生的回憶錄出版。羊年伊始，黃旭初先生回憶錄的首次出版發行，使得三傑的回憶錄出版完全，加上黃紹竑先生的《五十年回憶》，從中我們得以認知轟轟烈烈的廣西近現代史，生發出廣西人的自豪感和進取精神。」當然《黃旭初回憶錄》的出版，不僅是對廣西近現代史填補重要的一頁，更對中國近現代史提供一份極為珍貴的史料。

　　新書發表會當天除了黃武良先生遠從香港來到臺北外，正巧從美國回台的白先勇教授也受邀出席這場盛會，黃旭初、白崇禧兩位先生的哲嗣能在廣西同鄉會共此盛舉，真是意義非凡。據《中國時報》記者林欣誼報導，白先勇表示今年為抗戰勝利七十周年，台灣對抗戰勝利的紀念活動，不該落後中國大陸，「因為這場仗是國民黨軍隊打下來的，其中廣西軍隊尤其立了很大功勞。」白先勇認為黃旭初任廣西省主席達十九年，「他的回憶錄從廣西觀點詮釋民國史，補充李宗仁、白崇禧傳記的不足，讓歷史真相更完整。」白先勇談到當年香港《春秋》雜誌是不准進入臺灣的，他是因父親的緣故，才得以逐期看到黃旭初寫的《廣西與中央廿餘年來悲歡離合憶述》這些文章的。這事證之黃旭初的〈我與白崇禧最後的關係〉一文（案：該文已收錄於本書中），是確實而無誤的。文中說：「我近年閒居無事，曾將半生自歷情事輯為掌故，共數十篇，在期刊發表。白氏得閱後，於民國五十五年年四月八日來信說：『台灣之中央研究院近代史研究所搜集香港的《春秋》雜誌合訂本為參考之書，禧曾借閱，專心拜讀吾兄所寫之廣西對國家貢獻的事實，載於〈廣西與中央廿餘年來悲歡離合憶述〉一文中，持論公正，文實並懋，不僅

鄉人好讀，國人亦皆稱頌也。廣西自吾儕主政後，即決心參加廣東革命政府，實行三民主義，北伐抗戰，無役不從，中外皆知，毋庸贅述。今賴吾兄秉筆直書，使海內外洞悉廣西光榮的歷史，立言之功，真不朽也。』他對我此舉，似頗愜心懷。」

新書發表會當天有研究廣西現代化的中央研究院研究員朱浤源教授、研究青年黨及第三勢力的陳正茂教授等多名學者參加。政治大學歷史系教授，也是專治民國史的劉維開強調，廣西桂系在抗戰時扮演重要角色，最重要的就是「團結」：「抗戰時李宗仁、白崇禧在中央打仗，黃旭初留在廣西任省主席，黃不僅沒有坐大個人勢力，並以廣西力量支持在省外發展的李、白兩人。」他推崇本書也是民國政治軍事史縮影。

鑑於《黃旭初回憶錄》系列一之重要性，我進一步蒐集黃旭初發表過的文章，詳加閱讀，發現其集中寫李宗仁、白崇禧、黃紹竑，所謂「廣西三傑」的文章，有數十篇之多。（案：後來由於黃紹竑離開廣西到中央，因此「廣西三傑」的稱謂改指：李宗仁、白崇禧、黃旭初。如名畫家徐悲鴻在一九三五年畫有「廣西三傑」的油畫，當時徐悲鴻正在廣西遊學。白先勇曾望著這幅畫，笑著說：「三人都騎著戰馬。左邊是我父親，中間是李宗仁，右邊是黃旭初。徐悲鴻很善於畫馬，而且我父親的神情也都畫得很好。」白先勇讚嘆徐悲鴻這幅畫畫得極好，「他畫的馬和我父親的剛毅品格是相稱的。」）只是這些文章發表時是東一篇、西一篇，雜亂而沒有順序的，它沒有依照時間先後次序，也沒有依人物事件排序，前前後後大約寫了幾年，它完全不同於《黃旭初回憶錄》系列一中，除附錄四篇是我補進去的外，其他完全是作者自訂的章節。因之如何將這些文章串連在一起，就成了我的難題。我於是先區分為三部分，分別為李宗仁、白崇禧、黃紹竑。再依他們的生平去排定文章的次序（無法根據文章發表的先後），但有同時寫兩個人的如〈李宗仁頭白，黃紹竑骨寒！──當年兩封公開信，如今一夢隔人

天！〉一文，只得擺在李宗仁部分。至於有關李宗仁思想突變，原因何在？黃旭初曾兩三次提及，內容大同小異，但最後一次是在一九七〇年六月所寫的〈李宗仁晚年思想轉變的由來——為了留存史實特刊露我與李氏往覆兩函〉一文，其中並將甘介侯與溫金華兩氏所言，併附篇末，藉供參考，該文應該是最完整者。前面兩文雖有引用但並不提及甘、溫兩人之姓名，或許怕造成當事人之困擾，作者之宅心仁厚，由此可見。

《黃旭初回憶錄》系列一是以「史」為主，依時間次序，講述廣西與中央廿餘年來悲歡離合。《黃旭初回憶錄》系列二是以「傳」為主，以李宗仁、白崇禧、黃紹竑所謂「廣西三傑」的生平事蹟，種種軼事秘聞為其寫作的重點。由於作者與他們之間甚為熟稔，甚至有時朝夕與共，因此有近身之觀察，這是其他寫傳者所做不到的。系列一與系列二兩書可說是互為表裡，合而觀之，則有「史」有「傳」，如同干將莫邪，雙劍合一，更足以明瞭此段歷史之軌跡與人事之興替！

由於徐悲鴻之〈廣西三傑〉之油畫，讓我想起在二〇一二年五月九日的「父親與民國——白崇禧將軍身影照片展」時，白先勇面對照片，看著父親良久良久。後來回過神，走到父親年輕照片展區，笑指一張白崇禧騎馬照說，「這匹馬的名字叫『回頭望月』，是關外第一名馬，他最愛這匹馬，是從張宗昌那邊俘虜來的。」照片下白崇禧親筆註記：「『回頭望月』全身毛色為金黃色，為關外走馬中跑第一者，據稱日行八百華里，為奉軍吳俊陞將軍所有，嗣贈與張宗昌將軍。津東之役，直魯軍全部覆滅，該馬遂為白總指揮所有，馬背右後方近馬尾處，有一飯碗大之圓形白毛，近似月亮，故名『回頭望月』，白將軍最好馳馬，尤鍾愛此名馬。」不錯，這匹名馬確是張宗昌贈送給白崇禧的，但其中是有段故事的，特整理出來，以供治史者參考。

張宗昌人稱「狗肉將軍」（他嗜賭成癖，終日與骨牌為伍。當

地人稱玩牌九叫「吃狗肉」，故有「狗肉將軍」綽號。）又稱「混世魔王」，足見其人劣跡斑斑，罪惡滿盈。還稱「三不知將軍」（不知道自己有多少姨太太，不知道自己多少條槍，不知道自己有多少錢）。為了共同對付馮玉祥的國民軍，盤踞直隸的李景林和盤踞在山東的張宗昌於一九二五年十二月將所部聯合，改稱「直魯聯軍」，李景林任總司令，張宗昌任副總司令。不久李景林被國民軍打敗，退守山東。一九二六年李景林下臺，張宗昌任總司令，張部褚玉璞任副司令，徐大同任參謀長。一九二七年初，直魯聯軍南下，進駐上海鎮壓了上海工人第二次起義。同年三月，上海工人發動了第三次武裝起義，直魯聯軍被趕出上海，張宗昌和褚玉璞狼狽逃回濟南。一九二八年四月，蔣介石、馮玉祥、閻錫山的軍隊發動了總攻擊。三十日晚八時，張宗昌在濟南實行了緊急戒嚴，斷絕了一切行人交通，然後逃出了濟南城，西竄冀東。在冀東，張宗昌惶惶如喪家之犬，處境十分狼狽。他經常對褚玉璞說：「我把山東賠光了，來到你們直隸，我在這裡是吃勞金的。」現出了一副可憐相。

　　不久，白崇禧統率北伐軍向北方推進時，張宗昌和褚玉璞的直魯聯軍已經退回河北，一共還擁有四五萬人在負隅頑抗。及後北伐軍沿津浦鐵路北段疾進，在德州一帶，終於將直魯聯軍擊潰，白崇禧統率大軍，一直的追擊到津沽。此時張、褚兩人本想率殘眾循京奉鐵路（後改稱北寧路）退出山海關，往依東北的張學良，不料竟為張學良所拒絕。這倒是張學良聰明的地方。因為當時他顧慮如准許直魯聯軍退回東北，倘北伐軍不肯罷手，乘勝追出關外，戰事可能擴延到東三省境內；何況日本關東軍又一直在虎視眈眈，不斷尋釁，正是東北多事之秋。而在這之前的6月4日凌晨5點，張作霖在皇姑屯車站，也就是東北軍控制的京奉鐵路與南滿鐵路的交界處，被預埋炸藥炸死，是日本關東軍所為。張學良以父仇未報，國家亟需有一個富有朝氣的統一政府，且中央與東北亦早已有人暗中接洽易幟之事，故而張學良於易幟之前，即決定派兵駐守山海關，毫不

客氣的拒絕直魯聯軍進入東北。

　　張、褚於慘敗之餘，無可投奔，直如釜底游魂。而白崇禧在津沽一帶亦重兵部署，向直魯殘眾完成四面合圍的態勢。張宗昌眼見大勢已去，本身又無路可走，乃派其參謀劉某到塘沽見白崇禧，作保留面子的變相洽降。劉某係保定軍校三期同學，與白崇禧在保定時，彼此亦皆熟識。據香港的舒翁（筆名）在〈紫邨隨筆〉中說他在白崇禧尚未逝世前曾赴臺灣，曾造訪他，白氏於午膳後，兩人在院內散步，白氏親口向他述說這段經過，可稱得上一段珍貴的「口述歷史」，今特摘引舒翁所記如下（案：文中「我」即是白將軍）：

　　　　……見面後劉參謀即向我說：「張總司令特派我來向白將軍接洽，他以為直魯軍都是中國人，一切武器也都是國家的物資，今天直魯軍雖然打敗了，這是兩方的主張不同，並非私人間的恩怨問題，他現在已下令直魯聯軍放棄抵抗，所有部隊皆聽白將軍接收處理，但要求白將軍對他個人不要為難，給他一點面子，如果一定要拿他當俘虜，他就立即自殺。」

　　　　我聆罷劉參謀這一席話，當下便對劉說：「你回去告訴張劾坤（宗昌）吧，他是北方的一條好漢，過去在北京政府也有相當地位，只要他放棄抵抗，我絕不會為難他。何況他既這麼誠意的將部隊的一切武器完全交出，這種行動，我十分同情，此刻他想避往何地，儘可自由行動。」接著我又說：「他新敗之餘，若單身行動，恐有不便，隨身的少數侍衛人員，暫時仍准攜帶防身武器。此刻我和他似乎不便見面，以後或者仍有相見之日，請老同學回去好好轉達我的意思，並代表我致問候之意。」

　　　　劉參謀聽我這樣的說法，一時愁容頓解，喜出望外，高高興興地告辭而去。到了第二天，劉參謀又來求見，同時並攜來「回頭望月」名駒一匹，以及五萬元的大洋票。

劉再次進見時，便對我說：「我昨天回去轉達了白將軍的盛意，張總司令感激萬分，連說白將軍真夠做一個朋友，真替他留了不小的面子，所以今天特地叫我攜帶中國銀行大洋票五萬元，送請白將軍作勞軍之用。此外並獻上『回頭望月』名駒一匹，這是張總司令表示對白將軍的敬意。我臨行時，他還說寶馬贈與英雄，他覺得很開心哩！」

我未料到張劻坤竟會來這一套，一時頗感尷尬，當下便向劉參謀長表示，鈔票與寶馬，都不敢受，請他馬上再帶回去。劉卻很誠懇的說：「白將軍若不賞臉，張總司令一定會萬分難過的。尤其是這匹名駒，身材高大，蹄節堅實，因為全身皆黑，只有後腿股上長有碗口大的一團純白的毛，形如滿月，所以名曰『回頭望月』，此馬朝夕之間，能行七八百里，確不愧為千里駒。這原是張總司令最心愛之物，張總司令曾向我說：咱們從此不帶兵，不騎牠了，咱替牠找個好主人吧！所以，白將軍非收不可，否則我也不敢回去覆命。」

劉說得如此懇切，真叫我卻之不恭、受之有愧，結果，我堅決退還了五萬大洋票，請劉帶回去給張劻坤作路費，但那匹「回頭望月」寶馬只好收下了。

據舒翁說白崇禧生前將這段經過講給他聽時，眉飛色舞，興奮至極。舒翁當時曾問白氏：「你在津沽時，對這匹寶馬，乘過幾次？性子劣不劣？」白氏答道：「我每天清晨必據鞍馳騁半小時，不但快捷無比，而且穩健異常，不愧為一匹良駒，我離開天津後，這匹馬可能落到唐孟瀟（生智）手上，這確是我的最大損失。」白崇禧擅長騎術，並以此自豪，生平擁有名駒數匹，「回頭望月」則是他的最愛。

再回到黃旭初身上，我看過為數頗多的回憶錄，有太多都是自我標榜，揚善隱惡，或道人是非，揭人短長，甚者淪為八卦及道聽

塗說之作。但黃旭初的回憶錄不同於此，他寫回憶錄根據他四十年的日記及種種史料，包括數十年前作戰的路線圖，時間都記得一清二楚。而且他寫回憶錄不寫自己，苟或有之，也一筆帶過，絕無渲染。他寫回憶錄完全在寫別人，在寫整個歷史，這在所有回憶錄中確實是僅見的，也是難能可貴的。我不識黃旭初，但我讀了他的著作，油然生起一股敬佩之心，在此引用他姪女黃華東的話說：「不過他寫史實雖多，卻很少自我標榜。他的筆下也不輕易褒貶人，所以別人也甚少議論他的長短。不像與他同時代的那些政客軍閥之流，往往留有被人談不完的傳奇或話柄。這與伯父謙虛沉著的性格有關。伯父善守中庸之道，在他二十年掌政期間，向不好大喜功，只是盡其在我的埋頭實幹，雖說不上政績輝煌，卻能在萬方多難中不隨波逐流，固守自己的崗位，二十年如一日，不見異思遷。再後更能在國事蜩螗，混亂不堪的政局中，急流勇退，淡薄自甘，始終沒有落得什麼禍國殃民的罵名，這是我們作他後輩的深深為他老人家引以為傲的！」

而黃旭初有〈八十一歲初度述懷〉詩兩首，可見其晚年生活之一斑：

其一

人生八十已尋常，屢病今來漸復康。
藥似有緣猶未斷，筆非無債暫停償。
書刊堆案翻披減，親友同城訪候荒。
且喜聯吟詩興在，聊將瓦缶引笙簧。

其二

三遷舉世總相依，頤養營生互得宜。
兒趁郊墟孫入市，我司灑掃婦為炊。

思親念切懸弧日，感舊情殷聞笛時。

世態繽紛看未足，蟾宮可許去探奇。

　　詩以言志，由此兩首詩中可見黃旭初的淡泊生涯，晚景堪稱悠閒。雖然一向「吶吶向人鋒斂芒」，靠著他的筆墨也能消歲月長，也寫出不少文章能永留人世間！

　　黃旭初的著作雖然在他完稿後的半個世紀後才出版，但是也愈更加的珍貴。這證明「好書」永不寂寞的，雖然一時之間沒被發現，但終究有「識珠」者。又好友江蘇南通欽鴻兄在得知《黃旭初回憶錄》系列一出版的消息，來信索書，並告知他手上有黃旭初的日記手稿影印本，分別是1954年、1965、1966年三年的，還有一些散頁。我原本要借為校稿之用，蒙他無私的餽贈，在此記上一筆，衷心感謝。

　　感謝白先勇老師在百忙之中，為此書寫序並推薦。其他還有在美國的史學者林博文先生、政治大學劉維開教授，不斷地鼓勵與提攜，都是銘感五內的。而最該感謝的是黃武良先生他無私而且信任我，才是我在整理出版一系列《黃旭初回憶錄》的最大動力，雖然前路漫漫，但不寂寞！

目 次

第一輯　李宗仁

壹、記少年時期的李宗仁

關於李宗仁氏生平的經歷，我曾寫過一些，但對他少年時期的生活情況，似尚未述及，現在特述此篇，以稍補闕失。

文中描繪的實景，距離現在半個世紀以上了，年青一代，多未及見，與目前現況，差異極大，讀時比照一想，有些事件也許帶點像《鏡花緣》的意味。

一、兩江墟小村聚族而居

廣西省會桂林西郊外六十里有一小鎮叫兩江墟。墟的周圍二、三十里，土壤肥沃，人煙稠密，村莊棋布，雞犬之聲相聞。舉目展望，小山峰稀疏羅列，峻峭秀美，姿態各異，風景清麗，為圖畫所不及。由兩江墟再西行約七里為槺頭村（槺字平常很少見，讀如「浪」，意義為樹木茂盛下垂貌），村中李姓聚族而居。清朝光緒十七年七月初九日（即公元一八九一年八月十三日），這村一農家誕生一男嬰，便是後來名聞全國的李宗仁。

據李家他們傳說，祖先來自北方，到槺頭村已有千年以上。由於歷代兵災匪禍的浩劫，農村經濟的破產，以及若干遷往外處謀生，到清末時，在村全族僅二百餘人。李宗仁說：「我家這一房，自高曾以上，屢代單傳，時虞絕嗣，所以先人更加樂善好施，冀廣積陰功，為子孫造福，因而頗為鄉里所重。到祖父如璽公始生二子，即我父親春榮公和叔父春華公，其後丁口始繁。向來半耕半讀的家庭，人口稀少，在祖父以前，生活頗覺優裕。到了清朝初年，太平軍起，圍攻桂林久而不下，鄉間屢遭兵燹，於是盜賊蜂起，我

家故宅被焚，曾祖又被匪綁票勒贖，家道以此中落，房屋也無力重建，遺址竟成菜園。故宅四周的牆基尚在，我幼時在菜園裏玩耍，在牆基上爬上爬下，此情此景，到老記憶猶新。」

二、祖父吸鴉片且喜清談

李宗仁氏曾談及他受祖父的影響極深。他的祖父少時曾被過境的清兵拉伕，中途以急智逃脫，幾被追者所得，故他畢生對滿清的苛政和軍隊的擾民非常痛恨。加以親見鄉間土豪劣紳魚肉小民，使他腦裏充滿著抗暴思想。中年時即豪俠好義，喜交各方豪傑。曾四出旅遊。順湘江渡洞庭到武漢，訪察長江形勢和中原民族。後又越南嶺而下廣州，在珠海留連。在他晚年，正值清廷最弱、外禍最烈時期，中法戰爭、中日戰爭、八國聯軍、日俄戰爭接踵而來。越南原我藩屬，與廣西唇齒相依，當光緒十年法人入侵佔越南時，廣西全省震動，他耳聞目睹，最為真切，故對清廷的顢頇和洋人的猖獗，深為痛心疾首。這位老人晚年吸鴉片菸，或因悶氣無從發洩，故借此以吐胸中積憤。吸菸人多喜清談、好賓客。一槍在手，賓朋滿室，談風愈健。老人常在菸床上把他當年的遭遇以及所見所聞令人憤慨的故事，說給親朋和孩子們聽。因為說的都是真人實事，說來感人極深，李氏說：「我小時乃至我的一生，受這些故事的影響極大，始終不忘。」此老又為鄉中一位知名儒醫，精小兒科，家中不靠行醫過活，為人治病都是義務性質。

三、道士驅鬼祈雨迷信多

李宗仁自孩提至同年都在父母身邊，思想行為，得自庭訓，現從他的父親說起。

他父親別字培英，我稱他為培老。性情豪爽類其父。勤勉好

學，就讀於鄉中名舉人李小甫門下。兩江墟一帶屬桂林府臨桂縣西鄉，向來文風極盛，他既為名師高足，對科舉很有前途。但初試未售，值母喪與父喪，守制六年，不能下場，從此也就無心仕途，在家設館授徒。

培老壯年時期的中國，政治腐敗益甚，外患有增無已，瓜分大禍迫在目前。戊戌前後，維新思潮風靡一時。在這種風氣激盪中，培老也成為西鄉革新派激烈分子領袖之一。尤其是他破除迷信、毀廟宇、興學堂的主張，引起了當地守舊派的劇烈反對。農村社會原極迷信，認為人的富貴榮華是由神鬼在冥冥中作主，疾病災荒也由於魑魅從中作祟。平時求神拜佛，燒香還願，都習以為常；若逢求雨驅疫這類大事，且由專業此道的道士主持。為病人驅鬼時道士表演的巫術，是在地上挖一長坑，坑裏燒炭，待炭火熊熊時，他即喃喃念咒語，然後趕鴨一隻踏火走過，鴨的羽毛足爪毫無損傷。他更令病人全家踏火而過，也不被灼傷。村人以為道士確是法力無邊了。祈雨遊行時，不許人戴草帽或持洋傘。洋傘是洋貨，「洋」、「陽」同音，故被認為有犯禁忌。過路人如有犯的，常被群眾追逐毆打，必將洋傘撕毀才肯罷手。所以每當祈雨行列經過，行人都要在驕陽下把草帽、洋傘藏起。但戴斗笠、持紙雨傘卻不禁，因斗笠和雨傘都是下雨的象徵。求雨時，各村每家至少要出一人參加遊行，培老對孩子們要求參與這項熱鬧，卻並不加以阻止。

四、李父應募出洋赴馬來

西鄉當時土豪劣紳、貪官污吏和散兵游勇魚肉人民的情形，多不勝記。培老思想較新，為人正直，所以常受到地方上惡勢力的攻擊，但他絕不稍讓，時有衝突。他那般正氣凜然的情景，給在旁目睹的童年子姪心理上影響很深。

培老能力很強，又富於冒險精神，不甘以三家村塾師終老，時想遠走高飛，創立一番事業。光緒三十年，他忽然聽說洋人在香港招募華工出洋工作，認為這是一個到海外遊歷闖世界的機會。於是放棄了教讀生涯，不顧家人的勸阻，毅然去香港應募，當了華工，出洋到了馬來亞。他想出洋的目的，多少受了些海客談瀛的影響，以為出洋便海闊天空，大可振翮翱翔，一展平生抱負。誰知一到馬來亞，才發覺被洋人所騙。華工的生活慘如牛馬，洋人對華工的虐待，更是觸目驚心。不久便發生當地華工團結抗暴運動。培老體力雖強，勞力工作究非素習，華工中極少能執筆寫字的人，於是以替人寫家信或其筆札方面的事和他人交換體力勞動。大家知道他是讀書人，抗暴運動起時便推他為華工代表，和資方的英國人實行鬥爭。經過一年多的奮鬥和交涉，被資方解雇，遣回香港，乃結束其一場海外歷險記。因此他後來一提到外國資本家，便咬牙切齒，痛恨入骨。

五、外婆吝嗇不顧親生女

　　男兒所受母親的影響和教訓，和受自父親的有許多不同，李宗仁氏述他母親的生活頗為細緻有趣。

　　「廣西婦女向不纏足，上山樵採，下田收穫，婦女都和男子一樣操作。然男子日出而作，日入而息，尚有定時。婦人白天和丈夫兒子一同下田耕作，到晚回家還要煮飯、洗滌、縫紉、紡織、哺乳幼兒，工作倍於男子，勞瘁非常。我鄉農民幾乎全是自耕農，我家田地也是我們自己耕種，父親教書無暇力田，一切勞動遂由我母擔任，我們兄弟不過從旁協助而已。農忙時偶爾也雇短工，但那是極少的例外。

　　我幼小時和祖父母、叔父母同居，過著大家庭生活，到我七歲才析產分居。而我房人口逐漸增多（培英公有五子三女），食之者

眾，生之者寡，家庭經濟總是入不敷出，每年不免借貸。那時我們唯一可以借貸的地方便是古定村我外祖父劉家。

我外祖父家也是以克勤克儉興家的。每年都有餘糧，以高利貸出營利。當時鄉間貸款的利率，有時高達百分之百。因而逢著青黃不接時，母親便去外家借貸。我兩位舅父為人寬厚，外公更是忠厚長者，對我們極願幫助。無奈我外婆雖聰明幹練，卻生性吝嗇，不願常把糧食無利貸與我們。記得有一次因為上年歉收，新穀登場尚需月餘，家中已顆粒無存，情形緊急。母親偕我挑了籮筐去外婆家借穀。到後，外公外婆留我們午餐，卻裝作不知來意的樣子。飯後，我們應該回家了，母親才不得已說出要借穀的事。外婆臉上頓時就有不愉快的表情，埋怨說我們不該常來借貸，現在市上利息很高，借給我們當然不好意思要息，不過損失未免太大了。母親說每年不夠吃，實因食口太多，並非好吃懶做所致。彼此因為是親生母女，說話當然不太避忌，互不相讓，竟吵起嘴來。母親一氣之下，便流著眼淚，索性不借了，母子挑著空擔子回家，當時母親心頭的辛酸，實無法形容。在路上，她勉勵我長大後必須努力自立，自己親生爺娘尚且不能救急，何況外人！這年終於當掉兩畝田才把難關渡過。母親維持家計極為操心，但她總能辛辛苦苦地使我們兄弟姊妹有衣有食，不憂飢寒。」

六、習於簡樸從不離家鄉

「母親雖未受過什麼教育，但是寬厚仁慈，能忍能讓。我家析產時，祖父母所給資財，由我父與春華叔兩房平分。祖父母體念我房小孩眾多，特地多給幾條木凳，供孩子們用。但母親婉辭不收，免得嘴尖心窄的春華嬸心頭不快。有一年秋收，母親帶我們下田收割，已將穀子打好裝入籮筐。時已黃昏，逐筐挑回。因田離家半里，往返需時，搬了一轉回來時，留在田中每筐穀子都淺

了數斗，顯然是鄰近同在收割的人趁我們不在時偷減去的。我們兄妹發現了，自然大嚷起來。母親立刻制止說：算了，算了，值不了多少！她的意思是嚷也無益，使人聽了，徒增鄰人的難堪而招致怨恨。她賢良寬厚生性使然，教育似居其次。

我兄弟們幼時，母親只勉勵勤耕苦讀，做個誠實忠厚、自食其力的人，決無心要我們為將為相。後來她老人家年老了，也決不因兒子成名顯達而稍改她簡樸忠厚的家風。一次，我回家省親，我的三個胞妹向我說：『哥哥，你做了這樣大的官，而我們仍舊耕田種地，你不怕鄰里恥笑你嗎？』我答道：『現在是勞工神聖時代，耕田種地是可驕傲的。』母親也很以為然。其後，我因職務關係，長住通都大邑，每想迎養，而母親總不肯離開鄉間，情願過其極簡樸的農村生活。而鄉中的殘疾老弱卻因此得其周濟。凡是來請借貸的，她總說：『你將來如有了便還我，如還不出，就算了吧。我知道窮人借貸的日子是不好過的。』所以在她暮年時，善名播於四方。」

七、李宗仁童年想望養鴨

李宗仁氏童年時期的生活，頗為平凡。半耕半讀的家風，以耕固根本，以讀冀上進，李家也不例外。宗仁字德鄰，其兄字德明。一次，他們兩兄弟隨母下田幫助拔黃豆，母問他倆將來長大了希望做什麼？德明說他要做個米販子。他們鄉裏唯一大宗出產便是穀子。有些農人利用農閒，買了穀子回家碾成白米，挑到市場去賣，賺得些微利息，碾米所得的米糠又可養豬，這種人叫做米販子。德明羨慕他們長年有豬可宰，所以長大了要做米販子。德鄰答覆母親說他要做個養鴨的。養鴨也在農忙之後，那時各處田內收穫後掉下的穀子，正是鴨子的最好食料。一個人可養兩三百隻的鴨子。鴨子在四處田塘河溝裏覓食，故不需太大的本錢。在他們小孩子想來，

鴨生蛋，蛋變鴨，十分可羨。所以德鄰願意長大了做個養鴨的。當時他們的母親很滿意他們的志向和想法，可見他們的自幼就指望做個誠樸的農夫，勤力去幹，以求溫飽。年齡稍長，他們就幫助他母親做一切田間工作和家中雜務。

讀書這方面，長輩對他們自會注意。德鄰年方六歲，他父親就替他開蒙。滿清時代，開蒙儀式甚為隆重。那一天他家中備了豬、雞、鴨三牲和一些生果，為他祭告孔夫子，叫他向那紅紙做的「先師」牌位叩頭。開蒙後，他就正式入塾讀書。塾師就是他的父親。最初是認方塊字，並學寫字。寫字從「描紅」開始，先生寫了紅字，學生用墨筆跟著在上面「描」，這就是描紅。認識了幾百個單字，就正式開始讀書了，最初的課本是《三字經》、《百家姓》、幼學時，接著是《四書》、《五經》。那時的教育方法，不知由淺入深，一開始便是很艱深的課業。經書不用說了，即便《三字經》也不是啟蒙年齡的兒童所能瞭解。

八、私塾讀死書竹竿可怕

德鄰說他讀書的天資本是平平，沒有太高的悟性，故讀起來便頗覺吃力。他憶述當年私塾的情形，現代的青年讀到也許覺得驚奇，他說：「那時的私塾，今日想起來也是十分奇特的。每一私塾約有二十來個學童。大家擠在一間斗室裏，每兩人共用一張長方書桌，先生則獨用一張方桌，放在最易監視全體學生動靜的位置。塾師多半戴著深度的近視眼鏡或老花眼鏡，樣子十分嚴肅。他們大多數絲毫不懂兒童心理，對學生管教的嚴格，實非現代的人所能想像。教授法也極笨拙，往往不替學生講解書義，只叫學生死命地念，以能背得滾瓜爛熟為度。先生規定某部書從第幾章起逐日背誦，自一本積至十數本，都要從頭背下去。至於書中的意義，學生是不甚瞭解的。

「先生的桌上必備有一塊長方形木板，叫做『戒方』。學生如有不守規矩，或背書不出，先生就用戒方打頭或手心。打破打腫，都是司空見慣的事。有時先生的桌子旁邊甚至放著一根丈多長的竹竿，如果學生妄言妄動，先生不須離開座位，就可拿起竹竿當頭打去。屋子小而竹竿長，所以書房內每個學生的頭，他都鞭長可及。」

九、小便或出恭川流不息

「從前的學生的家長，都認為嚴師出好徒。做先生的也以作嚴師自豪。於是學生對老師，怕和恨之外，簡直無情感之可言。一般學生都視書房為畏途，我們的私塾也不能例外。我父親尤其是秉性剛直，責功心切，同學中被斥責、被罰跪，幾無虛日。我那時也寧願上山打架，不願在書房裏受苦。

學生被關在書房裏念書，每日時間很長，唯一可以溜出來閒散片刻的機會，便是借口小便或出恭。這是先生無法管束的。因而書房內出去小便或出恭的學生，總是川流不息，造成公開欺騙的習慣，影響兒童的心理很大。

我在父親的私塾讀了三年，父親便不教了。我乃轉入龍均時先生的私塾又讀兩年。嗣後，父親受外婆聘到她家設館，我又回到父親的私塾。外婆既做東家，她循例在束脩外，供給書房、塾師的住室以及日常所用的油鹽柴炭。我常奉父命到外婆處領取這些日用品。外婆平時和鄉人買賣東西，錙銖必較，我雖是十一、二歲的小孩子，卻已深知她的個性，每次向她領取油鹽，總是不敢放膽前去。有一天放學後父親在廚房做晚餐，鍋已燒火，才發覺油已用完，急忙叫我到下屋外婆處取。我拿著油壺趕去，已看見外婆坐在廚房那一副冷酷的面孔，便有點膽怯，徘徊在廚房外牆邊，不敢進去。」

十、兩等小學考倒數第一

父親是個急性人，等了一會不見我回，趕來見我還在外婆廚房外面，火上心頭，把油壺從我手裏搶去，重重摑了我兩巴掌。外婆見了，對父親說她見我拿著油壺站在外邊，不知是來做什麼的。父親取了油就回頭走。我跟著後面，想哭也不敢，又不便說破實情，有冤無處訴，也算一件趣事。

「外婆家左右鄰的學童也來入塾，束脩以米或銀錢付給。他們都是農家子弟，農忙時私塾便放假，讓學生回家幫忙父母操作。

我在父親私塾又讀了兩年，《四書》、《五經》粗可理解，父親便應募往南洋去了。母親不願我輟學，把我送跟李慶廷先生就讀。後來李先生要到桂林進新辦的法政學堂。我得了母親的同意，也跟李先生上省城，進了新辦的臨桂縣兩等小學。日裏上課，夜間溫習仍受李先生的指導。時值庚子八國聯軍之後，清廷正在廢科舉、興學堂、辦新政，臨桂縣才有這所小學。學科有數學、博物、英文等，我在私塾從未學過，而又插入高年級，到學期終了考試發榜，我坐了紅椅子，倒數第一名，兩學期都獲此榮銜。加以初由鄉下出來，言動衣著都帶幾分土氣，城裏的同學譏笑我是傻瓜，令我愈難為情。所以讀了兩個學期就退學了。這便結束了我在文學堂的教育。」

十一、進習藝廠做半年學徒

「這時候，家中已無能力供送我再進其他學堂。適廣西新設獎勵工商業的勸業道，並在桂林城內設立『廣西省立紡織習藝廠』，招收學徒二百名，學習紡織，完全公費。父親剛由南洋回來，也覺得這項新興行業很有前途，因此送我進習藝廠做學徒，希望我在

半年肄業期滿後，回家改良我鄉的織布手工業。這廠的房屋是由原來的考棚改建而成。建廠的目的在訓練一批學徒用新式方法來改良舊式的木機織布。訓練還算認真。我在半年中學習了紡織的初步技術，從下水漿紗到上機織布都學到了。光緒三十三年春初，學習期滿，便回家去。時我已十六歲。家中人對於織布一事並無太大興趣，也就算了。這時父親應聘到姑丈家教館，我又跟隨父親去讀書。而姑丈對織布倒有興趣，他由桂林買了一部木機回來，要我教表姐們織布。誰知我在習藝廠所學的僅是一些皮毛，故漿紗時把紗漿焦了，一旦上機，隨織隨斷，弄得十分尷尬。後來我又曾應聘到別村李姓家裏教織布，可是仍告失敗。深歎無論那一行，從業都不易。我在姑丈家這次認真地讀了兩年多的書，便得了機會考入廣西陸軍小學堂，從此成為一個職業軍人。」

這便是他的少年生活一篇紀實。

貳、李宗仁如何打破唐繼堯繼承大元帥迷夢？

　　唐繼堯，雲南東川人，日本士官學校畢業。袁世凱當國時，唐氏繼蔡鍔為雲南都督，後以雲南起義反對帝制的首功，為國人所欽仰。嗣又被推為軍務院撫軍長，代行總統職權，儼然為護國運動時期的中國元首。其人自命不凡，自刻圖章曰「東亞大陸主人」。護法之役，孫中山先生當選為軍政府大元帥，唐繼堯被選為元帥，名位僅次於孫，孫雖遣使且屢電敦促，但唐終未就職。其後軍政府改為七總裁制，唐與孫同為總裁，已並駕齊驅了。

　　民十冬間，孫中山先生到桂林組織大本營從事北伐，唐繼堯那時被顧品珍迫走，流浪香港，孫屢邀其赴桂任大本營參謀長，而唐不願就，要求統率在桂的滇軍回滇逐顧品珍後，聯絡川黔兩首擔任北伐軍左翼。孫因滇軍為北伐軍主力，唐若帶走，北伐必不成，故不能允。後來唐忽又表示願就參謀長職，實非誠意，藉此作煙幕而暗中勾結駐桂林滇軍回滇。是年十二月五日唐由香港到梧州，不往桂林而往柳州。民十一年一月十八日唐在柳組織滇軍總司令部，委李友勳、田鍾穀、胡若愚、楊益謙（楊旅原駐桂林，唐到柳後才開拔來柳）為靖國軍第一、二、三、四軍軍長，率領回滇擊斃顧品珍而重握雲南政權。這是唐繼堯與孫中山政治關係的一階段。

一、孫以唐為副而唐不屈就

　　孫中山先生於民十二年一月廿六日在上海發表和平統一宣言，二月廿一日由滬回抵廣州後，仍本初意與北方謀和平統一，故不復

任大總統。但各軍又不能不有名義以資統率，乃於三月二日設大本營，用大元帥名義發號施令。其時北方權勢握在直系手中，並無謀和誠意，亂閩禍川擾粵，且賄選曹錕為總統，孫不得不主張討伐。在粵環境且迫使孫以北伐謀出路，孫於民十三年九月九日覆蔣介石校長函云：「在粵有三死因：一、英人的壓迫；英艦威脅大本營、永豐、黃埔之安全。二、東江敵人之反攻。三、客軍（指滇、桂軍）之貪橫，造出種種罪孽。有此三者，則廣州不能一刻再居，故宜速捨去一切，另謀生路。現在之生路，即以北伐為最善。況現在奉軍入關，浙可支持，人心悉欲倒曹吳，武漢附近我有響應之師，乘此決心奮鬥，長驅直進，以戰場為學校，必有好果也。」十日，舉行中央政治委員會會議討論北伐問題後，即發布北伐宣言。十二日，移大本營於韶關，以胡漢民留守廣州，代行帥務。為壯大北伐聲勢，北聯張作霖、盧永祥、南結唐繼堯。十八日以大元帥名義咨唐繼堯云：「大盜恣橫，尚稽顯戮，中原俶擾，群起義師，期集賢哲。爰於九月十一日召集政務軍事聯合大會，僉謂執事勤勞國家，功績迭著，宜有崇號以董戎行。是用推公為副元帥，式惟提挈之用，以成匡濟之助。相應咨行，希即宣布就職。」嗣再兩次電唐，給以副元帥及川滇黔建國聯軍總司令職，團結西南力量，共討曹吳。十月六日唐覆電稱：「西南夙以撥亂救國為職志，寧能袖手旁觀？現我公移駐韶關，誓師北伐，凡屬袍澤，均當執鞭弨以相從。前經各省同志共同在滇會議，組織建國聯軍。惟副元帥一職，名分較崇，愧無以應，擬俟軍事進展，再推動高望重之人，以副海內之望。」西南團結雖告成功，然唐正在醉心於大西南的迷夢，合作僅係一種姿態，原無誠意。十三日孫大元帥正式任命唐繼堯為副元帥兼滇川黔建國聯軍總司令。唐仍然不就。在他想來：論名位他原與孫氏並肩；論實力他卻遠在孫氏之上；論地盤他擁有滇黔川三省，而孫氏對廣東尚未能統一；所以不願屈居在中山之下。

這是孫中山以唐為副元帥的原因和唐繼堯始終不宣布就職的情形。

二、唐乘孫病危謀赴粵正位

就在孫正式任唐為副元帥後十天，即十月廿三日，馮玉祥、胡景翼、孫岳聯合發動北京政變，迫曹錕下野。段祺瑞在天津乘時復起。馮、段各人紛紛電請中山先生入京，廿七日中山電覆允即北上。十一月十三日中山離粵，指派胡漢民留守廣州，代行大元帥職權。

那時的廣州情勢，岌岌可危。陳炯明虎踞東江，有隨時回師省城的可能。欽、廉、高、雷一帶的申葆藩、鄧本殷，早已垂涎廣州。擁護中山的湘軍、粵軍，也都距離理想甚遠。而最可慮的便是駐在廣州的滇、桂兩軍，素來對中山的命令陽奉陰違，把持稅收，恣意搜括。滇軍軍長范石生曾經告訴李宗仁以當時情形，謂：滇、桂兩軍統帥稅收到手，向來不發給士兵，有時官兵鬧餉，他們便說：「你們有鎗還怕沒有餉！」范石生又說：「有時我們正在菸床上吸菸（按：當時滇軍將領都有菸癖），忽然部屬來報告說：『大元帥來了。』我們便放下菸槍，走出去迎接大元帥，回到菸床房間坐下，請問大元帥來此時有何指示。如果是胡漢民或譚延闓來訪，我們就在菸床坐起，請他們坐下商談。」范石生說得津津有味，李宗仁卻聽得無限心酸。范氏所說的確係實情。當時大元帥府全部工作人員，因政府財源無著，有時甚至無米為炊。蔣先生在黃埔當軍官學校校長，其艱難的情景正復相同。

中山先生由粵到滬，繞道日本於十二月四日抵天津，即患肝病，纏綿沉重。消息傳來，西南各野心家蠢蠢欲動。中山先生雖無實力，然為締造民國的元勳，聲威所及，尚足以懾服國人，至少尚為若干地方軍閥所擁戴。倘他一旦溘然長逝，則群龍無首，野心家

必競爭繼承中山的衣鉢，謀為西南的首領。胡漢民是「代帥」，論情理是可以繼承正位的，但他是一介書生，威望不足以駕馭擁兵者，其處境的困難自不消說。在這種情況之下，惟一有資望、有實力、足以承繼中山的名位的，便是唐繼堯，其在此時食指大動，自無足怪。那時駐在廣州的滇桂各軍，對唐繼堯都表示歡迎，桂軍總司令劉震寰且親赴昆明促駕。其他的地方實力派如陳炯明、鄧本殷、申葆藩、駐在桂林的沈鴻英，都暗中向唐氏輸誠，表示一致擁戴。

三、威脅兼利誘要李黃假道

唐繼堯必須有自己可靠的部隊到達廣東，副元帥才能發生作用。但部隊由滇入粵，必須假道廣西。如果廣西的李宗仁、黃紹竑像沈鴻英一樣，輸誠擁唐，不消兩月，唐軍數萬便可越境到達廣州。如果李黃不允假道，便首當其衝，遭受攻擊。權衡利害，如為個人著想，李、黃似應與唐妥協。但他們對唐氏的為人和作風，頗有所聞，非常痛惡。唐氏封建思想極濃，他的衛士號稱佽飛軍，著古羅馬的武士裝，手持長鎗大戟。他每逢接見重要僚屬或貴賓時，即令佽飛軍數百人在五華山聯軍總司令部內排成層層的儀仗隊，旌旗招展，盔甲鮮明。傳帥令，開中門。他本人則著戎裝禮服高坐於大廳正中的黃緞椅上。威儀顯赫，侍衛如林。想古羅馬帝王接見大臣的儀式，或亦不過如是。如果這樣一位封建怪物，率領大軍進入廣州當起大元帥來，恐怕正在改革中的國民黨和正在滋長中的中國共產黨，以及一切農工運動、黃埔軍校、乃至蔣先生等一干人物，勢必被他趕盡除絕，什麼革命、民眾運動等等，將全成畫餅無疑。

當時唯一足以為唐繼堯障礙的便是李宗仁、黃紹竑他們。但是他們在廣西的力量和唐繼堯比，真無異螳臂當車。唐氏也會料定李、黃不敢說半個不字。為使李、黃平易就範，唐氏不惜威脅利誘

一時俱來。早在民十四年初，唐的代表文俊逸即到梧州、南寧和黃（時在梧）、李接洽，可見唐的東來，早有預定計畫。文俊逸為保定軍校畢業，與黃紹竑、白崇禧及其軍中若干將校都有同窗之誼。他到南寧，住在最好的「南寧酒店」，揮金如土，擺出欽差大臣的氣派，擁有大批名貴禮物，分贈熟識將領，和李、黃方面高級軍政人員應酬無虛夕。

文代表往訪李宗仁，即傳述「聯帥」意旨，謂聯帥不久即去廣東就副元帥職。聯帥抵穗後，當和西南各省軍政首要擬訂北伐大計。並已寫好委任狀交他帶來，委李和黃各任軍長。如荷同意，唐氏允送菸土四百萬兩以為酬庸，一俟菸土運到南寧，希望李、黃便通電就職，以昭信守。聯帥並表示此次大軍取道廣西入粵，因廣西係一貧瘠省份，他無意干預省政；沈鴻英雖派使表示竭誠擁護，但沈究屬綠林出身，難當大任，故廣西省政設施，一切照舊。文氏更以「四校同學」之誼勸李說：聯帥東來，勢在必行，你們如猶豫不決，或妄圖反抗，均屬無益。

李氏覺得自中山先生任唐為副元帥後，中山先生曾親自迭電敦促，而唐居然不就，現在乘中山先生北上抱病的時候，忽然欲就，用意所在，昭然若揭。倘一旦唐氏野心得逞，為禍之烈，將不知伊於胡底；他聽了文代表的話，對唐氏十分鄙恨，於是答覆文代表道：「值此大元帥北上之際，唐總司令忽欲率大軍赴粵，恐難免不昭物議；況兩粵久苦兵燹，民困待蘇。唐總司令既有意北伐，何不即在昆明召開軍事會議，然後分道北向，何必勞師遠戍，前往廣東！如此，則北伐未成，內鬨已起，為國為民，均屬下策，本人實不敢苟同。請為覆電，代達鄙意。」

文代表見李氏辭色俱厲，不敢多說，只道：當遵督辦（時李為廣西綏靖督辦）之意轉電聯帥，待有回音，再來奉告。遂索然告辭。

四、恨唐乘火劫辱文示決絕

李宗仁因對付唐事關係重大，文代表辭出後，即飛電梧州黃紹竑速來南寧會商，並先召集在邕高級幹部密議。李在會上首先痛斥唐繼堯的封建和腐化，繼述唐乘中山北上，圖謀攫奪本黨領導權為不仁不義，我們斷難任其野心得逞。李說了便請到會者各抒己見，不必隱諱。參謀長白崇禧發言，完全同意李氏批評唐繼堯的話，至於如何應付唐氏，白感茲事體大，不願輕作主張。以下將領發言最多的是俞作柏，俞主張縱令不受唐的委任，可否先取得他的四百萬兩菸土後，然後決裂。因為本軍餉項支絀，這筆鉅款，對我軍實有很大的幫助。其他將領有贊同俞的意見的，也有反對的。李暫時不作結論，待黃紹竑來到再開會決定或迎或拒的大計。

不料剛過四天，文代表又去見李，說已奉到聯帥覆電，接著就把唐氏的電報高聲讀給李聽。大意是說：「本帥大計已定，師行在途，未便中止，仰該代表即轉飭李宗仁、黃紹竑知照。」措詞十分傲慢，似乎廣西已是他的囊中物一般。那位文代表更是帥氣活現，說的一口極重的雲南土音，開口聯帥，閉口聯帥，力促李、黃勿庸遲疑，迅速表示態度，擁戴聯帥，以免引起干戈，作無謂的犧牲。同時說及四百萬兩菸土已在運桂途中，並將電報交李閱看。

那時李氏為正義感所驅使，深覺頭可斷而志不可辱。如再和文代表敷衍，必然夜長夢多，足以動搖軍心而僨大事，不如快刀斬亂麻，立刻攤牌。當文代表還在說聯帥、聯帥時，李氏把桌子一拍，罵道：「什麼聯帥、聯帥，唐繼堯這東西，乘中山先生北上，企圖趁火打劫，不仁不義到了極點。一個封建軍閥，不自度德量力，不知悔過，居然想承繼做大元帥，還想拖我們革命軍人同流合污，實屬無恥之尤。」李說完，立刻吩咐副官把他特別招待。

文代表當場嚇得面如土色，渾身戰慄，跪下哀求，謂自古兩國

用兵，不斬來使，還請督辦饒恕我罷。李對他坦白說：「彼此誼屬四校同學，並且這事也非你之過，我絕不會加罪於你。不過你既是軍閥唐繼堯的代表，今後你在南寧是不能有行動自由的。」說了便令副官送他回南寧酒店，派衛兵看管起來。這一來，整個南寧都為驚異。因為文代表抵邕以來派頭十足，誰知昨日座上客，今為階下囚，外界不知底細，街頭巷尾，議論紛紛。

五、艱難胡使者大喜不辱命

李宗仁將文代表看管當日下午，綏靖處總值日官忽來向他報告：廣州大元帥府胡代帥有代表來見。李囑請進，自己即自辦公室走到會客室外歡迎。那位代表由總值日官陪著向李迎面走來，距離尚有十餘步遠，大約是總值日官已告訴他對面的就是李督辦，所以他一見李便笑逐顏開，高舉雙手大聲說：「李督辦，我這次來，不辱君命，不辱君命！」熱情洋溢，不勝雀躍。

這位代表姓董，名福開，江西人，是同盟會老同志。他攜有胡漢民的親筆信給李宗仁。他到南寧已有好幾天，也住在南寧酒店，但是只開了一間三等房。他看到唐繼堯代表在邕的情形，以為李、黃已接受唐氏的委任，所以不敢暴露身份。今天忽然見到文代表房前站著衛兵，被看管了，不覺喜出望外，即往見李。

據董告李說，此次胡代帥原擬請林子超（森）先生代表的，但林先生殊感為難。他告訴胡代帥說，此次去南寧目的是要穩定李氏，使其不受唐繼堯的誘惑。然欲李拒唐，無異以卵擊石。我們如要強人所難，至少應給李督辦等以相當接濟，才能要人家去犧牲，今日我們不特無一鎗一彈的接濟，於情於理俱有不洽。因此，子超先生不願擔此任務。胡代帥不得已才改派他來。那時大元帥府同人伙食都成問題，他動身前夕，旅費尚無著落，最後胡代帥向私人借了兩百元，才能讓他成行。然胡代帥以中央對李、黃無絲毫接濟，

故不好意思明白地要求李、黃作「螳臂當車」的犧牲。所以在胡致李的親筆信中，只將當前局勢及孫先生的革命理論闡揚一番，並將宵小想趁火打劫的困難處境，作概括的訴苦，徵詢李氏對時局的意見，希望有所條陳。董到邕後，悄悄住下，如事不可為，便打算潛返廣州的。誰知事出意外，他的使命圓滿達成。他和李氏暢談，對李的斷然拒絕唐氏，不計今後成敗的魄力與作風，深表欽佩。

六、侵桂軍敗歸驚破正位夢

黃紹竑是在文代表被看管的翌日由梧州趕到南寧。他一見到李氏便說：「德公，你這次禍闖大了！」李便說明看管文代表的必要，以及騙唐菸土再行決裂的危險性。黃說：事已至此，我們只有決定如何對付唐繼堯罷。

當晚，李、黃便舉行了一個重要的軍事會議，討論今後軍事部署的問題。判斷縱使唐繼堯傾巢東下，各項作戰準備和行軍所需時間，至少尚有一兩個月才能到達南寧和柳州。乘這空隙，以全力先討沈鴻英，必要時不妨將左右江地區和省會南寧都暫行放棄，消滅沈部，再回師以全力對付唐軍。

事有巧合，自李、黃會議決定先討沈鴻英後，不過三幾天，沈鴻英忽由桂林用建國桂軍總司令名義通電各縣政府、各法團稱：「本總司令不日出巡視察各地民情，仰各知照，不得誤會。」李、黃發覺沈軍即將發動攻我了，特以出巡為掩飾。沈早已與唐繼堯有聯絡，今不待唐軍到而先動，大約是自信獨力已足戰勝李黃；且希望在唐軍入境前擊敗李、黃，則先入關者為王，可斷唐軍覬覦廣西地盤的念頭。沈單獨行動，正合李、黃對沈、唐各個擊破的原則，真是求之不得。

七、唐繼堯四百萬兩菸土誘李黃

雙方都已準備用兵，黃紹竑和白崇禧遂立即回梧，與西江督辦李濟深商定分進合擊沈軍。李宗仁令伍廷颺率兵兩營守南寧城，如唐軍進迫，便撤離以避，敵進我退，敵停我擾，勿與敵正面作戰。其餘在桂西可用的部隊悉數東調。部署完後，李也由邕移駐桂平。

對沈作戰，於是十四年一月尾開始，到四月廿六日結束，柳州、平樂、桂林均已收復，沈鴻英軍幾於完全消滅。

對唐作戰，廣州大本營派范石生軍由粵西上相助，范雖滇軍，因係顧品珍舊部，志切回滇驅唐。唐軍分三路共六萬餘人入桂，第二路龍雲於二月廿三日入南寧，更越過崑崙關，進至高田，被李、黃擊敗，退回邕城固守。黃、范合力圍攻不克。第三路胡若愚四月十七日又到，入城與龍固守，曾出擊一次，無所得，退入城，李、范撤圍速離以誘，亦終不出。第一路唐繼虞由黔入柳州，被黃紹竑、白崇禧迎擊，大敗於沙浦，再敗於慶遠、懷遠，六月廿五日先竄回滇。困守南寧的龍雲、胡若愚聞其第一路敗訊，遂於七月七日撤走回滇。唐繼堯赴粵的迷夢至此已完全被消滅。

唐繼堯於孫中山先生逝世後，三月十八日在昆明通電宣布就副元帥職，代行大元帥職權。國民黨中央執行委員及大元帥府即三月二十日通電聲討唐繼堯。唐的副元帥，只用過一次委任一位廣西全省軍務督辦兼省長，但這位督辦兼省長並未到任。

參、李宗仁口中的吳稚暉與汪精衛

孫中山先生於民國十二年改組中國國民黨，實行容共政策，這是國民黨內一件大事，也可說是中國一件大事。蔣介石總司令統率國民革命軍北伐，於民國十六年三月底定東南，四月實行清黨，這又是國民黨內一件大事。

關於清黨的情形，我在發表的文中有過兩段簡單的記述：一在〈廣西與中央廿餘年來悲歡離合憶述〉（第五節）中；一在〈國民革命軍第七軍史實〉（第二段）中。情節自有未盡，特為補述此篇。

一、恢復團結惟汪是望

國民革命軍北伐，於民十六年三月下旬相繼克服上海、南京。那時，不特上海的工人行動越軌，連駐在滬杭、滬甯兩鐵路的第一軍內部亦被共產黨滲透，已呈不穩。該軍各師各級幹部，均已自由行動，不聽約束。黃埔畢業的軍官，成群結隊到上海來向「校長」質詢。蔣總司令為此事終日舌敝脣焦地對他們訓誨、剖白、責罵、勸慰，無一刻寧暇。加以從武漢方面而來的指責壓迫，越來越兇。此情此境，國共分裂，勢已不可避免。第七軍則竭誠以實力擁護，蔣總司令遂決意清黨。

事後李宗仁氏曾向我作如下的談述：

「正當我們對清黨作積極部署時，十六年四月二日上海各界忽然哄傳汪主席（指汪精衛）已於昨日秘密到滬。我們乍聞之下，俱感高興。因為我們雖然在作清黨準備，但畢竟認為事非得已，北伐勝利尚未全部完成，革命陣營即同室操戈，終非上策。再則武漢

方面主持人仍係本黨同志，共產黨究屬有限。如本黨能團結更新，共產黨實非大患。而今日聲望能力，可能恢復本黨團結的，捨汪氏外，實無他人。所以我們都誠心誠意地希望他回來領導，以為他一旦歸來，黨內禍患便可無形消滅。當時不但我們如此，就是蔣總司令也口口聲聲說希望汪主席重行領導全黨奮鬥革命。

探得汪氏在滬的住處之後，我和白崇禧等一行遂興高采烈地去拜訪他。汪氏的言談風采，上年在梧州時給我的第一次印象太好了，那時我對他簡直崇拜到五體投地，此時也認為他一旦恢復領導，則黨內糾紛，立刻便會煙消雲散。

這次在上海見到汪氏，我看他有點心神不定的樣子。我們向他陳述共產黨最近在武漢跋扈的情形，以及在上海把持工會、學生會，擾亂治安，妨礙軍事進展，若不加以抑制，前途實不堪設想。我們都誠心誠意地希望汪先生能恢復領導，謀求解決。這時候，中央黨、政、軍各負責人群集汪寓，大家一致抱怨共產黨，誠懇地希望汪氏重負領導的責任。起先，汪總是默默地靜聽各方的控訴，未作表示；最後他才鄭重地說：『我是站在工農方面的呀！誰要殘害工農，誰就是我的敵人！』

我一聽汪氏此話，立刻便感覺到糟了，黨內勢將從此多事。汪是此時唯一可以彌縫黨中裂痕的人，現在他不但不想彌縫，反而促其擴大，則本黨的分裂將不可避免。我當時便對汪解釋道：『有誰主張殘害農工呢？大家的意思，不過以為工農運動不可太越軌，影響革命軍事的進展，只希望工農運動能與軍事配合，不要在後方胡鬧就是了。』但是汪氏言辭總是閃閃爍爍，充滿了疑慮。」

二、吳稚暉向汪氏下跪

李宗仁於談及清黨會議這幕鬧劇的話，很長很有趣。他繼續說：

「嗣後，留滬中央執監委員、駐滬軍政負責首領曾和汪氏開會

兩次，出席者計有：吳稚暉、蔡元培、李石曾、鈕永建、宋子文、鄧澤如、古應芬、張靜江、李濟深、黃紹竑、蔣總司令和我。會中一致要求汪氏留滬領導，並裁抑共產黨的越軌行動。而汪氏則始終袒共，一再申述聯俄、容共、工農政策不可擅變，同時為武漢中央的行動辯護。那時為武漢中央派來接收東南財政的大員宋子文沉默不發一言，其他與會人士則和汪氏激烈辯論。辯論至最高潮時，吳稚暉十分激動，竟向汪氏下跪，求他改變態度，並留滬領導。會場空氣，至為激盪。吳氏下跪，汪則逃避，退上樓梯，口中連說：『稚老，您是老前輩，這樣來我受不了，我受不了。』全場的人都為之啼笑皆非。緊張的場面，也充滿了滑稽的成分。

　　四月五日，當我們仍在繼續開會的時候，報上忽然登出『國共兩黨領袖汪兆銘陳獨秀的聯合宣言』。宣言中指出國共兩黨將為中國革命攜手合作到底，絕不受人離間中傷云云。聯合宣言一出，與會人士為之大譁，大家都不以汪氏的行為為然。吳稚暉尤為氣憤，當眾諷刺汪氏說：『陳獨秀是共產黨的黨魁，是他們的家長，他在共產黨裏的領袖身份是無可懷疑的。但是我們國民黨內是否有這樣一個黨魁或家長呢？現在有人以國民黨黨魁自居，恐怕也不見得人吧？』吳稚暉的這一席話，說得汪氏十分難堪，大家不歡而散。當晚汪氏即秘密乘船到漢口去了。汪氏一去，國民黨的分裂遂無法避免，而分共清黨也就勢在必行。

　　後來我見到蔣總司令，便問他說：汪先生為什麼一定要往漢口？蔣說：『我早已料到留他不住，留他不住。』蔣先生這話，頗能得到我們的同情。其實，汪氏堅持赴漢的是非，頗難定論。汪氏自『中山艦事變』與蔣先生弄得不愉快後，就此拋開一手總攬的黨政軍大權而遠赴海外。今幸北伐勝利，武漢中央請他回國復職，正是千載良機，他當然要速去武漢。若在上海，他認為是毫無憑藉，汪氏赴漢，既有其個中玄秘，不足為外人道。卻苦了我們這批人，給他澆了一頭冷水，太失望了。』

三、合作不成吳氏徒勞

吳稚暉氏在當時很為蔣先生所信賴，又受汪託照顧子女（汪氏頭一年離粵出國時，將子女託吳氏照顧。北伐後，吳回上海在法租界辦海外預備學校，將汪的子女帶來，一起在校住宿），對蔣汪兩方的關係都非尋常，他出全力想促成蔣汪和作。四月三日蔣總司令特發表通電云：

> 廣州李總參謀長、龍華楊總司令、南京何總指揮、南京漢口探送程總指揮、漢口唐總指揮、九江宋總指揮、陳總指揮並轉各軍長各師長均鑒：我軍勢力日益進展，東南已告底定，江北頻傳捷音，河南敵勢不振。當此革命大業功虧一簣之際，如能統一黨權，有全黨信賴之人，指導督促，疏解糾紛，排除障礙，國民革命即可告成。汪主席病假逾年，不特全國民眾渴望仰慕，黨國要政亦蒙受重大影響。中正曾經迭電促駕，今幸翻然出山，恍若大旱之獲甘霖，莫名欣慰。汪主席為本黨最忠實同志，亦中正平日最敬愛之師友，關於黨國大計，業與懇談。中正深信汪主席復職後，必能貫徹意旨，鞏固黨基，集中黨權，完成革命，以竟總理之遺志。今後黨政主持有人，後顧無憂，中正得以專心軍旅，掃蕩軍閥，恪盡革命天職。煩我將士，自今以往，所有軍政、民政、財政、外交事務，皆須在汪主席指導之下，完全統一於中央，中正統率全軍而服從之。至於軍政軍令，各有專屬：軍政大計應歸中央統籌；中正唯司軍令，以明責任。各軍師長務遵此意，對汪主席絕對服從，誠意擁護，使汪主席得以完全自由行使職權，真正黨權集中，達成本黨革命任務，以促進三民主義之實現。特此電達，即希查照。

這一通電，極力表示擁汪的誠意，意在爭取汪氏的合作。蔣總司令此舉，據說是出於吳稚暉的獻議。

汪精衛曾主張四月十五日在南京召開四中全會，矯正三中全會的某些決議，以謀黨的團結。因此，吳氏以為蔣汪合作很有把握。不料，汪和陳獨秀竟聯名於四月五日發表「告國共兩黨同志書」，當日吳在談話會上為此與汪爭辯一場。當晚，汪氏派人將其子女接去，說是同吃晚飯，但深夜猶不見回校，吳得知汪的子女不辭而別後，大發脾氣，見人就罵。他的這場合作幻夢，於是煙消雲散。

四、汪在船上函李石曾

四月六日，上海市上擁護蔣總司令和歡迎汪主席的聲浪很高，各界並籌備迎汪大會，但汪已赴漢口。

汪氏四月七日在船上寫給李石曾氏一封千數百言的長函，解釋他赴漢原因，節錄如下：

> 石曾兄鑒：
>
> 　五日談話會散後，痛苦萬分。弟深信弟之意見，決不能得吳先生等之贊同；而吳先生之意見，弟亦決不能贊同。終日談話討論，除戕賊感情外，毫無其他結果，故不如決然捨去也。兄或者怪弟執拗，以為弟何故一人而敢於堅決反對許多師友之意見。弟不能不有所說明如下：
>
> 　連日討論，弟之意見，可分數點：
>
> 　第一、民國十三年來改組之國民黨，其精神與方策決不可犧牲。
>
> 　第二、如以黨為不必要則已；如以黨為必要，則黨之紀律不可不守，否則黨必為之破碎糜爛。

以上兩點是弟之根本觀念，因此與吳先生等之意見萬不能合，請分析如下：（略）

弟既不能贊成兄等之主張，則弟不能不另立一提案，是開第四次中執全體會議，以解決一切問題，其地點以南京為宜。

此僅為弟個人之主張，欲此主張實現，則必須具有下列之條件：

一、中執答應；

二、黨員贊成及了解。

現時中執在武漢，電報往返，徒費時日。叫弟派人，試問何人可派？所以弟只得自己派自己去。而一班朋友則謂，弟往返受包圍。兄試思之，包圍之極度，尚有過於連日上海之會談者乎。……然而包圍之效，亦已可睹。試問尚有其他勢力，能包圍弟若是之烈者乎。……

弟今行矣，兄如能繼來與孟餘諸人一晤，助成弟等此行之目的，感紉無涯。否則弟之與兄，僅僅意見之不同，道義感情，一切如故。……匆匆布達，諸祈鑒照。專此，敬請道安！

弟兆銘璧君謹啟

有人說，汪氏必往武漢繼續與共產黨合作的決心，在函中已堅決表白，這顯然是他未回國以前即已決定的。他經過莫斯科時，可能曾與俄共有所協議，他和陳獨秀聯名發表宣言或由於此。他在上海和吳稚暉氏等數作長談，似在多瞭解上海和南京方面的情形而已。既將子女帶往武漢，便無意再來南京了。

五、看胡漢民與西山派

在準備清黨時，有兩點令人惶惑的：一是黨中元老胡漢民氏未被邀請參加清黨談話會；二是對於最先反共的西山會議派，並未改變敵視態度。

關於胡氏，當時也在上海，吳稚暉等在汪氏赴漢以前，雖也時與胡先生周旋，卻始終未邀他參加談話會。或因他素來對事固執而又認真，恐其不易合作；或因避免對汪刺激之故。後來，大家才請他同去南京，主持清黨。

關於西山會議派，在準備清黨時仍被敵視，據說是為想避免刺激汪先生和鮑羅廷。但中央在南京樹立後，反將西山會議派在上海環龍路四十四號的中央黨部查封，致惹起各種的揣測：或以為這是南京方面預留與汪氏復合的地步；或以為西山會議派無武力作後盾，故人不予重視；或以為西山派老同志有難以相處的；或以為上列這些都屬小故，重要乃因西山會議派以反共正統自居，致與當時南京仍舊維持國民黨第二屆中央的法統相衝突，假使他們願意以老同志身份參加合作，而不堅持最低限度必須南京承認西山會議作團體式的復合，糾紛必少。此說較近實情。

六、對方有人冷靜檢討

上面所敘都屬國民黨方面的情形。然則共產黨方面的反應如何？一般來說，當然要對國民黨切齒痛恨了。但張國燾氏卻能作極冷靜檢討，他在其《我的回憶》第十三篇第一章（載《明報月刊》一九六八年一月號）寫著這樣的兩段：

「總結國共合作時期的歷史教訓，許我這樣說，國民革命確是中國革命的迫切需要，也是中國革命的中心任務。國共合作也是

十分必要的，因為國民黨整體是代表了中國人民的自強獨立的普遍情緒和要求，中共確是這種革命勢力中的左翼，它偏於體現工農利益，可是國共合作的實際政策是錯了，中共廢棄其第二次代表大會的決定，不安於少數派的地位，一心想投機取巧，混進國民黨內去，企圖混水摸魚。因此我們可以說，中共加入國民黨的政策，根本就是機會主義。

「國共雖然分裂了，但國民革命的任務並沒有完結。一九二七年夏季，武漢政府快告結束的時候，國民革命還只是在初步發展時期。當時，北伐尚未完成，軍閥和反動勢力還以各種形勢到處猖獗，中國統一的任務，還差得很遠，不平等條約並未廢除，列強在中國不僅保有上海等地的租界，破壞中國領土主權，控制著中國的經濟命脈，而且它們還可以運用其駐在中國境內的軍隊和炮艦，干涉中國內政，反對中國革命；愈到中國北部，日本的侵略勢力，更是不肯輕易退讓。蔣介石汪精衛等雖然是相繼清共分共，但還在與奉系軍閥作戰，並未有與日本等列強勢力勾結起來。中共最主要的錯誤，就是沒有看清楚這一點，即是國共鬧翻了，大批共產黨人受到了殺害，但國民革命還未成功。如果中共當時仍能向國人號召國民革命，一致繼續努力，反對主要敵人帝國主義和軍閥，也反對那些清共分共的反動行為。循此前進，大可以開闢中國歷史的新途徑。」

自然，這不過是他們中間一部分人的見解罷了。

七、且看第三者的評論

當事者雙方的情形都說過了，請看第三者的評論。在這裏我只引述一位中國民主社會黨領袖張君勱氏所說的話。

張君勱先生根本不贊成國共合作政策。他說：「（上略）⋯⋯我們應該知道，共產黨人是馬克思主義的忠誠信仰者，他們決不會

在孫中山先生的三民主義旗幟之下，而放棄他們的信仰。孫先生希望由於與共產黨合作，能把新血液灌入他的黨中；而共產黨方面則樂予同意，因為從此之後，他們不再是非法，並且能在國民黨保護之下，使他們的影響開始接觸到人民。」

他對國民黨清共的評論是：「在國共合作之初，早已有人指出，這是方便的結婚。國民黨所以與共產黨合作的目的，在於獲取蘇俄的援助。共產黨所以表示效忠於國民黨，因為他們需要國民黨的掩護，俾能遂行他們自己的企圖。至於鬧到最後分裂，兩方面都有其責任。國民黨從未同意共產黨的階級鬥爭和社會革命之說。……以私人間的事情來說，往往很難判斷誰是誰非，兩黨之間的分裂，亦很難判斷誰有信用和誰沒有信用。以我個人來說，我看不出共產黨與國民黨合作的滲透政策，其間有絲毫的信義在內。」

【註】上引兩段，分見一九六三年香港《新民報》連載余文生譯張君勱著《中國三十年》第二、第四兩章中。

肆、北伐前夕李宗仁在穗的應酬

國民革命軍要實行北伐，在民十五年一月中國國民黨第二次全國代表大會閉幕後，大致已經決定，不意因三月二十日中山艦事件，中央發生政潮，而被擱置。湖南唐生智已參加革命而被吳佩孚派軍來攻，不支而由長沙南撤，急電兩廣乞援。李宗仁立即派兵入湘援助，同時電催中央速定北伐大計。中央覆電要李宗仁赴粵面商。李到粵，見大家因政潮無北伐興趣，嗣說動李濟深第四軍請纓，中央的北伐大計乃決。本文所記為李宗仁此次逗留廣州四旬間酬酢往還、政軍情況的憶談，也就是北伐前夕的革命陣容寫照。

一、容共時期黨員分為三類

李宗仁自民九冬間離粵，這次重來，接觸到的景象，與以前完全不同。開頭給他印象最深的為革命的群眾運動。剛到廣州由天字碼頭上岸，便有大群的民眾團體代表歡迎，高呼「歡迎革命領袖」、「打倒軍閥」、「打倒帝國主義」各種口號。以後陸續有無數次民眾團體來寓請李宗仁接受他們的獻旗、慰問。這些民眾團體都是在中國國民黨的領導之下組織的，計有工會、學生會、商會、店員工會乃至人力車夫工會、海員工會以及各地前來廣州開會或受訓的農民協會代表。他們都是活潑、熱忱、充滿革命熱血的青年。對廣西方面拚死力拒唐繼堯東下篡奪革命根據地的血戰，讚揚備至。對李宗仁、黃紹竑統一廣西的艱苦情形，以及助成廣東統一的勞績，都有深切的認識。使李氏有知音遍海內之感，而受到莫大的鼓勵。

廣州在革命氣氛籠罩下卻潛伏著一種危機，李宗仁那時也漸漸看出來了，那便是國共兩黨乃至本黨領袖之間的暗鬥。國民黨在容共時期，內部甚為複雜，黨員有不同的三類：

一類是少壯青年，都熱血充沛、堅苦卓絕為革命而奮鬥，有時候熱情竟高漲到「革命狂」的程度。

一類是老黨員，其中夾雜著官僚、政客、腐敗軍人，思想陳舊，生活腐化，對革命意義置之腦後，口裏卻高喊革命，實在是掛羊頭而賣狗肉。這兩類已劃分成兩個集團，彼此迥然有別，暗潮起伏，互相嫉忌。

另一類是共產黨員參加過來的跨黨分子，多是青年，革命熱誠奔放。他們和國民黨結合是暫時的，因背景各異，信仰不同，平時雖打著國民黨旗號，暗中卻發展共產黨組織，只顧目的，不擇手段，因而勾結熱情的國民黨中少壯者互相標榜，於是國民黨本身裏暗鬥更加劇烈。

二、和譚周林葉毛都曾見面

國民黨中央領導機構也極不健全。總理逝世後，西山會議派即獨樹一幟，為廣州所排斥。其後，廣州方面胡漢民、汪兆銘、蔣中正三位領袖間又不能合作，胡、汪先後被排而去，實權歸於蔣先生一人，但政爭並未因此即完全平息。

在李宗仁當時的立場，因廣西原是自己獨立發展然後和廣東方面合作的，此番廣東政潮，廣西尚幸未被波及。他只希望和廣州中央精誠合作以完成北伐，實行主義，並希望藉革命及北伐大前提來消弭中央的內爭。所以他對中央各領袖，都無分軒輊，同樣尊崇，以期北伐大軍能早日出發。

國共兩黨之爭，自五月中旬「整理黨務案」在國民黨二屆二中全會通過後，兩黨的權限表面上雖已逐漸劃清，李氏以為只能苟安

一時，前途的荊棘正在滋長。

李宗仁在廣州，對共產黨有更深一層的認識。許多共產黨的領袖和共產黨重要的同路人，李和他們都是第一次會晤。當時廣州共產黨第一號領袖譚平山，是廣東人，任職國民黨中央組織部部長，曾來訪李。李說譚為人老實厚道，頗為可親。周恩來也見過，大家握握手而已。林祖涵也來訪過，給他的印象極好，為人老成練達，勤勤懇懇。葉挺當時任第四軍獨立團團長，常到軍部，屢次見面，葉氏短小精悍，有熱情、有朝氣，將兵、任事各方面都可說是頭一等的人物。李宗仁和毛澤東第一次見面，是在國民黨二屆二中全會的席上。毛時任國民黨中央黨部所辦的農民講習所所長，並曾短期擔任國民黨中央宣傳部代理部長。毛常穿一襲藍褂，身材很高，肥頭大耳。在會議席上不多發言，每逢說話，總是斬釘截鐵，很少拖泥帶水，李覺得這是不平凡的一個共產黨。

三、鮑羅廷請客的尷尬場面

在共產黨同路人中給李氏印象最深的要算鄧演達了。鄧是廣東人，在保定軍官學校畢業後，回到粵軍服務。民十四年春我們打沈鴻英時，他在粵軍第一師任團長，參加戰役。後赴蘇聯和德國留學，回國後遂服膺社會主義。此時任職軍事委員會，專司軍中政治工作。生活刻苦，精力過人，每日工作十餘小時無倦容。對革命工作的狂熱，幾乎到了失常的程度。人極正派，是非之心極強烈，任事處人，極堪欽敬。當時郭沫若與鄧同事，曾隨鄧兩次訪李宗仁，其人愛說愛笑，斯斯文文。

李說他當時對所謂跨黨分子的印象，勤勞刻苦，富於熱情，任事作風，都很佩服。惟有廣州的崇俄風氣，令他最感不滿。俄國顧問們在廣州真被敬若神明。尤其鮑羅廷的公館，大家都以一進為榮，一般幹部如能與鮑同席共餐或片語交談，便以此驕人。他本來

很看重共產黨人，但對他們崇俄的可鄙行徑，卻引為遺憾。

李到廣州後約兩星期，鮑羅廷特地為他舉行一大宴會，到中央黨政軍首長和各團體代表共百餘人。席間，主人致詞，講了一大套革命理論，並稱讚李氏的功績，繼請李氏講話。李氏先就蘇俄仗義援華，廢除不平等條約，建立今後中蘇的友好，並為解放全世界弱小民族的先聲，表示感謝和欽敬。大家熱烈鼓掌，賓主色舞眉飛。接著李氏竟說出一篇大道理，可說是語驚四座，李說：

「我看見廣州一種奇異的現象，各級幹部和民眾團體負責人都以出入俄顧問之門為榮，受到青睞便沾沾自喜。其實俄國顧問來華助我，是發乎道義，出乎至誠，他們並不希望我們的阿諛諂媚。如果我們不了解俄國顧問同志來華助我的初衷，而以洋行大班奉承經理的態度來對待，反使俄國友人助我的一片真誠無由表達。我們革命同志不可忘記我們的天賦。我們尤其不要把俄顧問當成主人，我們自己當成客人。我們要以主人的態度來敬客，這樣，才對得起遠道而來的友邦顧問。」

當李氏說這一段話時，場面沉寂起來了，鮑羅廷的譯員張太雷也停止了傳譯，主人和其他賓客對著這番逆耳忠言，只好笑臉而過，未有其他反響。後來胡（漢民）派和接近右派的同志曾向李稱讚，說他所指責的切中時弊。

四、徐謙、陳公博與顧孟餘

當時在廣州的俄顧問中，和李宗仁往來最多的是加倫將軍。其人身驅修長，沉默寡言。對戰略戰術都有獨到的見地，不愧為卓越的軍事家。凡所發言，都從純軍事觀點立論，極少涉及中國的政治問題，確是一難得的人材。然而俄國顧問團最初派往第七軍的馬邁也夫卻是一外行，係工人出身，對軍事並無所知，因稍懂華語，遂被派充第五軍顧問，濫竽充數而已。後來北伐軍到江西，因意見

不合而去職。大體來說,當時俄國來華的顧問,品質都很優良,誠實刻苦,不大說話。日常生活規規矩矩,稍有不慎,立刻便被調回國。所以他們謹言慎行,較一般中國人更守規矩,故頗受中國人所歡迎。

李氏和其他方面同志往來的情形,一般印象還不算壞。當時的風雲人物徐謙也會來訪李氏,徐氏當時年已五十許,前清進士出身,背部微駝。說起話來,滿口革命的大道理,頗能使人折服。後來聽說他在司法部長任內輿論指責備至,才知道聽其言還須觀其行。陳公博此時任軍事委員會政治訓練部部長,生得一表人才,能言善辯,風頭甚健。顧孟餘曾與李晤談數次,沉默寡言,有翩翩學者之風,辦事也很幹練。一次,李氏和他自黃埔同船回廣州,顧氏力述土地革命、打倒地主政策的重要。李和他辯論說:「北方的軍閥現正割據一方,魚肉人民;東西帝國主義仍在臥榻之側,伺機破壞革命;如此內外大患不除,而侈言打倒地主,恐反增加革命的困難。」彼此各持一說,無結果而罷。

五、何香凝愛哭劉文島自吹

吳稚暉是時已經是六十歲左右的老前輩,談話時議論風生,詼諧有趣。陳友仁時為外交部部長,生長海外,不懂華語,李和他談話須用翻譯。陳氏為人嚴肅而毫無官僚習氣,他的極度平民化的生活和作風,極令李欽佩。又曾會見革命元老古應芬和廖夫人何香凝。廖夫人一見到李宗仁便號啕大哭,痛罵反革命派謀殺廖先生。她對李在廣西的統一工作和拒唐(繼堯)戰爭稱揚不已,她說:「沒有你們在廣西,廣東早就完了;廖先生死了,以後的革命任務都在你們身上了。」說罷仍啜泣不已,令人心中無限淒惻。在當時這些黨國要人中,李氏覺得孫科最特別,一位美國留學生,過著完全洋派的生活。

李氏還說到另一位同志的趣事。那是唐生智的代表劉文島，和李宗仁同被招待住在第四軍軍部。國民革命軍各軍規定設一黨代表，地位和軍長平行，當唐生智的第八軍軍長發表後，劉文島便一心一意想當第八軍黨代表。劉以唐的代表身份有時被邀列席中央政治會議。一次，劉在會議中起立發言，先把唐生智的雄才大略、獻身革命誇耀一番；繼說第八軍黨代表一席，中央似應從速派員充任，隨即自我介紹，說是保定軍校出身，又曾留學法國，實在文武兼資，做黨代表似最為合適。這一席毛遂自薦的講演，說得口沫橫飛，惹得全場竊笑，主席張靜江又不便阻止他。只見譚組庵以手帕掩口，笑個不停；程頌雲怒脈僨張，欲起申斥。李的座位和劉文島相鄰，暗裏踢劉幾腳，劉才停口坐下。主席遂說第八軍黨代表事，以後再談吧，才收拾了這個不愉快的局面。

六、有關劉文島的其他趣事

　　散會後，劉和李宗仁、李濟深同車回第四軍軍部，兩李都埋怨劉說，今天會場局面弄得很僵，你想做黨代表，為什麼不先和我們說明，好替你疏通一下，安可不顧一切，自吹自擂起來。劉故作驚訝地說：「我這樣幹錯了嗎？德公，你是老前輩，以後務必請你隨時指教！」兩李聽了為之失笑。

　　過了幾天，唐生智特電中央推薦劉文島為第八軍黨代表兼政治部主任，中央即予發表。劉自是歡喜，並問李宗仁：「黨代表是什麼階級？」

　　李說：「可能是上將，即中將也不小啊！」

　　劉又問：「黃紹竑（第七軍黨代表）是什麼階級？」

　　李說：「是上將。」劉才心安。

　　一次在政治會議席上，劉又大放厥詞，結尾是唐生智自保定軍校畢業後，便一直在湖南，未出省境一步，現在竟位至上將。絃外

之音是，我劉某是法國留學生，官階斷不可比唐低。這次鬧得比上次更僵，李宗仁又用腳踢他阻止再講下去。回去時在車上兩李（李宗仁與李濟深）對他說：「我們革命不是為階級而來，你何以如此熱衷呢？」

劉把眼一瞪，天真地說：「我這次又講錯了嗎？」

黨代表在當時是沒有官階的。劉文島後來是中將政治部主任，階級不算低，但他卻以官階在唐生智之下為恥，平時很少穿軍服。

七、北伐之前的六個革命軍

當時廣東原有的粵軍和各地來粵的客軍，自楊希閔、劉震寰兩部消滅後，共編成國民革命軍六個軍，各軍來歷和兵力概略如左：

第一軍的基礎為許崇智的粵軍第二軍，許去職後，改編而成。初由蔣中正任軍長，民十五年初以何應欽繼任。轄五個師，共十九個團，駐防廣州和東江一帶。

第二軍由譚延闓率領來粵就食的湘軍改編的。以譚為軍長。轄四個師，共十二個團。駐防北江一帶。

第三軍由朱培德所統率展轉流離的滇軍改編，朱仍為軍長。轄三個師，共八個團兩個營。駐防廣州和四邑。

第四軍由梁鴻楷的粵軍第一軍改編。李濟深任軍長。轄四個師，共十三個團兩個營。駐防西江和瓊崖。

第五軍由李福林的福軍改編而成，李仍為軍長。轄兩個師，共八個團一個營。原駐番禺、南海和廣州的河南。

第六軍由程潛所率的湘軍改編的，程仍任軍長。轄三個師，共九個團兩個營。駐防廣州和北江。

各師編制為「三三制」，即一師三團，一團三營，一營三連，一連三排，一排三班。六個軍共有七十一個團，實際兵力約為七、八萬人和飛機數架。

作戰能力最強的，六個軍中當首推第四軍。第四軍的老底子原是粵軍中訓練裝備最好的第一師。其帶兵官俱為一時之選，軍長李濟深固是人中之龍，師長陳銘樞、張發奎、徐景唐、陳濟棠，團長葉挺、蔡廷鍇、黃琪翔等也都是能戰之將。該軍並在肇慶自辦講武堂，培養下級幹部。第一軍也是勁旅。黃埔軍校每期訓練時間雖然不過數月，實際上只是一些軍士教育，距離軍官教育相差尚遠，但是全軍受了革命風氣的薰陶，頗有朝氣，尚可作戰。至於其他各軍，殊不足論。第二軍的譚軍長原為政客，治軍非其所長。朱培德的第三軍連年拖曳，久歷風霜。全軍盡屬雲南籍，補充時也以雲南人為主，不拘體格年齡。軍長對官兵生活不加顧恤，故作戰能力很弱。第五軍軍長李福林係一地方主義者，久駐廣州河南，士氣極低，戰鬥力更說不上。第六軍程軍長係一名將，但部隊係地方軍雜湊收編而來，成軍不久，既無戰鬥意志，也無作戰能力，打起仗來，弱點畢露。

官兵薪餉的數目，大致是：士兵月餉十元，班長二十元。少尉排長月薪三十二元，中尉排長四十元。連長六十元，另公費二十元。營長一百二十元，另公費一百元。團長三百元，另公費二百元。按當時的生活程度，士兵每名每月伙食費約二元，作戰時食米且由公家供給，所以一個士兵的餉可養兩口之家。

八、宋子文主財政竭澤而漁

以前各軍都是各就駐防地方籌餉。從民十四年八月劃一改編為國民革命軍後，軍餉才由國民政府財政部統籌核發。當時軍餉的來源，統稅和錢糧之外，最大的收入是「禁菸特別捐」和「防務經費」兩項。禁菸特別捐實在即鴉片稅。我國原為禁菸簽約國之一，未便明徵鴉片稅，所以改用此名，作為寓禁於徵之意。在廣東每兩菸土抽捐在一元以上，所以收入很大。防務經費實即賭捐。兩

廣人民嗜賭成性，官府禁之無效，乃課以重稅。菸捐和賭捐，都由政府招商投標，組織公司承包稅收。大公司再招較小的公司分區承包。這兩種稅，在任何政體下原都是犯法的，但在內亂頻仍、干戈擾攘之際，卻是不得已的剜肉補瘡辦治。

　　民十五年春間為兩廣統一問題，白崇禧、黃紹竑先後來粵商討，一切都已順利解決，惟對統一廣西財政、劃一廣西軍餉兩事，中央堅決拒絕。李宗仁此次到粵，特向財政部長宋子文重提此事。宋部長坦白地說：「你們廣西餉收太少，軍隊太多，收支不能相抵，由中央去統一，財政部是要吃虧的。」李說：「宋部長！這是國家百年大計啊！中央如對窮的省份就不統一，對富的省份就統一，這還成什麼體統呢？為國家長治久安計，中央應有個通盤的打算，不應畏首畏尾。何況第七軍是我國民革命軍的一部份，出師北伐要由地方單獨籌餉，一切和其他各軍有軒輊之分，也不成個體制。湖南是個富庶省份，將來萬一唐軍長引第七軍和廣西為例，而不讓中央統一湖南，中央將何辭以對呢？」宋無言可答，但是他不願接管廣西財政的決心無未因之稍改，此事也就不了了之。這位中央財政部長當時也確有其困難，他在廣東的理財政策，本是竭澤而漁，為著替政府和各軍籌經費，他簡直是不顧一切的幹。李在和他談話中，也批評他那種幹法把人民搞得太苦了。宋說：「不那麼幹，那裏有錢來革命呢？」事實上，當時廣東的財政來源，也虧著他這種幹法，否則真不易維持。為革命而行苛政，其功過是非實無法定論了。

伍、李宗仁黃紹竑當年一段流亡史

民國十八年二月爆發的武漢事變，結果被中央解決，李宗仁自上海、白崇禧自天津先後脫險回桂。旋經政要居間斡旋。但南京方唱凱歌，意氣甚豪，所提條件令人不堪忍受。桂人性極倔強，不甘俯首，妥協遂不成。桂憤而攻粵。發動前，李赴香港負責對外活動；作戰由黃紹竑與白崇禧指揮。但又敗歸，桂亦不保。黃、白於是年六月下旬離邕，出亡港越。居數月，李、黃均受壓迫，被香港政府限令出境。我亦參與攻粵負傷，當時亦在港就醫，尚未被擾。以下所記係根據李、黃兩位對此事的自述。

一、李宗仁的經歷彷彿旅遊！

（一）在港情況

李宗仁氏民國十八年五月由廣西復到香港，賃居羅便臣道九十二號，月租港幣九十元，是一座陳舊而寬敞的三層洋房。這座房子原是陳炯明在廣東失敗後來此避難時的住宅。現在住的是在武漢失敗後的李宗仁。李濟深從南京湯山被釋後來港，也住此宅。不知此宅有何佳妙，如此吸引失意將軍！

訪李客人，各色都有。最使他覺得有趣的，是張宗昌、孫傳芳也託人來表示說，他們兩人的軍隊可說是李一手打敗的，英雄識英雄，不打不相識，他們二人很希望南下和李氏一晤。但李恐南京方面借題發揮，說他勾結軍閥，所以對他們的善意都婉辭謝卻了。嗣後陳炯明、沈鴻英也用相類的方法約晤，李氏也用同樣的理由加以

婉拒。青年黨領袖曾琦和他卻是初見，來訪長談數次，懇切請李加入他的青年黨。但李表示決不捨棄國民黨，免人笑為一失意就朝秦暮楚。曾氏見他意志堅決，乃不再強，目的雖未達到，彼此卻成為知心的朋友。

（二）轉往西貢

西北軍將領宋哲元等二十七人於雙十節反對編遣，河南戰起，南京方面恐李在香港和馮玉祥暗通款曲，策動粵桂聲援馮軍，乃向香港總督交涉，逼李出境。

最初代表港督訪李的是羅旭和、周壽臣兩位香港紳士，委婉陳辭，請李離開香港三、四個月，以後再回來居住。在港督一再麻煩之下，李只得答應暫時離港，赴海外遊歷。乃改名換姓，與葉琪、韋雲淞、甘介侯等四人領得赴法遊歷簽證，搭一法國輪船赴歐。但是他們真正的目的地卻是法屬安南的西貢，因西貢去國未遠，仍可隨時注意國內的變化。行前並由護國軍時代的舊長官林虎拍專電去西貢，介紹一碾米鉅商辛沂臣到碼頭相候，以免受法國移民局官吏的留難。

他們的船經過海南島，風浪極大，旅客多是暈船嘔吐，餐廳中人數日減，最後只剩李氏和葉琪及三數其他旅客在餐廳進膳。船行數日，到達西貢泊岸。法籍移民官員登船，如狼似虎地清查下船乘客。李氏四人站在甲板上極目遠望，找尋辛沂臣。移民局官員即用法語向他們盤問，幸有一中國旅客代為翻譯，說他們四人擬登岸瀏覽市區，惟須候接船的朋友而已。不意該法人竟不由分說，立即強迫他們登岸。岸上十多個警察用一根長繩將所有登岸的中國乘客圍繞起來。哨笛聲聲，竹鞭劈拍，便把一群人領向清查移民的黑房中。

此次上岸的旅客，大部分是當地華僑的家屬，拖兒帶女，老少咸集，狼狽不堪。按法國屬地極不人道的苛例，這些入境的僑胞，首先須關進黑房，然後由法籍移民官員按名點驗取保放行。所謂黑

房，是一座大廠房，只有前後二門，別無窗戶。地下敷著霉爛的稻草，各人隨地而睡，其中既無廁所，也無茶水、燈火等項設備，臭氣薰天。將兩門關閉後，伸手不見五指，所以叫做黑房。

當他們四人被領著走向黑房時，仍然四處張望，尋覓前來接船的辛沂臣。找了許久，才發現有一商人模樣的中年人，正向他們招手，大概是此人見他們四位穿著較整齊的西裝，與其他旅客有點不同的緣故。這四位也向他招手。他即走近來問是否林虎先生所介紹的某某四位先生？他說的果然是他們的化名。辛沂臣乃向警察疏通，可能還用了些錢，最後法國警官才答應讓他們自黑房的大門走進，立刻便由後門走出，免除了他們住帝國主義殖民地牢獄的災難。出來之後，辛氏即以他的汽車送他們往一小旅館中休息。辛氏是西貢有名的富商，法國官員對他頗為尊重。此次他親自來接船，他們本可毫無留難地上岸，不料船早到了半個鐘頭，才發生這件不愉快的小插曲。

辛氏問他們來西貢有何貴幹？他們說不過普通遊歷而已，所以他為他們介紹一所極便宜的小旅館。那時天氣炎熱，住得頗不舒服。不久，他們便遷入另一大旅館去。看樣子，這四位又不像是普通的遊客，辛氏這才開始有點懷疑，但是他也不便多問。

在西貢住下最惱人的一件事，便是要向移民局請求居留證這一關。這移民局是一所十足的帝國主義者的官僚衙門，辦事毫無效率。他們辦居留證，清早就去，等到九、十點鐘，它還不開門；去遲了，門前又擠擁不堪。他們為著簽證，只得忍氣天天去守候，真惱煞人。

（三）折返海防

一天早晨，李氏在移民局前發現一位中國青年對他注視很久才行離去，他雖然覺得有點奇異，但也不以為意。誰知事隔不久，法國安南總督忽然派員到他住的旅館來訪問「李將軍」。李氏問他何

以知道我在此？那法國官員說，南京已得李將軍來西貢的報告，因訓令中國駐巴黎使館向法國外交部交涉，說你勾結共產黨，以西貢為根據地搗亂中國，要求驅逐你出境。但是法國政府知道你與共產黨無關，恐怕南京方面派人來對你加以不利，所以現派便衣偵探前來保護。

身份既經暴露，行動至感不便，無論他們去什麼地方，後面總有一批暗探相隨，實在令人感到不安。加以西貢去國仍然太遠，信件往來遲緩。所以他們住了二十多天，便折返越北的海防。

（四）被請回省

李氏一行到海防後，廣西局面又發生了變化。原來自黃紹竑、白崇禧離省後，南京即委俞作柏為廣西省政府主席，李明瑞為廣西各部隊編遣特派員；俞引用共產黨幹部，想另成一新局面，因此又和南京鬧僵，而且軍中將領多數反對俞的反復與左傾。南京於十月二日將俞、李免職，改委呂煥炎為廣西省主席。但呂的聲望不符，各將領派代表到香港請求李、黃、白幾位領袖回桂主持軍政大計。黃先由港潛回省內活動，不多時，已在邕樹立軍事機構。白在海防，因俞作柏失敗出走後，其弟作豫率殘部據龍州樹立蘇維埃赤色政權，路不通行，故轉到廣州灣返南寧。李得信較遲，動身較晚，也是經廣州灣回去南寧的。他們各自結束了流亡的生活，廣西又回復了他們三人聯合領導的舊局面。

二、黃紹竑的行動有如演劇！

（一）百感交集

黃紹竑此次與白崇禧出亡，先到安南，逗留不久，又轉往香港。白旋返居安南，黃仍留港。

黃氏在其《五十回憶》中記當時的感想道：「一個年富力強素喜做事的人，一旦置身國外，雖說一走則百事皆了，實則百感交集，積極的意念與消極的意念同時在我的腦海裏起伏著。消極的想法，是如何安排生計，消磨光陰，終老異域。積極的想法，是如何等待東山再起的機會，以重握政權。這兩種意念，除了年老力衰者外，最後總是積極的意念得到勝著。尤其是客居在帝國主義的殖民地，耳聞目見的恥辱，親自經歷的痛苦，都是激發革命情緒的酵母。所以暫時蟄居租界或殖民地的失意軍人和政客，沒有一個不是靜極思動，在那裏等待機會，策動變化。而這些機會與變化，在多亂的中國，是不斷發生的。這班在野人物遂也乘時而動，兔起鶻落的在舞台上演出種種悲歡離合的活劇，這就是中國數十年來循環不已的內亂發生的主要原因。」

他是積極性的，所以住在香港，他說：「因為香港是兩廣政治活動的後台，我們要求政治的出路，就不能不到那裏去。」

（二）活動一斑

失意政治領袖汪兆銘八月間由歐洲回居香港，對於失意軍政有力分子莫不拉攏，自然少不了李、黃二人。張發奎第四軍因為移房改編的問題，九月中旬又與南京脫離關係，由宜昌經湘西、廣西希望再回廣東。張軍的行動是配合汪氏企圖的，汪很望黃先回桂，統一領導廣西的部隊，免與第四軍衝突，再和第四軍合力攻取廣東。廣西各將領也派代表到港，願與第四軍合作，請黃先回去領導。這時候廣東方面正增兵至平樂、荔浦堵擊第四軍，情形十分緊張。黃對於回去雖有決心，但動身日期尚未商定。

（三）秘密離港

關於黃氏離港回去情形，他自己記述得很詳細，如次：「我居住香港本甚安適，忽有警政司派人來要我去談話。我即派代表前

往，據云，有人控告黃先生在香港從事政治活動，礙及治安。我的代表答辯，不得要領而回。過幾天，警政司又來一件公文，限我在三日內出境，處在帝國主義者勢力之下，受到這種不可抵抗的壓力，心中非常憤慨！我固然恨香港政府，尤其恨當時的廣州當局，為什麼要借外人的勢力來壓迫我呢？我立刻下了決心，要吐這口怨氣。我想：英人既不許我住香港，自然也不許我到他所屬的其他殖民地去，上海是不敢去，安南及其他地方我又不願去，最合理的還是回廣西去開闢我的自由天地。於是我秘密準備了到廣州灣的船票，除了同行的妹夫吳柱文外，連我妻子與兄弟都不知道。在一天的下午兩點鐘，法國的網球四騎士在香港表演，我還去參觀。廣州方面的人物如陳策、黃驄都在場上碰見，彼此都是很熟的朋友，在不同的心情下，彼此只作會心的微笑，不交一語。看完了表演，急急改裝，並告知我的妻子，要她在三日之後才通知李德鄰、白健生、汪精衛等。在大雨傾盆下，默然與我的妻子告別，跨上了法國的輪船，向廣州灣進發。」

（四）平安入桂

「到了廣州灣，我化裝一個汽車夫，吳柱文化裝一個車行老闆，兩人隨便買了一些汽車零件帶著。次日，僱車經廉江、陸川而到鬱林，沿途只同那車上的司機攀談，並幫他駕駛了一段路的車。這種做法，無非是要他認我們作同行，以免沿途盤查時露出破綻。一路過去，平安無事。到鬱林下車後，向一小客棧找住宿地方。忽然後面一個士兵跟蹤追問：『你不是黃主席嗎？幾時回來的？』我聽了大為驚奇！雖然此人對我未必即有惡意，此地也未必有多大危險，但這時候我還不能露出真面目，只好低頭急行、假裝與我沒有相干的樣子。可是他還在後面連聲說：『真像啊！真像啊！』我進了小客棧，即上床下帳，蒙頭而睡，假裝害病，查夜的軍警盤查，一切都由吳柱文應付。次日乘車回到容縣，隱居在我的小房子內，

絕對不與外人來往。然而熟人太多，形跡終於暴露出來。縣長封鎮南首來求見，他是本縣人，又是老世交，舊同事，自屬誠意。並且介紹他的族姪駐容縣的旅長封赫魯來見，表示絕對聽我的命令。我遂拍電到南寧，要呂煥炎、楊騰輝、梁朝璣、黃權、梁重熙、呂競存、張任民、蒙志、楊義、黃鶴齡等到賓陽見面。第三天（按：即十一月八日），我即乘車到賓陽。他們已先到達，不但我指名邀約的都到齊，就是不邀約的如梁式恆、周炳南等許多人也都來參加。我離省雖不到半年，大家相見之下，都覺非常難過，有的甚至感動得對我流下淚來！我將來意說明，希望自己團結一致，與第四軍合作，同下廣東。他們一致贊成，無稍異議。當時即令各師秘密向平樂、梧州前進，與第四軍合擊在平樂一帶的廣東軍隊。我雖然沒有什麼名義，但是我的命令已經發生效力，這可說是一種內心的效力，乃是心悅誠服的偉大表現。」

（五）重整旗鼓

　　黃氏因為尚在準備秘密行動期間，即日由賓陽仍回容縣，下鄉省母。兩日後，離家趕往南寧，從事護黨救國軍總司令部的組織，李宗仁任總司令，黃自任副總司令兼省政府主席，白崇禧任前敵總指揮。重新彈起五年前的老調。為與汪氏及第四軍易於聯絡起見，任用陳翰譽為參謀長。白、李兩位也先後回到。當粵方知道賓陽召集會議時，趕忙將平樂方面的部隊撤走。我軍迫近梧州，粵軍亦放棄梧州，廣西全省於是復歸掌握。

陸、李宗仁閻錫山兩人的關係

　　閻錫山籍隸山西，李宗仁籍隸廣西，一北一南。

　　閻一八八三年生，李一八九一年生，閻長於李八歲。

　　閻在民國元年已任都督，而李那時正在陸軍學校肄業，故閻的資歷也深於李。

　　閻、李二人生平曾經三次並肩作戰：第一次為國民革命軍北伐，閻部危急，李部赴援，共收勝利；第二次為聯合反蔣，李先閻後同歸失敗；第三次為對日抗戰，各在戰區作持久戰，日本終於屈服投降。

　　兩位的政治生涯，閻主山西省政時，有許多獨創辦辦法，如村政等，為國人所景佩。長行政院時，局面已在崩潰，自難有所表現。李氏從政，開始於抗戰初期兼攝安徽省政，為時很短，且在戰時，顯著成就僅人民力助軍隊抗日一點。到了任代總統，以環境複雜、無由施展而終於無補危局。

　　兩位的為人：閻氏圓滑蘊藉，李氏豁達大度，彼此相處還算很好。

一、並肩北伐成為戰友

　　李宗仁和閻錫山彼此是怎樣發生關係的呢？那是因為共同參加國民革命軍北伐而開始的。

　　當民國十七年一月四日蔣中正氏回南京復任國民革命軍總司令職務後，國民政府即決定繼續完成北伐。軍事委員會發表蔣中正（兼任）、馮玉祥、閻錫山、李宗仁為第一、二、三、四集團軍總

司令，由蔣總司令統率四個集團軍全力向北京、天津進攻。於是李宗仁和閻錫山自然成為並肩作戰的戰友，這是兩人發生關係的開端。

在北伐作戰中，李氏的第四集團軍確實為閻氏最得力的戰友，經過的情形有如下述：

當時革命軍的戰略部署，最初時是：以第一集團軍和第二集團軍的一部攻山東，第二集團軍主力攻京漢鐵路正面，第三集團軍攻京綏鐵路和京漢鐵路西面，第四集團軍由武漢北進為各集團軍後勁。四月初旬，各集團軍按照預定計劃發動攻擊，都很順利。但革命軍克復濟南後，因日本出而妨害，以致出現「五三慘案」。五月中旬，第一、二、三各集團軍進展到慶雲、南皮、交河、饒陽、蠡縣、望都之線。五月十九日蔣總司令到鄭州，二十日在鄭州召集馮玉祥和白崇禧（第四集團軍前敵總指揮）會商，決定新的部署：第四集團軍任京漢路正面，攻保定；第三集團軍任京漢路以西，攻保定側背；第二集團軍任京漢路以東，攻高陽，與第四集團軍齊頭並進，另以一部攻河間及其以東至運河以西的地區；第一集團軍由津浦攻滄州。那時，第一集團軍因濟南事件受阻，前進因之頗受稽延。第二集團軍當面敵軍力弱，本可急進，但馮玉祥不攻，並撤回博野、安國一帶的部隊，僅留少數騎兵警戒前線地區。第四集團軍原定四月底由武漢乘車北進，因車少軌壞，運輸困難，尚遠在豫南。張作霖的奉軍以保定為軸心，集中力量向西線，想一舉將我突出的第三集團軍閻錫山部擊滅，然後回師對我其他各路革命軍。五月中旬，閻部幾乎陷入敵軍三面包圍中，形勢危急，閻錫山乃電請馮玉祥迅速北上解圍。孰知馮竟不派兵赴援，反通令所部略謂：「不遵命令擅自退卻者，槍決！不遵命令擅自前進者，亦槍決！」意在禁止其部隊往援閻部。人謂馮之所以見危不救，是為民國十四年冬，馮軍在南口戰敗西撤時，閻錫山曾應吳佩孚、張作霖請求，陳兵晉北，企圖要擊馮軍，故馮以此相報。馮既不赴援，閻惟有轉而請求李宗仁，於是白崇禧率先頭部隊葉琪第十二

軍乘車趕到新樂、定縣一帶增援。奉軍由其飛機偵察，知是第四集團軍已經趕到，乃改變計劃，向關外撤退。第四集團軍即稱勢追擊，於五月三十一日克復保定。六月八日克復北京。六月十一日，閻錫山、白崇禧聯袂進入北京，彼此的愉快可以想見。

二、處置東北意見不同

北京既告光復，國民黨中央推將蔣總司令北上祭告總理孫中山先生，並推馮玉祥、閻錫山、李宗仁三位總司令襄祭。李宗仁隨蔣氏專車由漢口北上，七月三日到長辛店車站，閻錫山、白崇禧等由北京（是年六月二十日後改稱北平）前來迎接，李、閻兩人才初次會晤。

據李宗仁談第一次見到閻氏的印象時說：「閻總司令中等身材，皮膚帶黑色，態度深沉，一口極重的山西土音，寡言鮮笑，唇上留著八字鬍鬚。四十許人，已顯蒼老，一望而知為工於心計的人物。」

李氏又說：「閻和程潛係日本士官學校同學。據程告我：『閻在日本留學時成績並不見佳。在朋輩間，也不見得有任何過人之處，只覺其土氣十足。誰知他回國後，轉眼便頭角崢嶸，在政壇上表現最為輝煌的人物。自民初以來，歷任山西都督、山西督軍，勵精圖治。革命軍北伐到達長江流域，他即向國民政府輸誠，成為中國政海中的不倒翁』云云。閻的為人，喜怒不形於色，和馮玉祥的粗放，剛好成一對比。」

李、閻同在北平二十多天，先參加祭告總理典禮，旋出席善後會議，酬酢往還也很多，敘晤次數自屬不少。其間李和閻有關可記的事，為關於東北問題的意見，據李宗仁事後談述：「當善後會議開會時，張學良擁兵關外，尚未歸附中央，但已派代表邢士廉、王維宙、徐祖詒三人到平接洽東北易幟歸順中央問題。馮、閻兩方

人士認為張作霖被日人炸死後，東北已失領導中心，士氣渙散，故力主向東北進兵，一舉削平奉系，以除後患。他們的主張或者是出自兩種心理：一、馮、閻兩人都和奉系有夙怨，此時正可報復；二、削平東北後，第一、四兩集團軍都是南方人，不耐嚴寒，而白山黑水間，沃野千里，正適於他們的發展。因馮、閻態度的堅決，當時蔣總司令也為之舉棋不定。因此，奉方代表在六國飯店住了十多天，尚未蒙蔣總司令接見，心有不悅，決意返去奉天復命，徐祖詒且已先行離平赴津。我見此事發展的危機已著，乃單獨去見蔣先生，分析對東北繼續用兵的非計。蔣先生也深以為然，並叮囑說，今晚約馮、閻談話時，你可把這意見提出。就在那天，蔣先生又得確報，奉方代表決定明日離平，才立即派員約請奉方代表晤談，東北易幟大計由是確定。」後來經過多次細節的商討，東北遂歸於青天白日旗幟之下。

北平事體告一段落，蔣、馮、閻、李四總司令相繼南下，參加八月八日在南京召開的國民黨二屆五中全會。馮玉祥、閻錫山和海軍總司令楊樹莊三人都非國民黨中委，由八月四日全會預備會議議決，歡迎他們三人列席的。十月國民政府改組後，任閻為內政部長，旋改任蒙藏委員會委員長，李為軍事參議院院長，供職中央，同住南京。民十八年一月開編遣會議，閻與中樞意見齟齬，感覺危機已伏，會未開完，即藉故溜回山西去了。李、閻二人從此分袂，到抗日戰爭以後才重行聚首。

三、聯合反蔣同歸失敗

當時南京中樞，對於編遣處置苦於難洽眾意，閻、馮先後離京，編遣會議遂無疾而終。中央於是採行削藩政策，引起武漢事變，先瓦解了第四集團軍，擬乘勢再瓦解第二、三兩集團軍。事態發展到民十九年春，馮、閻二人乃採取聯合反蔣的軍事部署。三月

初，閻錫山在太原電邀各方主要人物到山西共議國是。李宗仁那時已敗保桂省，派葉琪、胡宗鐸、麥煥章等代表前往參加。太原會後，三月中旬各派反蔣人士遂在北平醞釀發起「擴大會議」，並組織新的黨中央和政府，軍事上也實行改組。三月十五日，鹿鍾麟等五十七位將領通電全國，一致推舉閻錫山為全國海陸空軍總司令，馮玉祥、李宗仁、張學良為副司令。經過了幾次電報往還，閻、馮、李均於是年四月一日通電就職，但張學良無所表示。同時，閻以李宗仁為中華民國陸軍第一方面軍總司令，由廣西進攻湘鄂；馮玉祥為第二方面軍總司令，向河南進攻；閻自兼第三方面軍總司令，指揮河北軍事；石友三為第四方面軍總司令，由河南攻山東。於是李、閻二人第二次又成為戰友。

北平的擴大會議遲至五月中旬尚未開幕，而中央討馮、閻的大戰已全面爆發，津浦、隴海兩線都有激戰。那時蔣方攻入桂境的粵軍和李宗仁的第一方面軍對峙膠著，桂軍既無力驅粵軍出境，中央軍也無法擊滅桂軍。李宗仁、黃紹竑、白崇禧、張發奎商議決定放棄廣西根據地，傾師入湘，北攻武漢，期與馮、閻友軍會師中原。李將這決定電告閻、馮後，五月下旬將全軍秘密移動，分三路入湘，進展非常順利，六月三日佔領長沙，八日佔領岳州，前鋒已入鄂境，武漢已經在望。不料，六月十日李軍後方交通重心的衡陽突被粵軍蔣光鼐部所佔，全軍被斷為兩段，首尾不能相顧，不得已而回師攻擊衡陽，兵疲糧缺，終於狼狽敗退回桂。那時，大兵敗歸，無糧無餉，軍心渙散，困難幾至絕境，不意適得閻錫山接濟四十萬元，才得渡過難關。

四、李當窘境閻贈鉅金

閻錫山為什麼贈李宗仁四十萬元？據李氏談其經過頗為有趣。李說：

「當民十九年八月上旬擴大會議正在北平進行時，內子郭德潔適在香港閒住，她的好友舒之銳女士忽由北平來信，約她往故都一遊。德潔以我在軍中，獨自一人在港也感無聊，遂答應舒的邀請，赴北平觀光。她此行原是私人旅遊性質，事前我並不知此事。孰知此時北平正當冠蓋雲集。擴大會議最高潮階段，內子忽然北來，汪精衛、閻百川諸公不知其詳，都誤以為我專派內子為私人代表前來與會。因此，當她在天津登岸時，軍政各界代表到碼頭歡迎的很多。到北平時，歡迎的場面更為激烈。黨中元老如：鄒魯、謝持、張知本和陳璧君、陳公博等都紛來訪候懇談。內子因事先無此心理上的準備，最初頗覺尷尬，幸而她臨機應變，索性假戲真做，與各方代表酬酢一番。後來因張學良決定歸附中央，率兵入關，北平局面緊張，擴大會議亦決定移往太原，內子遂乘機到太原拜訪閻氏。那時閻、馮的敗徵已見，岌岌不可終日，擴大會議在事實上已經解體。閻氏感我率軍入湘遙為呼應，乃由庫存中撥款四十萬元給我。閻的本意，以大勢已去，失敗已成定局，故特意給我一筆鉅款，以為日後生活之需。那知此款轉到的時候，正值我軍糧餉兩缺的關頭，驟然得此，稍紓燃眉之急。」

五、善作居間難謀諒解

閻、馮、李三個集團軍於民十九年聯合反蔣，李因後方為粵軍所襲而先敗，但退保廣西終未失去。閻、馮兩部和蔣原為勢均力敵，張學良在中間便舉足輕重，迨張決心歸附中央後，閻、馮力量便瓦解了。閻曾一度避居大連，但為時不久，又歸而掌握山西。此後，李、閻均在省內各做各的，彼此的關涉很少。直到抗日戰爭起後，兩人都被任為戰區司令長官，第三次又成為戰友，但因彼此的轄區不相接近，也沒發生直接關係的事。

民三十八年一月李宗仁任代總統，因局勢險惡，困難重重，無

所施展。那時山西全省只剩太原、大同兩個據點，苟延時日，閻錫山乃來南京。閻氏為人最圓通，最適宜做居間斡旋的工作。是年二月中旬，李代總統決意設法對蔣總裁緩和，十七日由閻致蔣先生電云：

> 奉化總統蔣鈞鑒：×密，實行憲法上規定的府院職權及黨的政治會議職權，德公（按：指李宗仁）極表同情，且認定是必走的軌道。希望行政院政務會議重要部會主官及主要辦事人員早日回京。至備戰言和，德公尤表贊同，並盼備戰上早有積極行動。山（閻自稱）感到德公對山與鈞座所談，極表一致，且認為必須目標一致，行動一致，才能備戰言和。至規定和的限度，亦應一本府院政治會議三機構職權決定之。此電係在德公官邸所擬，經德公親閱，併陳。閻錫山叩丑篠申。

這是李對蔣表示仍願接受黨的控制，以期緩和相互間的衝突。情況一拖再拖，並未好轉，到了四月十日李氏又寫了一封親筆信請閻錫山、居正兩位帶往溪口和蔣先生面商。李在信裏曾表示：惟有急流勇退，以謝國人之意。四月十三日閻、居兩位回南京，並無具體答覆。僅由張群傳話，說蔣先生擬往杭州，約代總統赴杭面談。那時正值緊要關頭，李不能分身，遂作罷論。但四月二十二日蔣李曾在杭州面談，問題仍未解決！

這是在南京時閻氏為李代總統奔走出力的事實。

六、所求已允赴穗主持

南京首都於民卅八年四月二十三日放棄，中樞先已遷往廣州。但李代總統當日不往廣州而逕飛桂林住了下來，令中樞各方在穗急

起來，乃推舉閻錫山、居正、李文範三人於五月二日偕同白崇禧赴桂促駕。他們和李氏見面後，閻氏談及太原城內巷戰時，屍填溝渠，慘酷萬狀，情感激動，竟至老淚橫流。閻勸李氏應以國家為重，速赴廣州，領導政府。居李二人也以此相勸。閻錫山並自告奮勇，願親往上海一行，因蔣先生那時正在吳淞口一軍艦上指揮湯恩伯防守上海。復由他們三人磋商，擬出六條方案，內容包括指揮權、人事權、財政金融權、行政範圍、黨政等項，由閻錫山面請蔣先生作確切的保證，為李代總統赴穗重主中樞大政的先決條件。方案的第六條，希望蔣先生暫時出國赴歐美考察，免礙軍政改革。這一條原非李宗仁的意思，他只想能讓他以大刀闊斧的手段加以興革，絕無心逼迫蔣先生出國。不過當時與會各人為要急於勸他赴穗，仍主張把這條加入。五月三日下午閻、居、李三代表飛返廣州。五月四日晨中央黨部即派員將桂林談話紀錄飛送上海蔣先生。五月七日中樞推閻錫山、朱家驊、陳濟棠三人由穗到桂迎李代總統赴粵，並帶來行政院長何應欽錄呈五月六日蔣總裁在上海覆何的信，內容係答覆五月三日李代總統的談話紀錄的。閻等三人說，蔣先生已完全同意所要求各條，一切權力都交出，但他希望留居台灣。局勢發展至此，使李無話可說，遂於五月八日偕三代表飛赴廣州。

這是李代總統留桂其間閻錫山往返斡旋的經過。

七、出國治療政由院員

當時的行政院長兼國防部長何應欽，一次，以電話指揮高級將領宋希濂，竟被宋反抗，且出言侮辱，何氏憤而辭職。李宗仁向立法院提出以居正繼任，只差一票竟被否決。於是改提閻錫山，立法院即以絕大多數通過，時為六月三日。閻氏受任後，當前急務為保衛華南和籌措軍費兩事，臨危受命，終至一籌莫展。華南亦終於無

法保衛而於十月十三日放棄廣州遷都重慶。

那時，蔣先生復職消息已到處流行，吳忠信曾到重慶勸李自動告退，請蔣復出領導。期間經過許多磋商，李表示願意出國，進行外交活動。但吳忠信傳達的意見是，蔣先生復職後，李應回任副總統，出國的事萬不能提。這樣僵持遷延了數週，而李的舊胃病大發，內地無可治療，乃決定赴美。十一月十九日他電致閣院長，囑其以責任內閣立場全權處理國政，他以重病須出國治療，一俟病癒，便立刻返國。二十日由南寧先飛往香港，臨行發表聲明，在治療期間內的中樞軍政事宜，已電閣錫山院長負責，照常進行。蔣先生曾兩次派員到港勸李氏回渝。李婉拒了，並致函閣院長表示他決定出國，中樞請閣負責。十二月五日閣氏尚急電李，請力疾返國，挽救危局。同日，李氏便由香港飛美就醫去了。

八、美台一電最後往還

最後，西南一隅也不能立足，行政院十一月二十九日由重慶再遷成都，十二月七日更由成都遷至台北。

閣錫山到台北後，有過一次電報致李宗仁，是民三十九年二月十四日和國民黨非常委員會各委員聯名發出的，電的要旨是：「如我公能於立法院開會以前命駕返台，主持國政，實為衷心所禱。倘公屆時實在不能返國，則同人等忡於時局艱危，群情殷切，惟有籲請總裁依照中常會三十八年十一月二十七日臨時會議之決議，繼續行使總統職權，以維大局。」李於十八日覆電：「醫囑，身體尚未完全復原，不能於此時遽作長途旅行。國事至此，拯救危亡，維護憲法，至為重要，先生等老成愛國，諒有同感！」這可能是李、閣兩人間最後一次的音信往還了。

蔣先生三月一日復職。陳誠三月十五日繼任行政院長，閣錫山是蔣先生復職當日呈請辭職的。

柒、李宗仁眼中的傅作義其人

傅作義（宜生），為閻錫山集團軍中之幹將。國民革命軍北伐後期，閻錫山軍與張作霖軍在京漢鐵路北段作戰，傅作義率山西挺進軍據守涿州達八個月之久，阻阨奉軍北京與保定間的交通，直至張作霖自動將全軍向關外撤退而圍解，傅氏因此名聞全國。自民國二十八年八月起，傅作義即任綏遠省政府主席，仍兼統兵。抗日戰爭初期，任第三十五軍軍長兼第二戰區北路前敵總司令；嗣任第八戰區副司令長官；日本投降時，中央劃熱河、察哈爾、綏遠三省為第十二戰區，以傅為司令長官，接受該戰區日軍投降。

一、位高責重、無權難做

李宗仁和傅作義兩人，一南一北，彼此晤識大約是在民國十七年國民革命軍收復北京以後。至於李傅兩人共事，卻在抗日戰爭勝利時期。李那時對傅極為賞識推重，其中自有原因，這要從李宗仁任北平行營主任說起。

李氏抗戰時期由第五戰區司令長官調任軍事委員會委員長漢中行營主任，日本投降消息一出，中央便任命他為軍委會委員長北平行營主任。此機構於民三十五年九月一日改稱國民政府主席北平行轅，行營與行轅之組織與人事除增加一調查處，處長由中央直接委派外，餘均仍舊。按中央所頒組織章程，北平行營直轄第十一、第十二兩戰區，包括河北、山東、熱河、察哈爾、綏遠五省和北平、天津、青島三市。轄區內一切軍、政、黨的設施，俱得聽行營主任的命令行事。權力不可謂不大，按理應可大有作為，可是李氏接到

命令卻憂心忡忡。他依二十年來身歷的經驗，中央不致輕易授主任以實權，華北全局安危重責是要負的，名位雖高高在上，但想調兵遣將，控馭下屬，那就一言難盡。他又不便向中央訴苦，因為說穿了反而尷尬，於事無補。既辭謝不得，只好拖著無限沉重的心情赴任，盡其所能去做了。

李氏於民三十四年十月廿六日飛抵北平履任，對於接收爭執、敲詐漢奸、糧煤恐慌、幾次學潮，一一適當處理，各界翕然信服。北平各種瑣碎煩雜的問題是解決了，但整個國家戰後的軍政處理卻愈變愈複雜，終至無法解決。

二、將不專兵、士無鬥志

美國調處國共軍事無效，共軍在東北得到補充，在長春、四平街一帶竟然與國軍作大規模的陣地戰。東北的戰火很快便使原已日益減少的國共在關內的衝突重新擴大起來。民三十五年春間，華北槍聲遍地，內戰又繼續下去。身為華北最高軍政長官的李氏，盱衡全局，深覺前途未可樂觀。他以為軍事不可為的最大原因，是將不專兵，士無鬥志。當時在華北負實際指揮責任的是第十一戰區司令長官孫連仲，但當孫氏由鄂西的恩施第六戰區來北平受降時，卻未統率他已指揮十餘年的第三十軍前往接收，而將該軍調給胡宗南指揮，再由胡部撥調胡博翰軍隨孫氏北上，孫指揮起來，自然就不容易了。孫氏於民三十四年冬在河南新鄉指揮北上的國軍部隊是高樹勛、馬法五、胡博翰三個軍。高樹勛部原從石友三的副軍長處劫奪而來，投誠中央，既未論功行賞，中央且處處伺機擬將高部整編，高早已牢騷滿腹。馬法五原是龐炳勛舊部，龐氏年高退休，由馬代統其眾，依然是一個雜牌軍。胡博翰部是日本投降前不久，在淪陷區收編零星武裝成章的，毫無作戰力量。今番高、馬、胡三部奉調隨孫連仲北上打通平漢線，與中共火拼，在高樹勛這些雜牌部隊看

來，又是「借刀殺人」之計，此種軍閥老式觀念，真是無可奈何！故於十月底軍次邯鄲時，一經共軍圍攻，高樹勛立即向共方投降，馬法五因士無鬥念而被俘，胡博翰則僅以身免。

自此以後，孫連仲在華北所指揮的，名義上，全係由空運或由海運而來的中央軍。這些部隊，孫連仲根本指揮不了，因為這些部隊的長官，早已驕縱成性，醉心利祿，貪生怕死。他們對雜牌軍以及老百姓雖趾高氣揚，但對共產黨則畏之如虎。白天深溝高壘，不敢出擊，夜間尤不敢行動。因此，除他們的宿營地周圍十里之外，可說盡是共產黨的活動範圍。李宗仁當時曾說：「即以北平而言，除市區外，四郊常有共產黨游擊隊出沒。有時中央大員來平，想一遊郊外的西山，我陪同出遊，也非帶大批扈從衛士不可。」李氏又說：「實情這樣，因此，民三十五年春孫連仲坐鎮保定，企圖率領大軍打通平漢線，不過是望梅止渴而已。我深知華北戰局的不可為，是軍隊不堪作戰。我想：如能有一兩軍真正可以作戰的軍隊像第七軍、三十一軍等任我調度，華北局面或可改觀。為此，我曾商之於白崇禧，請他相機向蔣先生建議。白氏說，我的想法或許是對的，但是為事勢所不許。」

三、可用之兵、只有傅部

平漢線既無法打通，李宗仁坐困北平，心情不安可知。因此，李氏十分寄望於傅作義，認為傅部是唯一可用之兵，當時李宗仁曾說過下面一段話：

「華北當時唯一可用之兵，便是第十二戰區司令長官傅作義所部兩個軍。傅作義不但是一員戰將，同時也是一位行政人才。他在蘆溝橋事變前即享有抗日令譽。抗戰期間，拱衛綏遠西部和北部的大青山地區，敵人卒無法越雷池一步。而其轄區內政治的修明，人民的安居樂業，均有足多者。因此，他的防地雖與中共的『陝甘寧

邊區』毗鄰，但中共終無法滲透。抗戰勝利後，中共為急於打通對俄交通，曾集中兵力猛攻第十二戰區，放出抗戰後內戰的第一槍，然終被傅部所擊潰。是以中共雖視傅作義為眼中釘，但對他卻十分畏而敬之。

傅部雖極能戰，然在抗戰時期中，得不到補充，全軍裝備窳劣，人數亦有限，到了戡亂後期，中央才用他來澄清華北，就難免有蚍蜉撼大樹之感了！

民三十五年春夏間，政府和中共談談打打，中央態度強硬，政府也不甘示弱，各地衝突日多。延至秋季，內戰擴大已不可避免，中央乃決定先收復張家口，截斷共軍關內外的交通，再及其他。我深知傅作義的部隊可用，遂訓令傅部向東移動，向張垣進攻。另外李文總司令指揮中央軍石覺、牟廷芳、侯鏡如等部自北平北上，夾擊賀龍的主力。經半月的數鬥，傅作義部遂於是年十月十一日佔領張家口，是為內戰初期政府軍唯一的勝利。但因李文所部逡巡不前，未能按照預定作戰計劃迅向左翼延伸，截斷共軍西竄的退路，致戰果未達理想，為美中不足。

張家口是個戰略地區，我軍將其收復後，便將在東北與華北的共軍腰斬為二了。當時中央統帥部認為張垣既克，關內共軍得不到關外的補充，必可以次第肅清，關內隱患一除，便可徐圖關外，中共將不足為大患了。……」

民三十六年冬季，國共和談已完全決裂。為統一華北軍事指揮，中央於十一月三十日任命傅作義為華北剿匪總司令，指揮山西、河北、察哈爾、熱河、綏遠五省軍隊；同時明令裁撤保定、張垣兩綏靖公署。十二月六日傅在張桓就新職，不久，即遷來北平辦公。傅氏是一位能征慣戰的將領，華北軍事既由他統一指揮，此時行轅主任李宗仁便稍感輕鬆了。

四、李倖擺脫、傅困愁城

　　李宗仁在抗戰勝利將臨時，關於接收方法、東北人事、注意華北各問題，曾向中央作過重要的建議，但未被採納，他已非常失望。眼看東北局面日非，華北將為之繼，自己身為行轅主任，非由才力不勝，想不出辦法，而因有責無權，辦法無從施展，請辭既不獲准，坐待身敗名裂心又不甘，適逢行憲，遂藉競選副總統以為擺脫，結果當選，如願以償。

　　民三十七年五月二十日當選正副總統正式就職後，李宗仁即向蔣總統簽辭北平行轅主任一職。這個有空銜而無實權的中間機構，原是為他而設的，他既辭職，中樞便把這機構裁撤了。李氏為結束行轅事務，曾又飛返北平小住，至八月十七日才飛回南京。

　　那時華北軍政大事已由傅作義全權籌劃。他雖是卓越的軍事家，可惜為時已晚。李宗仁當時又曾說：

　　「他和我一樣，也只有坐困愁城，默待局勢的惡化。他是個硬漢子，既不願投降，又不願逃亡，也不甘自殺。處此艱難環境，終日深思苦慮，無以自解。他的左右告訴我說，總司令（指傅氏）常常徹夜不睡，在階前廊下徘徊不定。他們知道傅氏的個性，深怕他覺得事不可為而自殺，要我得機勸勸他。我得間便向他提及此事。他和我開誠相見，無話不談。他此時心境的痛苦和思想的矛盾，與我在行轅主任職時如出一轍。他屢屢問我：『到那時，怎麼辦？』他顯然預料到北平必有被合圍的一日。他是以守涿州而一舉成名的，他可以拿出守涿州的精神來死守北平。無奈時移勢異，第一、內戰非其所願；第二、守涿州是待援，守北平是待斃。他連連問我在這種情況下何以自處，希望能以一言為依歸。但是我自己此時倖能擺脫這惡劣環境，他不幸為我之繼，我一不能勸他逃亡，二不能勸他投降，三不能勸他自殺，則我又計將安出？最後我只好說：

『宜生兄，萬一局勢發展到那地步，那只有聽憑你自擇了。你要想到留得青山在、不怕沒柴燒！』不久，我便乘機南旋，傅氏送我到機場，彼此執手踟躕，欷歔而別。想不到幾個月後，北平被圍，他為使故都精華免於砲火浩劫，終於向共產黨投降了！」

五、一件舊聞、順筆一提

關於傅作義的事筆者忽憶著一件舊聞：十多年前有位舊交由北方來到香港，他是民主人士，他說在北京時一次周恩來請客，楚溪春同席，因此相識，過後楚氏常來訪。某次，楚氏談及當年毛澤東由太行山進出石家莊時，已被楚氏率軍包圍，勢將一網成擒，楚即以電話將這好消息報告北平傅老總（即傅作義總司令）。傅聽了非常高興，囑楚氏務必悉數擒來，勿使一個走脫。不料，約莫過了個把時辰，楚氏忽接傅老總電話，命令立刻將部隊撤退。楚因傅語氣嚴厲，只好遵命而行，心中莫名其妙，處置後趕到北平謁傅氏問個究竟。傅將一紙電報給楚看道：「你看這個電報吧！」原來是美國方面以傅作義的部隊能戰，曾通知傅氏謂可在天津供給武器。傅氏即據情轉報中央，那知中央覆電表示仍須由中央統一支配。傅老總一團高興，被潑了一盤冷水，眼看部隊武器窳劣而不得補充，犧牲究屬為誰？氣憤之極，故立刻命楚氏撤退云。

此事或非虛構，傅之投降，未知是否與此有關？

捌、記蔣李重握前的北海抗日事件

民廿五年夏，兩廣爆發了抗日救國的「六一運動」。在進行中，廣東因陸海空軍相率變化，內部瓦解，陳濟棠先行失敗而下野。廣西成為孤立，受到湖南、貴州、廣東三方面的壓迫威脅，遂派由舊十九路軍部隊編成的新一師進出欽廉，從事警戒，因而發生「北海事件」。

關於六一運動的經過，我在《黃旭初回憶錄──李宗仁、白崇禧與蔣介石的離合》第廿四節〈寧桂復合與蔣李重握一幕〉中，曾詳為敘述，惟對北海方面情形只記概略，未得其詳。今春承丘國珍先生惠贈其新著《十九路軍興亡史》，日前又蒙凌士芬先生借閱其當年手記的《第一、二次調查北海日僑中野順三被害始末記》，兩書都是身歷手記的珍貴資料，讀後非常欽佩！似因所處境地各異，內容小節描述微有不同。現特由兩書撮要輯為一文，藉補寧桂復合文中的闕漏。在此，謹向丘、凌兩先生附致謝意！

一、翁照垣率新一師駐北海

「六一運動」發生，凡過去主張抗日和對南京不滿人士，兩廣當局都羅致之，以資號召而壯聲勢。前十九路軍翁照垣將軍時在法國，也應邀回來，於六月間到了廣西南寧。十九路軍潰敗時被收容於廣東的丘兆琛團和湯毅生團，以及被收容於廣西的謝鼎新團，被合編為抗日救國軍新編第一師，任翁照垣為師長。由於廣西兵力較少，故將該師編入廣西方面的戰鬥序列。但因廣西財力貧乏，不能增加負擔，故該師的薪餉、給養、服裝、彈藥，概由廣東供給。

預定將來發展到達長江以後，力量增長，再以此為基礎，重新恢復十九路軍。

丘國珍將軍當時在第四集體軍總司令部參謀處為上校參謀，翁照垣師長特向白崇禧請調丘氏為該師參謀長，恢復少將原階，翁丘二人舊友重逢，再度合作，積極進行籌備。

到七月中旬，新一師在南寧籌備就緒，即奉命開赴宜山集中，宣告成立，從事訓練。

新一師訓練未滿一月，粵局已告變化，陳濟棠失敗下野，廣東與廣西忽而變成敵對，使廣西的軍事部署不得不隨之轉變，原來只對湘、黔兩方戒備的，現對廣東須同時顧慮了。因中央可能命廣東新當局派兵溯西江攻梧州，或由南路威脅南寧側背；中央部隊也可能以得力部隊海運到北海或欽州登陸抄襲南寧。為防備這兩種威脅，新一師奉命用汽車輸送，全部調到欽廉地區佈防。

新一師以六十多部公共汽車編成運輸隊。而部隊則分為三個支隊：師司令部和謝鼎新團為第一支隊，先行輸運；湯毅生團為第二支隊次之；丘兆琛團為第三支隊殿後；由宜山經大塘、遷江、賓陽、貴縣、興業、鬱林而到合浦，前後不過六天，就把全師戰鬥部隊集中完畢。至行李輜重，以後陸續運送。

二、向民眾宣傳鼓動抗日潮

部隊到了合浦，即以謝團的一營配備於北海，擔任警戒，時為八月廿四晚；該團主力則配備於北海與縣城之間；丘團以一部配備在欽州城，主力控置於欽州與合浦縣城中間地區；湯團隨師司令部集中合浦縣城為總預備隊。部署完畢，即構築工事。

新一師在防區又發動地方民眾學生，展開抗日宣傳，一時民眾活躍起來了。丘國珍氏在其所撰《十九路軍興亡史》中記當時的情景說：「如各地區的民眾大會啦，宣傳隊的組織啦，地方糾察隊

派出巡邏啦，把整個欽廉地區的民眾鼓動得如沸如狂，和民廿一年『一二八』淞滬戰爭時一樣的光景！抗日！抗日的力量，實際就在廣大的民眾身上。如果說抗日只靠軍隊，則欽廉地區的廣闊，海岸線的綿長，試問區區一個師的兵力，將如何警備週密？但我們是在淞滬對日作過戰的，對於民眾的力量有了深刻的認識，所以一到達防區之後，除了偵察地形、擇要佈防、建築工事之外，最主要的工作，就是發動民眾參加抗日聖戰了。」

一部分廣西學生軍也在新一師後數日到達，他們穿綠色制服，不帶武器，宣傳工作更加熱烈深入了。北海成了全國當時實行抗日真正的地區！

三、憤怒的群眾打死一日諜

民廿五年九月五日，我們在南寧聽到北海一日本商人於九月三日下午六時被殺的消息。此事據丘國珍氏所紀述當時的實情是：「經過民眾糾察隊的調查；在北海市上發現了一間日本人商店，主人是個似乎中國化的日本商人（按：即指日人中野順三），表面上是售賣西藥的，實際上他已化裝為中國人的模樣，平日並不專心做生意，而是常常駕一葉之扁舟，到海外各處去釣魚。釣魚！真的釣魚嗎？不，他是在測量海岸線的地形、海水的深度；同時，並且誘惑漁民，受其利用；這顯然是日本軍部派駐北海的間諜機關了。我們得到民眾報告之後，就飭糾察隊對其商店及出入人員加以監視，如認為必要時，則進行搜查。結果，搜出一些地圖，及日文的報告和照片等，這就證明他是日本間諜無疑。於是我們就飭由公安局命令他即日離境。可是，他不願意，三推四托，總要居留該店。民眾於忍無可忍之中，遂召開民眾大會，將情形向大眾宣佈，並徵求民眾意見，對這個日本人應如何處置？結果，群眾怒號，一致舉手，要求當場處決！這個不識時勢的日本人——間諜，就為當時的怒民拘

捕出來，就地加以拳打腳踢的解決了！本來，我們認為這區區一個日本人，有何能力能妨礙我們抗日？將其驅逐出境就算了；可是，民眾的怒潮不可遏抑，當我們以電話飭知該地營長就地制止民眾的斷然處置時，卻已來不及了。」

「為了標榜抗日救國的『六一運動』，結果就只有在北海打倒了一個日本人。為了打倒一個日本人，就引起了日本軍閥的興兵侵擾！起初，他們尚不敢直接派兵來威脅北海，而只以強國的姿態，向我南京中央政府提出嚴重抗議，要求『制止暴行，懲辦兇首』，否則當以武力直接對付！這時候，南京中央只有責成廣東當局——余漢謀將軍來電制止，強令我們即日撤離北海。但我們是抗日救國軍，是革命的隊伍，對於余將軍的電令實無接受之必要。……除非把我們打敗而撤退，或南寧第四集團軍總部命令我們撤退。」

四、日本海軍嚇不倒翁照垣

「至於說到恐會惹起日本軍閥真的派兵來壓迫國境，召致亡國之禍，那不過是虛聲恫嚇，他們斷不敢如此；如果真的敢，那更是我們求之不得的事。因為我們原來就是抗日救國，正希望日本軍閥肯出兵和我們真得打起來，引起全國軍民的抗戰，達成救國的任務。於是我們強硬守北海，誓死不退，他們終莫奈我何！結果，南京政府就派了一個外交官員，乘坐軍艦，率領著日本軍艦五艘，到了北海，一方面艦上的砲口指向北海，擺出威迫之勢；一方面該外交官員登陸向我們勸說，著我們撤退，免使政府交涉困難；但不敢提出『懲兇』的詞語。」

「日本軍艦不來則已，既來了，更使新一師的官兵和欽廉的民眾們，怒火更加沖天。當日民眾正在開宣傳大會，我們就請那位官員向民眾勸說；可是，不但毫無效果，反給民眾罵為漢奸、賣國賊，給這怒潮沖回軍艦去了！這不過是日本軍艦利用這位中國官員

來做傳聲筒，要限令我們在三天內退出北海，以便他們登陸佔領而已；否則，決以砲火對付。」

「哈！日本海軍想對翁照垣和其所屬官兵用這一套虛聲恫嚇的卑劣手段是不生效力的呀！他不提這些還好，提出了反而激怒了我們，我們的答覆是：『除非我們全體官兵都死在北海，才能把北海讓出來；否則，只要有一兵一卒、一槍一彈的存在，我們是不會在貴國軍艦之前撤退的！可惜的就是你們的軍艦不開砲，使到我們抗日救國的目的不能實現！』這麼一來，他不僅三天限滿之後仍不敢開砲，一直停留兩週之久，而無法把我們迫退，也就無聲無嗅的自行退去了。」

五、寧桂復和平新一師撤退

當時中央對廣西如果用兵，實在不上算，於是由幾位政要雙方奔走疏解，終得和平結束。白副總司令曾派政訓處長王公度攜函到合浦，將中央對於抗日大計及對廣西處理方針作概要的說明；同時又將廣西眼前的處境順為傳告，著新一師候命撤退。

當該師正在候命撤退間，前十九路軍總指揮蔡廷鍇突然到了合浦，表面上說是來慰勞官兵，實際卻是來勾引舊部，圖直接拖走，作為個人的基礎，企圖恢復十九路軍。但因三個團長和幾個營長都表示不願再擁護他去發一次國難財，被翁師長派員送他趕快離去。

新一師於九月廿一日遵命撤退，離北海，回南寧。到達後，翁師長以抗日既告結束，任務告一段落，自當解甲歸田，遂上書李、白總副司令，請將新一師番號取消，所部三個團撥歸總司令部直轄。以廣西當時的財力，自不易多養一師兵，結果，准將該師撤銷。翁師長獲准退職，遂先行離桂赴香港；所有結束手續及數月來的經費報銷，交由丘國珍參謀長和李瑞徵軍需處長辦理；師司令部人員，一部份由總司令部留用，餘均給資遣散。

十九路軍再次抗日和兩廣的「六一運動」，至此遂宣告收場。

現述中央方面對「北海事件」的處置。

當時蔣委員長到粵對付桂事，駐節黃埔，九月八日上午十時召見外交部兩廣特派員刁作謙。刁氏偕秘書凌士芬往謁。蔣問及北海日僑中野被殺事件，刁特派員以當時尚未接得報告，無從面覆。蔣囑即與余總司令漢謀商討辦理。

六、凌秘書士芬冒險赴北海

正午刁特派員偕凌士芬往訪余漢謀，余氏告以適接南寧李宗仁主任來電：「三日下午北海日僑中野被毆斃。」電文過簡，詳情未悉，已電覆李主任請飭屬嚴究，並電瓊崖綏靖公署許主任就近調查云。刁作謙告辭返署不久，日領事即來質問曾否接得北海日僑被殺的報告？刁氏謂剛從南寧方面得報。日領事擬於翌日派員乘機飛赴北海調查，刁氏勸阻謂恐遭十九路軍射擊。日領事謂不派飛機，亦須派軍艦往查，並求引見粵省府黃慕松主席。凌秘書旋偕日領事訪黃主席，日領事表明要派員乘艦赴北海調查，黃氏以此事關重大，誠恐發生誤會，力加勸阻；如日方必要派員調查，可由我方派艦護送，並由外交公署代表會同往查，以期審慎。惟日領事始終堅持中日調查員各自乘艦出發。刁特派員以情勢急迫，決定派凌秘書赴北海調查，余總司令飭江防司令部派福安艦駛往。九日晨，日領事復來特派員公署面稱，日艦嵯峨號已動程赴香港，促我艦速行。凌秘書當即在口頭上知會日領事，要求日艦勿先到北海，須候中國調查人員到北海接洽妥當，確無危險時，方通知日調查員登岸。否則日艦先到，發生變故，中國政府不負其責。日領事即口頭答允。凌氏很有勇氣，他臨行前先買人壽保險，決定不惜為國犧牲。九日下午五時福安艦由黃埔啟行，特取捷徑由瓊州海峽沙隙中穿插而行，以免經過平常航道木蘭頭，會與日艦嵯峨號在海口相遇，勢必要挾同

入北海而受十九路軍的砲擊，事變一擴大，交涉將更棘手。差幸沿途順適，凌秘書於十二日上午九時到達北海。

七、民氣太激昂口號震天響

福安艦下碇後，凌秘書偕總部科長沈銑、江防司令部參議張忠燧等乘北海海關電輪預備上岸與駐軍接洽，不料，船剛近岸，駐軍即架機槍相向，迫令回船。駐軍旋派政訓處長陳漢流、秘書張梅生來艦商洽，凌氏對他們告以此行所負使命，請其返報上峯，准許調查人員登陸，予以便利，並保安全。陳、張兩位著將調查人員姓名開列，但說，北海民氣現在緊張，安全恐難保證，須待返部請示後，再行答覆。旋即告退。此時福安艦上伙夫上陸購買糧食也被派警尾隨監視，凌秘書等自無法登岸。駐軍代表去後經三小時後復來艦上，帶來衛弁六名，護送凌秘書等上岸。船將到岸，望見岸上群眾五、六百人，手執紅綠小旗，上寫種種標語，高呼口號。登陸時，海關稅司務美人霍更斯（Haukins）來迎，凌秘書等隨他入稅務司署，問以此行吉凶。霍氏勸以小心謹慎，不可冒昧！並說日來此處已趨平靜，但今日情形殊不佳。此時外面群眾已將稅務司署包圍了。張梅生復不許凌氏和稅務司多談，催促離去。即導往北海市政局，沿途群眾緊隨不捨，口號之聲，不絕於耳。口號有「打倒日本帝國主義」、「打倒屈辱外交」、「打倒叩頭外交」、「打倒日本偵探」、「打倒日本走狗」、「打倒漢奸」、「不准調查」、「歡迎粵軍參加抗日」、「擁護民族英雄翁將軍」、「擁護民族英雄區將軍」、「武裝保衛北海」、「北海是我們的」等等。到了市政局，由十九路軍第六十一師參謀長丘國珍和代理合浦縣長林宗漢出見，並以茶點招待，但表示絕對不許日本調查員登岸。其軍事領袖聞日艦將到，尤表憤慨，謂必施以砲擊。在談話間，群眾依然包圍市政局叫囂不止，並要求凌秘書答覆種種問題，語多抨擊中

央和外交當局，間有怒目攘臂的，設此時稍觸其怒，毆辱勢必立至。凌氏只好溫言慰解，勸令安心靜候政府解決；並說血性人所同有，愛國不敢後人，斷不至袒護日本，造成屈辱外交。

至此，群眾緊張情緒稍稍抑下，旋紛紛呈遞請願書。內容不外請求政府撤退南來之師北上抗日；停止內戰，一致對外！請以調查北海事件的精神，轉而調查東北被殺同胞。尚有一部分竟欲強請凌氏為前導，參加他們的示威大巡行的，且擁入會客室內。凌氏請丘國珍參謀長勸令群眾退後，才改派代表七人入見，他們語多失態，要求調查即行停止。凌氏已知久留無益，抑且生命堪虞，迫得和同來各員回艦，再謀善策。因須到稅務司處商借電輪回艦，群眾又說是凌氏想向西人調查此案真相，阻勿久留。跂步緊隨呼叫，直至電輪離岸才罷。

八、阻止日艦闖入北海惹事

凌氏此行雖未達實行調查目的，然對事件已有線索可尋。民眾請願時對他說，該日僑住北海二十餘年，平日專事偵察我國虛實，蓋一日本間諜，死有餘辜云。據丘參謀長說：「十九路軍入北海後，曾著商會會長通知該日僑離境，否則發生事故，該軍不負責任，不意竟遭殺害」等語。這是唯一的收穫。

凌氏返艦後，認為無法進行調查，決定回航阻止日艦嵯峨號闖入惹事。是日下午二時半乘原艦出口。不久與應瑞艦相遇，該艦陳艦長過艦告知係中央派來保護並協同勸阻日艦前進的。又不久，即遇嵯峨號，日調查員戶根木長之助等過艦磋商，凌氏告以登岸調查困難情形，日調查員初不相信，一再強請復返北海調查。凌氏嚴行拒絕，謂北海駐軍現正戒嚴，任何人不許登陸，去亦不得要領，切勿輕率從事，以免發生不幸事變，須候中央完全解決廣西問題之後，再行詳細調查，本案不難完滿解決。日調查員至是才允請

示上峰再定行止。下午七時十五分，福安艦遂繼續東駛，並將接洽登岸及登岸以後情形，兩電呈報外交特派員公署，請轉知日領事速令嵯峨號停止進行。十五日回到廣州覆命。

九、粵軍入北海調查得展開

廣西問題解決後，桂省軍政首長接受中央任命於九月十六日宣佈就職，政治問題已告完全解決。廣州方面於十五日已得北海十九路軍不日撤退的消息，日領事又來催迫進行調查，刁特派員乃再派凌秘書復往北海。

凌氏十六日下午搭火車到香港，十七日晨仍乘福安艦啟行，十九日晨八時到北海口外，因北海實況未明，未敢入口，暫泊冠頭嶺外，那時我艦通濟、日艦嵯峨號也泊在此。從此等候廣州通知北海駐軍撤退確息，然後上岸。但日方迭來促行，廿二日晨又來告凌氏謂，嵯峨號已決定今晨駛入北海，日艦六艘亦已由海口開來。凌氏旋與商定由我艦先入探聽清楚通知，嵯峨號再行駛入。凌氏遂乘福安艦前進（通濟艦臨時託詞貯水不足而不同行），上午十時許到北海，當地港務局長美人司賓塞乘海關小輪來艦，第四路軍一五九師參謀長許讓玄和北海紳士劉瑞圖同來，才悉粵軍譚師確已於昨日入駐北海。凌氏心情大慰，與許參謀長商定：先知會日方，只許嵯峨號入口，並須將日方登岸人員名單交與駐軍，待駐軍佈置就緒，再行通知會同登陸調查，但絕對不許配備武裝及照相機，至安全問題則駐軍可完全負責。正午十二時，凌乘福安艦返冠頭嶺外面告日方以上述約定。日方終承諾一切，只派嵯峨艦入口，餘六艦仍泊冠頭嶺外。交涉既妥，凌氏立乘福安艦回航北海，嵯峨號也啣尾續進，下午二時同到北海，停泊地角對開海面。凌氏到嵯峨艦上取得日方登岸人員名單，返福安艦偕許參謀長赴嵯峨號與日方會商明日登岸調查種種問題，歸已傍晚。夜間，凌氏復上岸與軍政領袖先作詳細商

討，並悉中野屍體及其家屬可以訪尋，稍覺放心，深夜才返艦。是日下午凌氏才接余總司令漢謀電告：譚師鄭團廿一日接防北海。

十、死者中野頭部呈焦黑色

廿三日晨八時，凌氏偕粵省府科長楊秉離和尹毓蕃並憲兵七名會同日方調查原戶根木長之助、松浦弘人、粵語譯員和久田幸助、勝間田義久、醫官岡田芳政、濱崎靜夫及海軍大佐須賀彥次郎、海軍中佐篠田勝清等八人上岸。由師部備汽車數輛，先到本案肇事地點丸一洋行，沿途由師部密派步哨警戒，抵步後亦保衛森嚴。該洋行又稱丸一藥房，位於北海市泰華鎮珠海中路第九十號門牌，樓下分前後座，樓上分前中後三座。雙方調查員於警察啟門後魚貫入內，視察一周。日調查員松浦警務科長檢查陳設各物及死者來往書籍極為週密，請我方准其攜去丸一洋行日記簿三本及死者來往書信七封、紅白枱布各一面（上有斑點少許，日人認為血斑），各物均加編號，給回收據。上午十一時許，再會同乘汽車到中野葬處，命仵工開棺驗屍。我方雇有法國醫生一名，他即當日法院雇往驗屍者。見屍體頭部已現焦黑色，日員旋令仵工蓋棺停驗，並託我方將屍焚化，將骨灰分作兩份，一交死者家屬，一交嵯峨艦帶交日本。凌氏允其所請，即交由公安局一警長辦理。

戶根木氏曾要求與死者家屬見面，凌氏派三人尋覓，中野妻葉氏和長女中野千鶴子由遠處趕來先到，哭訴當日中野被害情形，並說中野尚有一妾四子三女，刻下不知何在。凌氏派人暗中監視，以防她們被日人所教唆。

十一、凌秘書訊問中野的妻女

午後中日人員赴市政局，許參謀長以茶點招待。戶根木想將中

野妻女帶返日艦，凌氏謂應先問話錄供；於是由凌主問。

葉氏所答問題很多，據供：中野順三是九月三日下午七時被害的。恐怕不是給人尋仇殺害，因為他平日並無仇人。他被害那天晚上，我們已關了店門，忽然剝啄聲甚厲，有人在門外說要買玩具，開門後，擁進幾個人來，先用手槍禁止我兒子行動，隨即有五人走上樓去，此時我丈夫尚在喝酒中，見有人進來，還說聲「請坐」，但進來的人見了他，就用刀向他刺擊，他流血甚多，旋即斃命。行兇時樓下尚有五人，都是穿便衣的。案發後九月四日即往報告法院。棺木是我自己買的。十一日晚公安局即著我們到廟堂裏去住，由該局一位姓陳的陪住。十四日我們從廟堂出來到鄉間去住，直到現在。我丈夫到中國後二十多年沒有回過日本。

千鶴子所供要點有：我父被殺後，我的弟妹就分散了。現在我也不知他們的下落。

正問訊間，中野的長子中野清、中野之妾和二子一女也先後聞信趕來了，均經凌氏續訊，供詞不重要，從略。

問訊完後，凌氏令她們安心回家，並請許參謀長令兵警加意保護。最後，日員要求帶中野長女和長子回艦，經日方簽據交許參謀長後，才任其攜去。下午四時，中日人員各返本艦。晚間，凌氏偕尹毓蕃訪譚師長、許參謀長時，得公安局局長電話謂，中野子女已全數返家，不遺一人。八時返艦。

十二、中野家屬乘日艦赴廣州

廿四日晨八時，中日兩方人員再會同上岸調查。到丸一洋行，公安局將中野骨灰送來，即分交日員及其家屬。中野妻女報稱，此次出走，共失去法國紙幣一千元、香港紙幣二百五十元、本省紙幣一百元及衣物甚多。又稱：商會於舊曆七月十五日通知她們離境，她們已預備七月二十日乘船離去，但十八日便發生此事。北海前任

巡官現任代理公安分局長郝叔修適在場，因向其訊問，他答語的要點是：緝兇尚無結果，殺害中野的是些什麼人現未能相告；十九路軍到北海後，舉行過兩次巡行：一次是九月十二日我方調查員前次到北海時；一次是九一八那天，並無因此發生騷擾事件。

旋會同到北海市商會向約定數人探問證供，先問商會主席陳壽卿，據稱：十九路軍到北海後，翁師長問我此地有無外僑？我答以有日僑中野，並告以本處外沙地方近來常有搶案發生。翁師長說：「我係為維持地方治安而來，理應保護外僑，本處既然近有搶案，為萬全計，可從早勸這日僑離境，以免發生意外。」我即派庶務通知中野，只著中野一人離開。三日後，翁師長派區營長來問曾否通知中野離境？我因此再著庶務作第二次的勸告。

次問合浦地方法院首席檢察官余睿英，據稱：案發翌晨中野之妻即來報案，問供後即到丸一藥房勘驗，飭屬緝兇。

正午中日人員各自返艦，日方約定下午二時再同上岸處理家屬未完事宜。屆時同到丸一洋行，日方欲以艦載中野家屬赴廣州，許參謀長接受凌氏意見，准許日員簽押後放行；下午四時許，松浦等送中野家屬返艦。

十三、戶根木訪外僑自討沒趣

戶根木擬獨自往訪北海外僑探詢一切，凌氏請其同赴海關訪霍更司，由霍氏介紹四人晤談，其中德牧師戴天康（Bethke）談話最有意義，摘錄如次，係由戶根木主問。

問：十九路軍到北海後有舉行抗日運動嗎？

答：絕無真正的抗日運動，他們說反對日本，實際上是反對南京政府，反對×××將軍。除五年前日本侵入滿洲時，此地有過真正的抗日運動外，至今無之。然而這是不能怪中國人的，因為他們的土地被人侵佔了。至於商人呢，因為他們貪日貨便宜，而且又無

別貨可替代，更不主張抵制日貨。

問：你說十九路軍沒有抗日運動，月前兩廣不是出兵抗日嗎？

答：我剛才已經說過，他們並不是真正抗日，而是反對南京政府；你們既說兩廣抗日，為什麼不提出抗議呢？假使這種行動在別省發生，恐怕日方要嚴重的抗議，並且要開很多戰艦來恐嚇了，但不見日方有這種行動！

戶根木這時面紅耳熱，只好說：「我們也有抗議。」

戴說：「照我所知，只不過一次。」

戶根木又說：「有很多次，並且措詞是很嚴厲的。」

戴又說：「我不相信。我素來依著天良說話，我不隱瞞，這次兩廣掛起抗日招牌，全是由日方在後面鼓勵主使的。」

這位日本副領事戶根木見情形不佳，已不敢再問。對一位美國人（Miss Hylton）只談了不關痛癢的幾句。初本約定往見兩位法國神父，後亦中途改變主意，不去了。彼此在夜色迷濛中返艦。

十四、北海事件終於不了了之

是晚七時半，嵯峨號即起程返廣州，口外六日艦亦相率他去。凌氏電告刁特派員，並請示今後行止。

廿五日晨，凌氏向譚師長及各外僑辭行，得聞海關某員談稱：「中野每年受日政府津貼千元，每星期例須向本國政府報告一兩次。其家有密室一所，雖妻妾子女亦不許入，報告多作於此。」民眾及多方面的報告皆謂其為日本間諜，自屬的確。下午六時得刁覆電著即返省，凌氏遂乘福安艦啟碇，廿八日到香港，廿九日乘早車回廣州報告。

凌氏綜合此行所得，作結論云：「中野之死，其原因不外三端：第一、死於劫殺。此由中野之妻失去法國及香港紙幣千餘元、及事變時子女大呼賊劫一點可以見之。第二、死於債務。因中野頗

有積蓄，曾貸款與人，多者千元，少者數百元，值此混亂時期，債務人或乘機加害，以圖擺脫債務羈絆，亦未可知。第三、死於暴徒。因暴徒的唯一手段，常欲造成一種恐慌局面，以期從中取利，故中野或為暴徒恐怖政策下之犧牲者，亦殊可信。今姑不論中野之死因為何，依國際公法言之，我國所負責任，只在嚴為緝兇而已。且事前商會曾兩次勸告中野離境，我方更無其他責任可言。」

此案後來成為不了了之。

玖、國民革命軍第七軍史實（一）：
從入湘北伐到肅清江西

　　抗戰期間，廣西綏靖公署編成《廣西革命戰史初稿》，內分三篇：第一篇、統一廣西；第二篇、完成北伐；第三篇、護黨求國。第二篇所記完全為國民革命軍第七軍時期的史實。主編人我記得是藍騰蛟氏，他將全稿油印分訂每篇一冊，送請稿中有關人士校閱改正，並將親自見聞的事蹟敘述交他。黃紹竑氏看了第一篇，覺得在初稿上作片段的補正，下筆甚為困難，他於是自著《五十年回憶》，抗戰後在杭州出版，其中有一小部敘及第七軍的事。張任民兄存有初稿一份，十年前攜到日本託我保管，旋為李宗仁氏索去參考以寫回憶錄，其後白崇禧氏也為寫回憶錄而轉借去，現存台灣成了海外孤本。李白書中自多七軍事實。

　　白著遺稿如何未詳，李作不欲過早問世，黃著流傳亦少。近年我曾寫過些關涉七軍史實，但非專記，只是散見，且偏於戰況，少及本身內情。現特參考綏署初稿和黃著回憶並根據若干戰友的口述，輯為此文，以供關懷第七軍往事者一讀，其中錯誤尤祈指正。

一、第七軍誕生的經過

　　國民革命軍是由廣西部隊編成的。廣西自民國十四年秋全省統一後，將定桂軍、討賊軍改為廣西陸軍第一軍、第二軍。十五年春，廣西請國民政府將兩廣統一，派白崇禧赴粵商洽具體辦法。國府成立「兩廣統一委員會」從事商討。但因財政統一、軍餉提高的

問題不能解決，白乃歸報，改由黃紹竑於三月初旬赴粵再商。黃到後繼續參加兩廣統一委員會討論，據他的《五十回憶》中述關於編軍一段說：「第二、對編成兩軍問題，更覺為難。他們雖然未說出不能編為兩軍的理由，但我很明白他們的意思，如果廣西編成兩軍的話，即無異佔有國民革命軍全部四分之一的數量。後來汪精衛這樣說：『第七軍的番號，已經決定了，自然無問題。若再要編一軍，因第八軍的番號已決定給唐孟瀟，此外又不好再編。』這個理由，實在勉強得很。而我們確擁有兩軍實力，原來已有兩軍番號，如果要併為一軍，也有我們的困難。而且這一軍的軍長，由李德鄰擔任，抑由我擔任，也頗難安排。我見他們內心為難情形，就自動提議編為一軍（但軍器共編六個師）；以李德鄰任軍長，我自願擔任黨代表的職務。譚組庵聽了我的提議，拍掌贊成，說：『這才是真正革命的態度啊！』我之所以自動提議編為一軍，一來固然為解決當前會議席上困難；同時我鑑於已往兩軍間，總不免有彼此的界限，不如趁此機會，混編一起，不特前隙盡除，此後必可更加團結。我自己雖不擔任軍長，但以我過去的歷史，同德鄰私人的關係，擔任黨代表，還不是同軍長一樣麼。」

這便是第七軍誕生的經過。

二、一軍擁有九旅之眾

中央於十五年三月廿四日發表李宗仁為國民革命軍第七軍軍長，黃紹竑為第七軍黨代表。以白崇禧為第七軍參謀長。軍以下不設師，只分九個旅。每旅兩團，每團三營，每營四連，每連步槍九十桿。另兩獨立團，一砲兵營，一工兵營，一入伍生團。

第一旅旅長白崇禧（兼）
第一團團長陳恩元　第二團團長呂演新
第二旅旅長俞作柏

第三團團長李明瑞　第四團團長李朝芳

第三旅旅長劉日福

第五團團長張國柱　第六團團長龔壽儀

第四旅旅長黃旭初

第七團團長許宗武　第八團團長林竹舫

第五旅旅長伍廷颺

第九團團長陸受祺　第十團團長梁朝璣

第六旅旅長夏　威

第11團團長韋雲淞　第12團團長葉叢華

第七旅旅長胡宗鐸

第13團團長陶　鈞　第14團團長楊騰輝

第八旅旅長鍾祖培

第15團團長周祖晃　第16團團長尹承綱

第九旅旅長呂煥炎

第17團團長楊　義　第18團團長蒙　志

獨立第一團團長陳濟桓

獨立第二團團長羅浩忠

入伍生團團長呂競存

砲兵營營長羅傳英

工兵營營長馬典符

（註）上表將綏署初稿所列改正數處，疑尚有誤，待考。

　　黨代表是採蘇聯制度，與軍長地位同等。對於部隊，代表國民黨中央黨部，有監察的責任，軍長所下的一切命令，都要黨代表副署，才發生效力。在黨代表下設政治部，團設政治指導員。政治部主任黃日葵係由總政治部派充，他很坦白，一見黃紹竑就說，他戴的是紅帽子（共產黨），他只是幹他責任以內的工作，絕對服從黨代表的意旨。的確，他是一個很有能力的工作者，自從政治部成立

後，各部隊的精神生活表現得非常活潑，北伐之所以順利成功，部隊政治工作的成功佔很重要的因素。

蘇聯顧問也是國民革命規定必須設置的。第七軍的蘇聯顧問馬邁耶夫，原是打鐵工人，後來投入紅軍，經過軍官的訓練，據說當過一任旅長，曾在克里米亞作戰受傷。其人頭腦簡單，在軍事上不見有何特長，不過在當時只要能夠把一些很膚淺的技術，或新式的編制介紹給我們，也就無忝職守了。黃紹竑記起馬氏初到時，只和他談過三三制師的編制問題，以後並無若何的建議。馬氏隨軍北伐，到第七軍進入贛北，一次因討論改變戰略問題，和李軍長大事爭吵，不久即去職。

三、黃主桂政李統師干

廣州中央對北伐問題，十五年三月中旬已有決定。黃紹竑時在廣州，參加北伐會議，係在大東路體育場對面汪精衛公館舉行。到會的有汪精衛、蔣介石、蘇聯軍事總顧問奇山加將軍、重要的中央委員和各軍事長。由汪任主席。討論時雖有人以為時機太早，力量太薄，希望慎重將事的；但經蔣先生、奇山加分別說明後，終於決定出師北伐。汪隨後問黃：「廣西可以出多少兵？」黃答：「當時可以編成三個師的一軍，即是全省部隊的半數。若稍假時間，將地方治安辦好，部隊編整完畢，尚可陸續增加。但對雲南方面，不能不留多一些隊伍以為防備。」大家也很以為然。

黃紹竑由穗返邕報告，中央已決定北伐，各級幹部因又有新目標，前途遠大，莫不興奮。首須商量的就是第七軍由何人率領出征的問題。黃因主持廣西全省行政事務，事實上不能離開廣西，他只有請李宗仁擔任率師北伐了。出征的部隊，也斟酌定當，陸續移向桂林方面。到四月底，中央渺無北伐聲息，而第七軍援助唐生智的部隊已入湘境，李宗仁及電促中央早定大計，得覆請李赴粵面

商。李即東下於五月十日到廣州，才知道廣州政局因三月二十日中山艦事件動盪未息，大家提不起北伐興趣。李為了焦急，竭力向中央各軍政首要陳說機不可失，費了數週心力，中央任命蔣先生為國民革命軍總司令，大計已定，李乃於六月十八日離穗返桂督師出發。

四、參加北伐人事略變

第七軍參加北伐部隊初為九團，人員略有變動如下：

軍長李宗仁

參謀長王應榆

政治部主任麥煥章

第一路指揮官夏　威

第二路指揮官胡宗鐸

第一旅旅長夏　威（兼）

第一團團長陶　鈞　第二團團長呂演新

第二旅旅長李明瑞

第三團團長俞作豫　第四團團長李朝芳

第七旅旅長胡宗鐸（兼）

第九團團長陸受祺　第14團團長楊騰輝

第八旅旅長鍾祖培

第15團團長周祖晃　第16團團長尹承綱

特務團團長李少傑

砲兵三連

工兵三連

通訊大隊

衛生隊三隊

兵站分監曾其新

蘇聯軍事顧問馬邁耶夫

（註）尚有陳濟桓的獨立第一團、羅浩忠的獨立第二團是後來派到前方的。此外，新兵補充團送往前方的次數，已忘，未記。

上表有須補充說明的幾點：

甲、全軍一半北伐，一半留省。軍長在前方，黨代表在後方。按規定，軍的命令，兩人皆須署名。為解決這難題，於是李帶著黃的團章在前方，代他行使黨代表的職權，黃帶著李的圖章在後方，代他行使軍長的職權，一點沒有窒礙或發生阻力。黃氏說：「這種和諧的精神，完全是公私歷史所造成，而不是其他所能做的。」

乙、軍參謀長白崇禧調升副總參謀長後，黃紹竑推薦保定軍校第一期畢業生王應榆繼任。王氏正在賀縣為省署整錫鑛，第七軍司令到了長沙，才趕到就職。

丙、政治部主任黃日葵原極能幹，但李宗仁因當時在粵親見上自黨政軍各級機構、下至農工學生運動，國共間的裂痕已日趨明顯，顧慮黃日葵在部隊中發展共黨組織，將招致分裂，影響作戰精神，故返到桂林準備入湘時，密向黃紹竑建議，留黃日葵為第七軍後方留守部隊的政治部主任，另行推薦麥煥章為第七軍前方部隊的政治部主任。麥為留法學生，為人忠誠坦白。但被總政治部拒絕加委，鬧出許多誤會。終因李堅持，麥才得就職。後來各軍多為共黨所滲透，只得第七軍能保持一貫的純潔。

丁、第七軍的第一、二路指揮官，實即其他各軍的師長。所不同的，師長僅能指揮其李師，而兩路指揮官卻視環境的需要指揮或多或少的部隊，不受建制的約束，運用較為靈活。

戊、白崇禧所兼第一旅旅長遺職，調夏威繼任（夏所遺第六旅旅長缺，由韋雲淞升充）。俞作柏自以功高資深，不屑與其他旅長同列，不肯就職第二旅旅長職；李宗仁以俞好利自私，不帶兵也好，乃調俞為中央軍事政治學校第一分校長，而以李明瑞升補為第

二旅旅長。

　　已、砲兵計有德國克魯作廠七生的五管退山砲四門，日本造七生的五架退山砲二門，都是清末張鳴岐任兩廣總督時所購的。

　　庚、每團附屬機關槍一連，每連有德造水凉重機關槍四挺或六挺。

　　辛、通訊大隊轄三連，分隨軍司令部、兩路指揮部各一連。軍中各單位間的通訊全憑電話。當時被複線很少，多用裸線。軍與軍間用無線電通訊。總司令部發下無線電收發報機一座，原屬第一次世界大戰時的俄國舊品，既笨重不堪，又常生故障，實不堪用，棄之可惜，成為累贅。

　　壬、蘇聯顧問馬邁耶夫於到江西後去職。繼任的名西干，軍校出身，曾任軍長，軍事識歷比馬氏高明。

　　癸、第七軍除表列部隊外，尚有由國民黨廣西省黨部號召青年女學生組織的「廣西學生女子北伐工作隊」，隨軍擔任宣傳、看護、慰勞等事務。隊長由李宗仁夫人郭德潔擔任。當時其他各軍政治部也有女子工作人員，然以女子單獨組成一隊在前線工作的，第七軍實開風氣之先。

五、由湘入鄂戰無不勝

　　第七軍在北伐各次戰役中，從未失敗過，可說是戰無不勝。關於每次戰役詳情，我曾在《廣西與中央廿餘年來悲歡離合憶述》各節記述過，現只記各役的時間和前所未及的情節。次數很多，先述湘鄂部分如下：

　　甲、洪羅廟之役　這是第七軍入湘頭一次交鋒，也是促成北伐的重要關鍵。唐生智在十五年四月下旬，被吳佩孚派兵聯合趙恒惕舊部擊敗，由長沙退守衡山，再退衡陽，準備不支時更退廣西。幸我鍾祖培第八旅五月廿八日趕到衡陽，唐即派其向洪羅

廟增援何鍵師；六月三日鍾旅強渡蒸水擊潰賀耀組師，敵退守漣水北岸。如此役不勝，唐生智將不敢即就國民革命軍第八軍軍長職，廣州發動北伐也將因之延阻。

乙、收復長沙　第七軍第二批入湘部隊的第二、第七兩旅，由胡宗鐸率領，集中永豐。第四軍張發奎、陳銘樞兩師已由粵到達攸縣。唐生智任北伐軍前總指揮，即令第四、七、八各軍於七月一日前進，五日開始攻擊，連戰皆捷，十一日第七、八兩軍收復長沙，第四軍克復醴陵，敵退守汨羅河北岸，胡宗鐸部追到隔河對峙。

丙、汨羅河戰役　李宗仁軍長七月六日離桂林，偕夏威率第一旅於十五日到衡陽，十七日到長沙。蔣總司令八月十二日由穗抵長沙，開會決定先攻武漢。仍由前敵總指揮唐生智統第四、七、八軍為中央軍，八月十八日自汨羅河南岸發動攻勢。第八軍為左縱隊，唐自指揮循武長鐵路進攻。李宗仁指揮第四、七軍為右縱隊；第七軍從浯口強渡，一擊敗敵，第四軍同時克平江，即分頭北向窮追。右翼之敵既滅，第八軍遂不費力而得渡河前進。

丁、賀勝橋之役　汨羅河以北盡是山地，森林蔭蔽，聯絡困難。第四軍竟斜向西北，在山中和第七軍交叉而過，其隊尾將過完才為第七軍發現，只好由其將錯就錯，到汀泗橋遇敵激戰，第七軍聞訊即派隊赴援，尚未到達而第四軍已大獲全勝。進至咸寧，第四、七軍復會合。八月三十日兩軍合攻賀勝橋，吳佩孚親臨督戰，也無法抵抗革命軍的威猛，大敗逃歸武昌。夏威率第一、二旅追敵至鄂城，圍繳敵械不少；故宗鐸第七、八旅追向武昌參加圍城。

戊、圍攻武昌　吳軍敗退武昌，閉城死守。李宗仁任攻城司令，指揮第四、七兩軍於九月三日猛攻一晝夜，無效而止。蔣總司令到後，令五日晨再行進攻，依然無效，乃作久困之計。第八軍由金口渡江後，鄂軍劉佐龍附義，吳佩孚被劉砲擊而逃往河南，漢陽六日、漢口七日相繼收復，武昌城內之敵外援已絕，到十月十日終於開城投降。那時第七軍離去武昌剛一個月。

六、程潛部隊一度失踪

孫傳芳乘革命軍圍攻武昌未下，大舉入贛，九月七日宣戰，限革命軍於二十四小時內退回廣東，其前鋒已和我第一、二、三、六各軍發生遭遇戰。革命軍對贛，蔣總司令親自指揮第一、二、三各軍為右翼，以南昌為目標；以程潛指揮第六軍和第一軍的第一師為中路，出修水、武寧，直搗德安，斷南潯路；以李宗仁率第七軍任左翼，沿長江南岸東進，直取九江孫傳芳總部。九月十日蔣總司令親到武昌南湖第七軍司令部將上述部署告李宗仁，旋下令給李將武昌圍城任務交第四軍接替，尅日率部入贛。李報告蔣謂廣西尚未將餉項、被服送到，蔣先生即令兵站總監俞飛鵬送交「五省通用券」十萬元暫用，這是第七軍在北伐途中第一次收到中央方面的接濟。

李於九月十一日出發，十三日全軍到達大冶。渡湖到陽新，有兩道河要費數日架橋才能東進，全軍暫在陽新休息。馬濟所部陳良佐團在此請求收編，即編為第十旅第十九團，以陳為旅長，胡天樂為團長。派出武寧方面偵探回報，武寧城為孫軍盤踞，程潛軍不知去向。此時李忽接武漢前敵總指揮唐生智、總司令部武漢行營主任鄧演達、武漢政務委員會主任委員陳公博聯名急電，謂敵海軍西上，將在黃石港登陸佔領大冶，圖解武昌之圍，情況危急，望速回師大冶，對付該敵。同時兵站分監曾其新由黃石港來電話，敵已在黃石港登陸，兵站將退鄂城。李為此召集緊急會議，以回大冶的時日足夠進到九江，我攻九江，上游之敵自退，遂決定東進而不回師。當夜浮橋成，廿五晨渡河向瑞昌，廿七晚到橫港，更乘夜前進。是夜十時李得偵探自武寧第二次回報，武寧城內確有敵軍一、二千人，程潛第六軍不知踪跡。李以九江附近為湖沼區，北既阻於長江，大冶後路已斷，現右後方又受武寧之敵威脅，成了四面受敵，陷入危境。他熟思片刻，決定改變戰略，捨棄東取九江，改向

南越羊腸山以尋找第六軍。他不顧馬邁耶夫咆哮反對，命令全軍南向羊腸山前進。山不大，卻險峻，有敵千餘據守，廿八日被第八旅一攻即退箬溪。第七軍過山，廿九日全部到箬溪，與孫軍精銳謝鴻勛部兩萬餘人相持徹夜；三十日血戰至晚才將其全部解決，虜獲甚多，謝鴻勛重傷。

李宗仁由虜獲謝鴻勛的電文中才知道程潛中路軍九月十九日襲佔南昌，旋為敵回師所敗，不知現在何處。他決定攻破德安，切斷鐵路，以解救南昌前線被壓迫的我軍。十月二日他揮軍由箬溪東進，三日拂曉到達德安郊外。敵方由盧香亭親自指揮段承澤、陳光祖、李俊義等部待敵。雙方血戰竟日，慘烈非常，到黃昏時，孫軍潰逃，盧香亭、李俊義兩個方面軍精銳全滅。第七軍死傷達二千以上，第九團團長陸受祺陣亡。蔣總司令接捷報後特電嘉獎。

七、孫軍慘敗江西肅清

第七軍佔了德安，友軍此時未能與之呼應猛攻南昌，成了孤軍作戰。如北攻九江，則南昌之敵必躡其後，如南攻南昌，則九江之敵也躡其後。正在考慮動向而箬溪報告敵到王家舖的消息已到，於是決定先破王家舖之敵，以免在德安陷入重圍。十月五日夜間撤離德安，七日全軍返到箬溪。到王家舖的只是敵人先頭部隊，大隊既未來犯，第七軍也乘機休息。惟此時全軍缺糧，竟吃粥一星期。北風多厲，而全軍仍著單衣。境況很苦，氣卻未餒。十一日晚陳調元所部劉鳳圖、畢化東等七團進抵王家舖。李宗仁不待其來攻，即揮軍進攻。敵敗退據王家舖南崑崙山、梅山、覆盆山一列高地抵抗。地形險要，僅覆盆山、梅山間有一缺口，此外盡是峻峭石壁，猴子攀上也不易。結果是由缺口先行突破，其兩翼才告崩潰，殘敵逃回瑞昌。此戰的慘烈，無異德安一役，我軍第二團團長呂演新、機關槍大隊長陣亡，死傷在二千以上。

王家舖戰後，孫軍不敢反攻，李宗仁已聯絡到程潛正晤商合攻南潯路計劃，得蔣總司令自高安令「各軍就地整頓補充，待命進攻」而止。蔣並調第四軍張發奎師和新編賀耀組獨立第二師來歸李指揮。第七軍兵站由武漢送到新兵兩千和一批被服、彈藥，全軍作戰條件大為改善。蔣派白參謀長自高安率兵一連攜帶大批械彈和現款前來慰勞。白告以我軍三次進攻南昌敗況。知李在王家舖勝利之日，正我軍猛攻南昌之時，此進彼退，不能相應。總部特檢討過去，新定肅清江西計劃，由白攜來交李。計劃規定：以李宗仁指揮張、賀兩師任左翼，肅清贛北；程潛指揮第六軍任中路，由奉新、安義攻樂化車站；朱培德指揮第二、三、十四各軍任右翼，攻南昌；定十一月一日行總攻擊。白氏並參加左翼指揮工作。

李宗仁遵依計劃，十一月一日各部即向南潯路發動攻擊。第七軍二日到德安，孫傳芳軍陳光祖部一接觸即東退。張師見德安已克，即往助賀師攻馬迴嶺。孫軍多，憑工事頑抗，李派第一旅往援，三日晨合力猛攻乃克。敵退九江，賀師四日追到將其解決。李、白率軍南下，不意孫軍自南潯來佔九仙嶺抵抗，為李、白指揮第七軍和張師於四日將其擊潰。後悉孫軍故意讓我軍入德安，然後從馬迴嶺、南潯雙方夾擊。誰知馬迴嶺先為我破，而南潯方面不知，遂同歸敗滅。五日悉建昌、涂家埠敵軍已退往吳城、星子，李即令張師向星子、第七旅向吳城分頭追擊。六日南昌敵人棄城走。第七旅克吳城，敵軍幾全部繳械。白崇禧奉命追擊南昌逃敵，率第二軍第六師、第三軍第八師、第七軍第一旅於七日追至馬口，敵因橋斷，無路可逃，全被俘獲繳械。孫傳芳七日自湖口遁歸南京。蔣總司令九日進駐南昌，李宗仁和各軍軍長也來會，同在牛車站參觀堆積如山的戰利品。江西肅清了。

拾、國民革命軍第七軍史實（二）：
寧漢分裂時期的李宗仁軍長

關於第七軍史實的參考資料，我所知道的有左列兩種：

其一為《國民革命軍戰史初稿》。這是官書，未署編印機構和出版年月，似是抗戰前印的。其第一輯敘北伐各戰役情形，尚未得讀；只讀過其第二輯，內容係記述民十八、九兩年各戰役的，武漢事變便在其中。

其二為《國民革命軍北伐戰爭史》，張梓生著。原書我也尚未得讀，只讀過商務印書館從張著節選的《中國國民革命史略》（民國廿六年十一月初版），其中有多處敘及第七軍的戰績。

本文好些是第七軍軍長本人口述他身經的事，自為他書所未見。

八、南昌武漢形成對立

國民革命軍肅清了江西的孫傳芳部，各軍暫行休息整頓，那時期李宗仁在贛有些關於第七軍以外的活動，可記的如下：

甲、列席廬山黨政會議　十五年十二月七日，蔣中正、宋慶齡、徐謙、孫科、宋子文、陳友仁、吳玉章、王法勤、鮑羅廷等十餘人在廬山開會，李宗仁因係候補中央監察委員，故列席旁聽。會中未議出什麼具體方案，各委員便下山到武漢去了，這是他們不想中央留在南昌的表示。

乙、斡旋反蔣部隊聽命　鮑羅廷一到武漢即出現黨政聯席會議，執行最高職權。蔣總司令對武漢絕不讓步，態度非常堅決。那時福建已經克復，蔣先生急於打下江、浙，總司令部正在南昌擬訂

東征計劃。李宗仁為此事也時去南昌參加會議。他恐南昌武漢事態擴大，將影響軍事的進展，力勸蔣氏，以中央遷往武漢為大勢所趨，人心所歸，既無法阻止國府委員去武漢，不如乾脆讓它遷去算了，但軍隊調遣繼續北伐，卻應絕對服從總司令的指揮。蔣先生則顧慮有些部隊不肯聽命。李謂大敵當前，不聽指揮即等於自殺，此事他願負責幹旋。其後果然反抗甚烈的第二與第六兩軍仍聽調動東下，終於克復南京。

丙、勸蔣勿兼黃埔校長　第七軍在王家舖戰後，總司令部派黃埔軍校第四期畢業生一百五十餘人隨軍見習，他們十分驕縱，每屆行軍宿營，都任意脫離隊伍，不聽命令，不守紀律，不把營、連長放在眼內。大約蔣總司令已深知此輩在各軍的行徑，曾集合在南昌駐地的黃埔生痛加訓斥，事後並將該項訓詞油印分發在各軍見習的黃埔生。十二月間，李宗仁和蔣先生在牯嶺閒談及革命軍中的缺點時，彼此都有同感。蔣先生提及上項訓話，李謂已經拜讀，所說非常切要。蔣先生又問李意見如何？李乘機建議，總司令實際上已負擔了黨政軍的領導重任，日理萬機，遠在前方，對黃埔軍校自難兼顧，不如另行物色人才專任校長，必可訓練出優秀幹部為國家服務，而免學生的自我特殊化，自外於人。因當時軍務倥傯，總司令聽後，未作何表示。

丁、列席軍務善後會議　蔣總司令於十六年元旦在南昌召集軍務善後會議，初由廣州到達的中央黨部主席張人傑和國民政府主席譚延闓參與，朱培德、李宗仁、程潛、唐生智等各軍長均列席。

九、長江流域悉歸我有

總司令部於十六年十月六日決定了東征方略，先肅清長江下游，然後揮軍北上，統一全國。整個部署是：對北面（河南）採取守勢，對東面（東南）採取攻勢。作戰部隊分為東路軍、中央軍、

西路軍，而中央軍又分為江左軍、江右軍兩路。任何應欽為東路軍總指揮，白崇禧為東路軍前敵總指揮；中央軍總指揮由蔣總司令自兼，任李宗仁為江左軍總指揮，程潛為江右軍總指揮；唐生智為西路軍總指揮；朱培德為總預備隊總指揮。各指定集中地點。

江左軍由第七軍和王天培的第十軍及劉佐龍的第十五軍（只劉鼎甲師和嚴敬旅參加，劉佐龍本人也未能出發）編成。以黃梅、廣濟為根據地，相機牽制安慶方面之敵，同時以皖附義各軍相機進取壽州、合肥，使敵不敢渡江南下。各軍指定於一月二十日集中下列地點：第七軍蘄州、黃州、漢口；第十軍黃梅、羅田、廣濟；第十五軍漢口。兵站線為漢口至武穴。後方病院的地點為武穴、蘄州。

李宗仁依照規定集中，待命東征。軍部移駐漢口。此時第七軍改編為第一、二、三師，以夏威、胡宗鐸、鍾祖培為師長。第十九團編入鍾師。各師均採三團制。

當時武漢反抗蔣先生的空氣很濃，黨政軍三界領袖如：徐謙、顧孟餘、唐生智、鄧演達、張發奎、郭沫若、譚延闓等都頻頻向李宗仁游說。李一再引太平師內訌、自取覆滅為例，力加勸阻。。鮑羅廷最陰險，以繼承蔣位餌李，為李所斥。

革命軍肅清東南的戰略是分為兩期執行的。第一期以東路軍單獨向浙江發動攻勢，以便將敵軍主力吸引到滬、杭、寧三角地帶。待戰事進展到相當程度時，便發動第二期攻勢，使江左、江右兩軍齊頭並進，一舉而截斷滬寧、津浦的交通，佔領南京，江南之敵便無路可逃了。

東路軍白崇禧於二月十八日佔領杭州。何應欽自福建率師入浙與白會合。再由白率三個縱隊攻淞滬，何率三個縱隊攻長興向鎮江。戰局發展至此，我軍第一期作戰已順利完成，江左、江右兩軍即於二月下旬同時東進。

李宗仁指揮左軍自黃梅、廣濟、羅田向安徽的宿松、太湖、潛山一帶進迫安慶。敵安徽省長陳調元早已秘密和我輸誠，其所部

二萬餘人分駐安慶、蕪湖一帶，我軍東下，陳調元即於三月四日宣佈就國民革命軍第三十七軍軍長職。皖軍王普也受委為國民革命軍第二十七軍軍長。安徽革命元勳柏文蔚收集北軍殘部於鄂皖邊境的國民革命軍第三十三軍，柏任軍長。皖軍馬祥斌部受編為獨立第五師，佔領合肥。安徽真可說是傳檄而定了。此時敵人後方的津浦路受我威脅，滬、寧一帶的直魯軍遂紛紛後撤。白崇禧部三月廿一日進駐上海。何應欽部廿二日佔領鎮江。廿三日程潛部佔領南京。殘敵渡江北竄，江南悉為我有。北洋政府的長江艦隊也由楊樹莊率領加入革命陣營，整個長江流域都歸革命政府管轄了。

十、李辭皖政薦陳調元

中國國民黨第二屆中央執行委員於三月十日在漢口召開第三次全體會議，通過一系列議案圖削減蔣總司令在黨政軍財各要政上的控制力，實係一不折不扣的「反蔣會議」。同時議決黨政中央俱行改組，全會選出國府委員廿八人，軍事委員會委員十六人，李宗仁均當選其中的一員。

江左軍前鋒既佔安慶，李宗仁遂率總指揮部自武漢乘船東下，於三月十八日到安慶。十九日武漢國民政府派郭沫若、朱克靖攜安徽省政府主席任狀和大印一顆到安慶交給李宗仁。郭沫若當時為國民革命軍總政治部副主任；朱克靖為第三軍黨代表兼政治部主任，為一知名的共產黨員。朱稍談先去。郭和李為老友，強李接受武漢的任命。李辭以政治非其所長，且忙於作戰，實在不能兼顧安徽省政，望代轉請中央另簡賢能充任。郭可能以為李不滿意武漢的作風而故意推辭，仍糾纏不休，一直談到傍晚。李留郭晚餐，猜拳多輸於郭而大醉，臥沙發上。郭再三推之不醒，便攜著任狀和大印回武漢去了。

就在郭若沫離去的第二天，蔣總司令自九江乘軍艦抵安慶，到

江左軍總指揮部看李宗仁。他也知道李謝卻武漢任命的事，笑著對李說：「你不高興他們的作風，不接受武漢政府的委任，我現在來委任你作安徽省主席罷。」一面便從衣袋裏取出一紙已經寫好的手令，特派李宗仁為安徽省政府主席。李也同樣辭謝，說：「不是不願就，是做不了，做不好。論統兵作戰，尚有些少經驗。論地方行政，卻既無經驗，也無興趣，更沒工夫，如何能作省主席呢？你不是要我帶兵到前線打仗嗎？」蔣先生說：「作安徽省主席，你最適當，你現在不能分身，可以先找一個人暫時代理。」李說：「你看我能找什麼人呢？我總指揮部裏的人已嫌不夠用。再則我也不希望只掛個名讓人去代拆代行，因為自己還是要負責的。」蔣先生說：「那麼，你看什麼人最好呢？」李說：「如果總司令認為無適當的人選，倒不如暫時派陳調元做。他原是安徽省長起義來歸，省府的班底還在，做起來實在是輕而易舉。」蔣點頭稱是，後來即照發表。

十一、共黨猖獗決定清黨

蔣總司令在離安慶時告訴李宗仁說，他現在是直下上海，希望李把部隊暫交夏、胡兩指揮官全權指揮，自己也往上海一行。李於蔣去後數日，便電令夏、胡二人各率所部沿長江北岸向東推進，他自己即乘輪東下，於三月廿七日到南京。駐守南京的為第六軍和第一軍的第二師，兩軍都為共黨所滲透，「南京事件」因此發生，軍心很為動搖。李在南京稍留便改乘滬寧火車於三月廿八日到上海。

李氏發現上海混亂情形極為嚴重，全市群眾運動悉為共黨所操縱。工會擁有武裝糾察隊千餘人，終日遊行示威，全市騷然，稍不如意便聚眾要挾，動輒數萬人，情勢洶洶，不可終日，那時白崇禧以東路軍前敵總指揮兼淞滬衛戍司令，駐在龍華，李乘車往訪。適值駐軍因小事和工會齟齬，工會糾合數萬人往龍華要求白崇禧解釋，途為之塞。李只得下車步行，自人叢中蛇行擠至總指揮部。幸

得李氏和隨從人員都沒佩戴領章，無人認識，故未遇阻礙。他和白氏相見，自是愉快，但彼此又同為共黨積極活動而疚心。

李氏往見蔣總司令。蔣認為上海情形已無法收拾，口口聲聲說：「我不能幹了，我不能幹了。」李說：「在這種情形下，不幹，責任就能了嗎？」蔣說：「我怎麼能幹下去，你看！」說著便由抽屜中取出何應欽辭職的電報給李看，說：「何應欽也辭職了，他已沒法掌握第一軍，你看我怎麼能幹得下去？」他一再問李：「你看怎麼辦？」李說：「我看只有用快刀斬亂麻的方式，把越軌的左傾幼稚份子鎮壓下去。」蔣說：「現在那能談這一套？軍隊已經靠不住了。」李說：「那只有一步一步來。我看先把我第七軍調一部到南京附近，監視滬寧路上不穩的部隊，使其不敢異動；然後大刀闊斧把第一軍第二師中不穩的軍官全部調職。待第二師整理就緒，便把第二師調到滬杭線上監視其他各師，如法炮製。等軍事部署就緒，共黨便容易處理了。」蔣說：「我看暫時只有這樣做了。你先把第七軍調到南京再說。」議定後，李即電令夏、胡兩指揮官，將第七軍主力自蕪湖向南京前進，作初期的部署。

汪精衛四月二日由歐洲回到上海，嗣後和在滬中央執監委員開會兩次，他始終袒共，到四月五日晚上竟秘密到武漢去了。上海遂決定清黨，由由國民黨監察委員會授權國民革命軍監督各地共黨的活動。同時並根據李宗仁上次向蔣總司令的建議，次等將不穩的各師調離上海，另以未經中共滲透的部隊接防。

黃紹竑奉蔣先生電召參加上海會議，這是自第七軍離桂北伐後他和李、白首次聚晤。到四月中旬，蔣、李要黃到第七軍去說說話，他便由南京乘輪到蕪湖，同夏威、胡宗鐸、鍾祖培等營長以上都見了面。他以黨代表身份說明清黨的意義，並對他們慰勞。大家知道了軍長和黨代表的意見一致，心就安了。他並將政治部人員應去的使自由離開，應留的令安心工作。處理妥後回京報告蔣、李，即行回粵。

拾壹、國民革命軍第七軍史實（三）：
龍潭血戰日——西征討唐時

當時因為汪精衛反對清黨，南京另行成立黨政中央，南京與武漢於是對立。孫傳芳和直魯軍乘我內爭之際，南下反攻，隔江砲擊南京，一部圍攻合肥；奉軍亦循京漢路沿線入河南，威脅武漢。南京方面為解除江北敵軍威脅，並解合肥之圍，軍事委員會遂於五月一日下令將東線各軍編為三路，繼續北伐。

十二、暫緩鬩牆分途北伐

民十六年五月蔣總司令下令將東線各軍編為三路，繼續北伐，計為：第一路總指揮為何應欽，轄第一（欠一、三兩師）、廿六、十四、十七等軍。第二路總指揮由蔣總司令自兼，白崇禧代行，陳調元為前敵總指揮，轄第六、卅七、四十各軍和第一軍的一、三兩師。第三路總指揮為李宗仁，王天培為前敵總指揮，轄第七、十、十五、廿七、卅三、四四各軍和獨立第五師。作戰方略，以第二、三兩路為主力，由皖北攻截津浦路，第一路待二、三兩路奏功後，自鎮江、常熟一帶渡江北進，肅清蘇北。

第三路編為五個縱隊：葉開鑫指揮其第四十四軍為第一縱隊；夏威指揮第七軍（缺第二師）為第二縱隊；胡宗鐸指揮其第七軍第二師、第十五軍劉鼎甲師和嚴敬旅為第三縱隊；王天培指揮其第十軍為第四縱隊；柏文蔚指揮其第卅三軍為第五縱隊；王普指揮其廿七軍為總預備隊。序列既定，第十、廿七兩軍即於五月三日由大通渡江，向廬江、舒城集中。第七軍分三處渡江：第一師五月五日自

西梁山;第三師七日自蕪湖;第二師和第十五軍六日自荻港開始,七日渡完。

第七軍駐蕪湖期間因廣西後方匯款未到,餉糈不繼,李宗仁曾召集蕪湖商界籌借軍餉十餘萬元。此時全軍渡江北上,適後方軍匯到達,李遂邀集原來紳商辭行,並將前借款項如數奉還,不少分毫。自清末以來,駐軍借餉如數歸還,這還是頭一次,商民以為奇事,對蔣總司令率統下之國民革命軍軍紀嚴明,秋毫無犯,更傳為佳話。

當南京方面決定繼續北伐時,武漢方面似在真作東征的準備。李宗仁見此危機,四月下旬派參謀長王應榆向漢方領袖陳述他的意見,力主雙方承認既成事實,大家分途北伐,待會師北京,再開會和平解決黨內糾紛。王到漢不久即來電說,武漢中央大體同意先將北方之敵擊潰再說。

武漢情勢雖略轉緩,惟朱培德在江西,仍大露反骨。自蔣先生三月離贛東征後,武漢中央便將原任江西省政府主席李烈鈞撤換,而代之以朱培德。朱親武漢,到任後,所有在贛舊人悉被擯除。又親筆長函致何應欽,勸何造反。何將朱函呈蔣先生閱後,並以示李宗仁。此時朱氏陳兵九江,李宗仁認為有與其一晤的必要。當第三路部隊渡江北進時,李即電朱約晤。五月十一日李由蕪湖專輪西上,翌日到湖口,朱乘輪來迎,李遂過船傾談。朱一見面就大發厥詞,並力言南京另建中央的非計。李說此事的是非曲直極難辯明,何況南京國府已經成立,欲罷不能。目前急務不是辯是非,而是解決實際問題,如何避免寧漢火拼,然後緩圖徹底解決。如武漢真要東征,從地理和軍隊位置說,當然以第三軍(朱為該軍軍長)為先鋒,那首當其衝的便是現駐安徽的第七軍(李為軍長)。試問以三、七兩軍自相砍殺,漢方有無制勝把握?如兩敗俱傷,豈不是替北方軍閥造機會,使寧漢同歸於盡?李一再申說,目前寧漢雙方只有承認既成事實,暫時相安;並在津浦、京漢兩線同時分途北伐,

直搗北京；內部問題，再徐圖解決。朱表示同意。李請朱將意見轉達武漢中央各同志，即辭返蕪湖。朱也赴武漢報告。結果是，武漢方面被奉軍南下所迫，不得不暫緩東征而先事北伐。

十三、北軍夜襲馬濟戰死

李宗仁五月十四日返到蕪湖，即乘輪穿過巢湖往合肥前線督師。在他去湖口期間，夏威、胡宗鐸兩縱隊已於五月十三日大破直魯軍於柘皋，斬獲甚多。他十五日到合肥時，敵我正相持於合肥東北梁園一帶。是夜，敵人新得蚌埠方面開來援軍，由馬濟親自指揮，夜襲我軍，來勢如疾風暴雨，猛不可當。駐梁園的第七軍以為敵軍新敗，無力反攻，全軍解甲而睡，初未防備，驟遭襲擊，將士都從睡夢中驚醒。幸得他們征戰有年，臨陣沉著，未被衝亂，就地據守，十分穩定。敵軍在主帥馬濟督戰之下，拼全力衝殺，已衝入梁園鎮上，與我軍巷戰，徹夜不停。到了天明，我方看透敵軍虛實所在，乃展開兩翼，向敵包抄。敵軍猛撲一夜無功，士氣已是沮喪，一經我軍反擊，遂全線潰亂，我即跟蹤追擊，敵便潰不成軍。馬濟復調集白俄騎兵千餘人，向我左側翼反撲。這批俄兵在北戰場中聲威素著，因其馬高人大，碰上的每為其氣勢所懾而望風披靡。此次俄軍指揮官仍施故技，列隊向我軍衝來。我軍均不發鎗，待其行近，才鎗聲驟響，迎頭掃射。俄軍遂掉轉馬頭奪路而走，與北軍數萬人張惶鼠竄，互相踐踏，伏屍遍野。馬濟在敗逃中為當地紅鎗會黨用梭標戳傷，後為我軍收容送到蚌埠醫院，終因不治而死。據說，事前馬濟曾向張宗昌建議謂：此次攻皖革命軍的主力係廣西部隊，廣西部隊概長於運動戰，惟求速戰速決，利於進攻，疏於防守，一旦戰罷，即解甲高臥，他們猶如程咬金的三板斧，三斧頭砍過之後，氣就鬆了，這次我們決定夜間進襲，攻其無備，包管可以一舉成功。張宗昌很看重馬濟，因為馬是多年宿將，又是廣

西人，第七軍上下不少曾任其部屬。馬既如此建議，張遂挑選直魯軍精銳交馬親自指揮進行。馬探得我軍在梁園宿營，遂乘夜奇襲。誰知我軍的沉著，大出其意料之外，結果竟招慘敗。

十四、徐州失陷人心震動

梁園大捷後，我軍尾追不捨，五月二十日克明光、臨淮關、鳳陽；廿二日克蚌埠。此時我第一、二兩路軍也在與第三路軍相呼應，齊頭向隴海線推進。

李宗仁在全軍北進時，自己在合肥小住，整頓新編第十、廿七、卅三各軍的軍紀。這幾軍多係北軍受編，加入革命為時甚暫，戰鬥力既差，擾民尤甚。士兵佔住民房、強買強賣、拉伕、借餉等等，時有所聞，紳民嘖有煩言。李氏對曾助馬祥斌師防守合肥城中月餘的紳士季雨農等深表嘉許，他們遂得盡所欲言。因此，李對駐軍擾民情事洞悉無遺，遂在合肥召集王天培、王普、柏文蔚各軍長會議，面告他們務必嚴申軍紀，痛加整頓，否則他定將不法軍隊繳械遣散。他們都表示絕對服從命令。會後，李更通令全軍、佈告民眾，有違令擾民的，軍法從事。果然令行禁止，全軍一反故態，紀律肅然。

合肥事了，李即隨軍北進。六月二日徐州克復，總指揮部遂移駐徐州。

李因統轄五個軍和其他部隊，事務繁忙，到徐州後，以夏威為第七軍副軍長，胡宗鐸為第十五軍副軍長，以分負兩軍責任，夏、胡仍各兼師長，旅制亦暫時保留，只將第一、第二兩路指揮官撤銷。第一、二兩路大軍此時也北進到隴海路會師。高級將領在六日上旬雲集徐州，作進一步北伐的商討。

武漢方面唐生智、張發奎兩部北伐，入豫奉軍戰敗，退往黃河北岸，唐、張佔領鄭州、開封。馮玉祥的國民軍由陝西攻佔洛陽。

六月九日武漢的黨政軍領袖與馮玉祥舉行鄭州會議，決定將河南地盤交與馮氏。唐、張撤軍返武漢。

馮玉祥又應蔣總司令邀請，六月十九日參加徐州會議，他婉拒共同進兵武漢之請，只電促武漢方面抑制共黨的群眾運動。馮去後，蔣先生召集在徐將領會議，力主繼續北進，於是北伐仍照原定計劃進行。會後，蔣先生回南京。

六月廿三日，李宗仁指揮第七、十兩軍向臨城；第卅三軍和暫編第十一軍向魚台、金鄉前進；當日便佔領韓莊。廿五日佔領嶧縣。廿七日李琨退往兗州，其馬玉仁師全部被俘。數日間我軍便已迫近鄒縣、濟寧一帶，克復山東，幾成定局。不意此時武漢果然準備東征（按：即進攻南京自相殘殺），蔣總司令電令李在臨城中止北進，即返南京會商防禦漢方進攻的計劃。李即令各軍就原地據守，自己南下，於七月初到南京，並獲知唐生智、張發奎各軍確已向長江下游移動。

李謁蔣，蔣先生問在此情況下應如何辦？李以漢方全力來犯，我方必須以精銳在安慶、蕪湖之間迎頭堵截，如此則非將第七軍自前方調回不可。但我軍已深入魯南，當面之敵也是直魯軍的精銳。第七軍一調，敵必反攻，我第十、廿七、卅三、四四各軍戰力脆弱，決難持久，徐州四戰之地不可守，宜將主力撤回淮河南岸據險固守，到不得已時可放棄徐州，待武漢問題解決，再揮軍北進。但蔣總司令以徐州為戰略要地，得失足以影響民心，一旦放棄，將助長北軍和武漢的氣燄，決意堅守。議既定，李即趕回徐州召集軍事會議，宣讀蔣總司令的訓令，調第七軍到蕪湖以西佈防，津浦前線軍事則由第三路前敵總指揮王天培負責指揮，固守徐州。部署後，第七軍即撤向蕪湖。

漢方部隊因武漢分共和南昌叛變而拖延了東進的日程。直魯軍和孫傳芳軍乘我撤退而揮兵反撲。七月廿四日徐州失陷，退守宿州；第二路也退回蘇北。敗訊頻傳，人心震動。蔣總司令召在京將

領密議，以武漢軍一時不易東下，應及時奪回徐州以振聲威。在艱難情勢下，一度親率第一軍兩師指揮各軍反攻徐州，直至八月六日戰況仍呈膠著，後將貽誤戎機之徐州守將王天培鎗決。

十五、龍潭獲勝契機微妙

　　蔣總司令從津浦路前線回到南京，即電召李宗仁來京商談，蔣生先對武漢方面之情況，倍感痛心，為了顧全大局，犧牲小我，乃面告李氏非他下野，則寧漢對立局面不易收拾。李極力勸阻，未蒙採納。八月十二日蔣總司令發佈通電下野。孫傳芳隨即乘機反攻，砲轟江南。何應欽、李宗仁、白崇禧等亦即以軍事委員會名義令三路軍全行南撤，防守長江，阻敵南渡，分配第一路各軍任京東烏龍山以東長江下游之防務；第二路各軍任東西梁山以西長江上游之防務；第三路各軍任東西梁山以東、烏龍山以西即南京近郊一帶之防務。此時第七軍位置在南京附近。

　　蔣總司令既下野，南京中央與武漢電報往還後，推李宗仁到廬山和武漢方面商談合作，得結果後，譚延闓、孫科偕李氏乘決川號軍艦於八月廿五日到南京。李在歸途中兔耳磯地方遇孫傳芳小部隊偷渡，知孫軍已發動攻勢，且料其主力必在下游渡江，故先在兔耳磯動作，想吸引我軍主力於上游而已。李回到南京，還不及向中央報告廬山會議的經過，便以電話告知胡宗鐸，謂有小部敵人在大勝關、兔耳磯一帶渡江，令其即刻派兵前往剿滅。又令夏威將現駐南京近郊的總預備隊八個團迅速東調，往烏龍山後方集結，準備應援守軍；並告以敵在最近期內必在南京下游強渡。當天午夜以後，烏龍山腳以東，原為第一軍防守區域，果然有敵軍南渡登岸成功，向我烏龍山陣地夜襲，七座砲台被敵衝陷了四座，我軍死守其餘三座以待天明。我軍初時還以為是友軍叛變襲我，迨天明後才發現竟是孫傳芳的北軍。事後查悉，原守軍姚琮的新編師換防時，沒等待

替換友軍到達便先行離去。而敵軍適於此時偷渡，雞犬無聲便登岸了，立即猛攻烏龍山。我軍在夏威親自督戰之下，激戰至午，卒將所失砲台全部奪回，並向東掃蕩，經過拉鋸戰，才把棲霞山克復，交還第一軍防守，第七軍則回原防。

就在當日（廿六），棲霞山再陷敵手，守軍向南京後撤，敵跟蹤追擊，繞出第七軍右側。夏威奉令再度出擊，激戰至廿七日清晨，敵退據棲霞山最高峰，我軍仰攻，非常艱苦。停泊江中的英國兵艦數艘，竟開砲轟擊在半山的我軍。彈煙塵霧籠罩全山，敵人視界不清，瞄射效力大減。李明瑞師長督隊一哄而上，山巔敵軍數千，措手不及，掃數俯首成擒，在烏龍、棲霞一帶渡江的敵軍遂全被殲滅。我軍傷亡也極大。夏威全部仍返烏龍山原防，將棲霞防地再交還友軍防守。

敵軍的主要渡江地點在龍潭。當廿五夜棲霞山陷敵時，龍潭同時失守，大批敵人南渡，京滬間鐵路和電訊俱已斷絕。白崇禧八月廿三日赴滬籌餉，竚延至廿五日下午五時許始離滬返京，彼時鎮江附近之鐵路軌已被敵便衣隊所毀，先行的煤車出軌。白氏得報後，即在無錫停止前進，電令附近的第一軍衛立煌第十四師反攻，衛部於廿六日清晨收復龍潭車站。但敵仍據江邊一帶，掩護其大軍續渡，向我反攻。我軍漸有不支之勢，白乃自無錫趕往鎮江坐鎮，檄調滬杭路第一軍之一、三、廿一各師星夜來援，尚未趕到，龍潭於廿八晚再度失守。孫傳芳已親自渡江到龍潭督戰。我第一軍第二、十四兩師紛紛後撤，棲霞山是時三度失陷，李宗仁令夏威率部限期出擊奪回。麒麟門外我方潰軍混亂不堪，堯化門外又有敵便衣隊出現，南京震動，黨政機關和報館已紛紛準備撤離。

李宗仁以第一軍戰鬥力何以如此脆弱？非常詫異，整夜焦急不能成眠。廿九日一早，他一時心血來潮，乘車到第一路總指揮部訪何應欽，到時見行李擁塞，正作撤退。李對何氏說：總司令既已下野，在這緊要關頭，你絕不能離開南京！你一走，必然影響軍心

民心，南京就守不住了。何氏只得吩咐隨從把行李搬回來，說不走了。如果李遲去了半點鐘，何氏一旦離京，大局就不堪設想！李和何氏遂同車到軍委會與李烈鈞等商討反攻大計。適此時白崇禧自鎮江拍無線電報來，約我軍迅速出擊，夾攻孫軍於龍潭。李遂令第七軍與第十九軍攻佔棲霞後，不必再交與第一軍。同時以軍委會名義電白崇禧，約定卅日東西同時反攻龍潭。計劃既定，何氏乃派員持軍委會命令到城郊，第一軍退至城外官兵，不得入城，即在原地待命；尚在陸續退卻中的，均各就地停止。何氏並通令第一軍即刻準備反攻，他將親赴前線督師。於是軍心復振，各機關暫不遷移，城內安堵如常。卅日如期反攻，何、白二氏親到龍潭督戰，血拚兩日，才把孫軍完全消滅。事後，李宗仁曾作檢討說：

「此役我軍雖獲全勝，其得於微妙的契機的，實有甚於作戰的努力。

第一、我自九江東返，如不在兔耳磯遇敵偷渡，我便不會將八團總預備隊調往烏龍山後方集結，則敵軍廿五夜偷渡，必能攻佔烏龍山而直趨南京，則大事去了。

第二、如白崇禧不因事去上海，則東線便無兵增援，更無人統一指揮。如白氏返京的專車不因上海金融界鉅子的推宕觀望而遲開，則必陷入敵便衣隊的陷阱，白氏或因此而遭不測，則戰局也不可收拾了。

第三、廿九日晨我如不因情緒緊張，心血來潮，而親往探望何總指揮，則何氏可能逕向杭州撤退去了。何氏一走，不特第一軍無法收拾，第七、第十九兩軍士氣也將大受影響，南京秩序必然混亂，則大勢也去了。

有這三點的巧合，卒能使我軍轉敗為勝，孫軍一敗塗地，雖云人事，豈非天意！」

十六、西征擴軍老將失意

龍潭戰後，李宗仁辭去第七軍軍長，保薦夏威繼任；又以鍾祖培升任第七軍副軍長。同時因北軍降將劉佐龍已在漢口病故，即以胡宗鐸升任第十九軍軍長。據李氏談：「當第十九軍成立之初，胡曾要求將第七軍精銳分出一部編入第十九軍。我說，此事可以考慮，待與夏軍長商量後再決定。胡以為我有意推宕，竟一怒而攜眷去上海。最後還是白崇禧把他找回來；並將第七軍中一部精銳撥歸第十九軍，胡才沒話。胡知兵善戰，雖是一將才。可惜生平一帆風順，未受折磨。自龍潭戰後，各種惡習，一時俱來。並認為武力可以決定一切，天下事也不過如是而已。我雖屢誠以驕兵必敗的古訓，他也並不體會！」

第七、第十九兩軍，在龍潭戰後不到兩個月又有西征之役。因唐生智擅佔安徽，抗命不肯撤退，又反對「特別委員會」，國民政府乃下令西征討唐。但為防北軍再事南侵，決定西征同時繼續北伐；李宗仁第三路及新編組的程潛第四路、朱培德第五路擔任西征。第三路以夏威第七軍、胡宗鐸第十九軍和陳調元卅七軍編成，夏、胡兩軍自然為主力。

唐生智先派葉琪為代表來南京，聲言其絕不放棄安徽。葉氏住在夏威家中，不斷和李宗仁等磋商，謂南京政府如果堅持收回安徽，唐總司令將不惜以武力周旋。李知用兵已不可免，囑夏忽漏軍事機密給葉。故夏終日和葉遊山玩水，若無其事。到了葉知西征軍已在發動，不覺勃然大怒，說不應該瞞著他。並說，兩軍交戰，不斬來使，要求立刻回武漢。李、白、夏等也不強留，送他到下關搭外國商輪上駛，握手而別。

十月十八日，第三路沿長江北岸、第四路沿南岸齊頭並進，海軍溯江而上，唐軍士氣沮喪，並無劇戰。廿四日第七軍佔安慶，

第十九軍佔桐城。李總指揮廿六日乘艦到安慶指揮追擊。十一月七日第十九軍破敵於黃梅附近,八日第七軍破敵於蘄水,十日第十九軍破敵於蘭溪,十一日第七、十九、四四各軍克黃岡,第四路佔陽新、大冶、鄂城,第五路第三軍到通山。唐生智見大勢已去,十一日通電下野,逃往日本。十四日海軍進泊武漢。十五日第七、第十九兩軍先後到漢口,第四四軍佔武昌,李總指揮同日到漢口。唐軍殘部退往湖南。

程潛十一月十九日到漢。白崇禧因十七日廣州事變須與李宗仁會商應付辦法,廿一日趕往漢口。廿四日李、程協議:委胡宗鐸為武漢衛戍司令,監視湘境唐軍行動;一面派員入湘勸唐部歸順中央。那時何應欽正在津浦路上督師與直魯軍激戰,南京軍委會需人坐鎮主持;黨中各領袖在滬議開四中預備會以解決黨內糾紛;李遂與程、白聯袂東下,月底到京,聽候中央計劃解決粵變。

自克武漢,湖北省防軍和衛戍旅來歸,乃另成立第十八軍。軍長人選,白崇禧和胡宗鐸向李宗仁力保資歷甚淺的陶鈞升充,資望較深的鍾祖培、李明瑞等反而向隅,軍中不平之鳴自所難免,鍾祖培因此辭職回鄉。胡宗鐸請主鄂政,李卻不允。

十二月十九日國民政府令白崇禧赴武漢慰勞西征軍,並代李宗仁指揮第三路軍。民十七年一月初旬,中央因唐部拒絕收編,乃電令程潛、白崇禧繼續討伐。白率第七、十九等軍一月廿七日入長沙,直追至寶慶,唐軍殘部窮蹙受編,西征戰事乃於二月下旬宣告結束,第七、十九兩軍回駐武漢。李宗仁也於二月廿八日回漢口坐鎮。

十七、驕橫貪瀆種下禍根

蔣總司令於民十七年一月四日在各方敦促下宣佈復職,改編部隊,繼續北伐。第三路改為第四集團軍,以李宗仁為第四集團軍總司令,白崇禧為第四集團軍前敵總指揮。白統率在湘收編唐生智舊

部於四月下旬由漢北上，六月初旬與第一、二、三各集團軍會師平津；最後，更於九月肅清關內，完成北伐；至於平津和關內其他地區各戰役，第七軍因駐防武漢，未得參加。

蔣總司令為祭告孫總理和在北平召開善後會議，遂由南京取道漢口北上，六月廿八日到漢，李宗仁設宴洗塵，夏、胡、陶三位軍長俱未出席奉陪，李派人去催，他們也託故不來。廿九日蔣總司令循例檢閱第四集團軍駐漢部隊，李首先致簡單歡迎詞，繼請蔣總司令訓話。辭畢，不料閱兵總指揮官胡宗鐸突然站出閱兵台前當著蔣總司令和李氏之面，飛揚浮燥，大放厥詞，批評政府，失態之極！胡的這番做作，當時真使李宗仁陷於誠惶誠恐的境地。事後李認真訓斥胡等不識大體，但已於事無補。李氏說，驕蹇至此，目中無人，後來招禍，此亦一因。

據李氏說，還有一事種下惡果：「陶鈞升任軍長後，率部到鄂西清鄉，擅委其軍需處長為宜昌禁菸局局長。我以陶破壞了我軍自桂北伐向不干預地方政事的作風，擬請財政部另行委人接長該局。陶聞風大懼，求白崇禧向我說項。我初堅持不允，嗣經白氏一再代懇，我恐白氏多心，遂未深究。後來第十八、十九兩軍生活奢侈，以致第七軍將士深感不平。」

此時駐武漢各軍無事，組織「第四集團軍參觀團」，由第七軍師長李明瑞率領，團員為第七、十二、十八、十九各軍官佐，於民十七年七月初旬到山西太原參觀十日而返。

北伐完成，全國軍隊概行縮編。民十七年九月一日，第四集團軍實行第一期縮編計劃，第七、十八、十九各軍編為第二、三、四師，仍由夏威、胡宗鐸、陶鈞任師長。十月二日國民政府會議決定：取消各集團軍名義，即就現編成各師分配番號。夏威師被分配為第十五師；暫定為三三制。

這是當時前方第七軍的最後情形。至於民十八年二月的「武漢事變」，名義上已不屬於第七軍，我已另文詳述過了。

拾貳、國民革命軍第七軍史實（四）： 清黨、討唐與助粵剿匪經過

第七軍當年在前方的情形敘述過了，再說它在後方的情形。

後方任務最重要的：一是對前方的接濟源源不絕，使部隊的戰鬥力經常壯盛；二是保持革命根據地的安謐，使北伐部隊無後顧之憂。後方負責的是軍的黨代表黃紹竑。黃氏又是國民黨廣西省執行委員兼部長（第一屆兼組織部，第二屆兼訓練部）、廣西省政府主席、廣西全省軍務會辦（督辦由李宗仁掛名兼任），掌握著全省黨、政、軍的全權，指揮運用無不如意，故能對兩大任務完滿達成。

十八、接濟不絕後顧無憂

當北伐初期，國府財政部未及將廣西省的財政統一和軍餉劃一，以加中央的負擔，責成仍舊自收自支。故第七軍無論北伐或留守部隊的一切軍需，概由廣西自給。黃紹竑在其《五十回憶》中記道：「第七軍北伐的部隊所需要的糧餉、被服、械彈等，都是由廣西自行籌劃接濟。飛芻挽粟，人馬補充，工作繁重，概可想見。廣西自民十以後，禍亂頻仍，地方元氣大傷，但對於革命的貢獻不敢稍落人後。一直等到革命軍進展到南京後，這種負擔才得減輕。但因前方的勝利，使後方的民氣更加發揚。同時，主持的人亦愈覺易於推動。革命初期的軍隊與民眾，真正的打成一片。所謂軍民合作的精神，在那時候，可說是達到最高度了！」

前方兵員補充，除在湖北省陽新縣收編馬濟陳良佐一團外，概由省內送往。先後計有羅浩忠的獨立團；李奇、梁重熙的補充團；

龍潭戰後，派蔣如荃回省招得新兵二十連。當有一趣事可記的：民十五年八月中旬汨羅河戰勝，追擊進入山區，有北軍重機關槍三連投降。李軍長集合他們訓話一番後，把他們編入第七軍戰鬥序列，隨同作戰。但這批北軍加入後，生活和言語都感不慣。第七軍官兵多操粵語，這批北軍，言語既不通，習俗也不同，有如置身異國。後來終於在德安會戰後，撤返箬溪時，這三連人乘黑夜潛逃，不知所終。

省內治安，有五個旅和若干獨立團維持，尚無問題。劉日福的第三旅向來駐防百色方面，只容共時期韋拔群在東蘭搞農民運動，屢次派兵前往剿辦。我本人的第四旅初在鬱林方面剿辦粵桂邊界股匪，事平後調駐南寧。伍廷颺的第五旅駐防柳州。韋雲淞的第六旅似是駐在梧州一帶。呂煥炎的第九旅駐防左江方面，因呂氏兼任廣西全邊對汛督辦，署設龍州。廣西初對雲南唐繼堯尚存戒心，但到民十六年二月，唐內部發生政變；五月間，唐病歿，其部將胡若愚、龍雲等向廣州接洽合作，蔣總司令於六月中任胡、龍為軍長。至此，後方絕無顧慮了。

十九、省內清黨兩事可記

民十六年四月，中央通令清黨，廣西依照奉行。在地方上，只處理東蘭縣動用過兵力。在軍隊方面，因自始注意，未被共黨滲入，得以平安無事。第七軍後方政治部主任黃日葵原為共黨，當時已不在廣西。因黃紹竑目擊工、農和青年，都有一個新舊思想對峙的壁壘。尤其是農民、地主、紳士來得更厲害，他們不但有勢力，而且有武力，政府若不善為處置，則像東蘭那樣流血的事件，就可以到處發生。他處在這種環境中，應付頗為困難，費了許久的考慮，認為應先就領導的人事上予以調整，下層的糾紛才可減少。於是不動聲色的選擇那些最易引起問題的人，組織一個北伐軍的慰勞

隊，不論其背景如何，一起放在裏面，由黃日葵率領出發，到武漢去慰勞，順便就留他們在前方工作。清黨時，黃日葵不知在前方何處被處決了。

第七軍有一高級老幹部俞作柏，任中央軍事政治學校第一分校校長。平素行為極右，而言論好作左傾。常指使校中政治隊學生向廣西省黨部最左的幹部請教。他的所有同事都知道他不是共黨，並相信共產黨絕不會要他。但他自己心虛，一聞清黨消息，竟潛行逃往香港。不久，他的保定軍校同學雷飈、郭鳳崗、徐啟明、梁朝璣等在韶關軍次商議，應趁早勸其回來，免致鋌而走險，推雷、梁兩位赴港探聽數日，終不得見而返。是年三月間，國民黨廣西全省第二次代表大會已選他為執行委員，又被推為農民部長；五月中，廣西省政府改組，他被任為省政府委員兼農工廳廳長；黃紹竑再派人催他回來就職。俞竟拒絕而辭職，從此脫離與有深長歷史的老團體而獨行其是。

二十、改編為師助平葉賀

清黨問題發生後，蔣總司令四月二十日令由廣西調兵八團到粵助鎮，以兩團駐欽廉，六團駐北江。黃紹竑遵令照行。惟廣西兵力被調了八團，須增補三團才能維持治安，這三團的餉，請由中央補助，嗣奉總司令部核准。擔任防北江六團為四、五、六各旅，第五旅（郭鳳崗、梁朝璣兩團，由該旅參謀長雷飈率領）、第六旅（徐啟明、葉叢華兩團，由旅長韋雲淞率領）和第四旅的許宗武團先行前往，我本人率第四旅林暢茂團七月廿九日由南寧出發的。

第七軍在前方北伐的已改編為三個師，在後方的也令照改，將第五、第九兩旅合編為第四師，伍廷颺為師長，呂煥炎為副師長；第三旅和封高爵、余志芳兩團合編為第五師，劉日福為師長，俞作柏為副師長；第四、第六兩旅合編為第六師，黃旭初為師長，韋

雲淞為副師長。改編命令和任命狀於八月初由前方寄到廣州第七軍駐粵辦事處主任陳雄轉發。伍、呂、劉、俞各位都不在粵；只我到後，八月十日在韶關宣佈就師長職；韋先率隊入贛南，於是也在途中就副師長職。

那時張發奎的第二方面軍在南昌、九江一帶，因共黨八月一日在南昌暴動而告分裂：葉挺、賀龍、周士棣一派的部隊，與第三軍朱德部合流，公開共產旗幟，由撫州入雩都、瑞金、會昌，企圖直下潮梅，進駐東江，與海陸豐的農民軍會合，窺取廣州；蔡廷鍇一派的部隊，由贛東轉入福建；張發奎、黃琪翔一派的部隊，溯贛江、越庾嶺回粵。當時廣州方面，對張、黃的回粵，自然表示歡迎，而對於葉賀等，則派隊阻擊。以錢大鈞率兩師進駐會昌，韋雲淞率第五、六兩旅繼續向雩都前進，我到韶關後，趕率所部進與韋部會合。錢部在會昌挫敗，退到信豐。韋部在雩都的洛口戰亦不利，我乃率領轉守會昌以南的筠門嶺，與敵相持。葉賀見我有備，乃由筠門嶺轉入福建的長汀、武平、上杭，有由大埔縣折入潮梅之勢。廣州政治分會主席李濟深，負有坐鎮革命後方根據地的責任，他見前方失利，商請黃紹竑加兵向贛南增援，並以黃為第八路前敵總指揮，親往督師。黃不能辭，再調呂煥炎旅來粵，親率之續向贛南挺進。他到南雄，知葉賀部隊已入閩境，於是令我部退到尋鄔，錢大鈞部移到梅縣，他親率呂旅經信豐進駐尋鄔，以防葉賀由蕉嶺、平遠折入梅縣。同時由廣州方面令陳濟棠、薛岳兩師進駐興寧、五華。黃到尋鄔，率第七軍全部繼續進駐平遠、蕉嶺。派隊向大埔搜索，知葉賀全部皆由大埔的三河壩沿水路下潮、汕，僅留朱德、周士棣等部駐三河壩。黃得此情報，即率全部進駐梅縣，以錢大鈞部由梅縣進至松口鎮以牽制三河壩之敵。他即率第七軍趨豐順，打算由此東進攻佔留隍墟，截斷三河壩、潮州敵人的聯絡，再攻潮州。同時請陳、薛兩師進駐湯坑、揭陽，再同我軍進攻潮汕。第七軍九月廿八日到豐順；廿九日到留隍，並無敵人。三十日拂曉

沿韓江西岸南下，午刻到潮州。敵在城北竹篙山設防抵禦，黃總指揮親督第五、九兩旅進攻，而令我率第六師繞出城的西南，以防敵由汕頭增援。嗣因竹篙山敵人頑抗，久攻不下，令我全師往助。我師因繞道路遠，尚未全部到達，僅先頭許團加入，便將敵人解決，時已黃昏，全城敵軍，悉為俘虜。當竹篙山激戰時，發生兩事：一為汕頭敵人乘貨車一列開到，當時我只得一連人，急佔上一小山對敵，派人向後催得漆道澂營趕到，即行進攻，一擊破敵。一為陳濟棠正在湯坑、揭陽間與葉賀主力激戰，請我軍派兵協助。十月一日拂曉，第七軍即向揭陽赴援，先鋒見山上有敵，派隊上去搜索，到時敵已逃去。同時汕頭各界乘火車來歡迎我軍，才知道陳部已在湯坑擊潰共軍，薛部正向汕來。於是我軍不再赴揭陽。葉賀平後，第七軍即由汕頭海運到廣州，轉回梧州。

廿一、調整人事受命討唐

各旅改師，在人事上發生點小波折。因呂煥炎屈居副師長，深表不滿。部隊由汕頭回到廣州後，雷颿特將情形向黃紹竑報告。雷並陳說，以俞作柏的資望與歷史，而名位反不及劉日福，這點似乎也欠斟酌。黃也以為然，於是增編一師，以呂煥炎為第七師師長，蒙志為副師長；俞作柏既屢勸不回，故未將其任命發表，而改任朱為鉁為第五師副師長；第四師副師長，以梁朝璣升充。他們都是由粵回桂後才就職的。據張岳靈談，劉日福始終未宣佈就第五師師長職，民十七年春即退休，其為人極知足，人稱其為福將云。張十七年夏在田南任政工人員甚久，所記當不誤。劉既不就，朱當亦不便獨就了。

廣州臨時軍事委員會分會於十六年十月十八日成立。決議：取銷第二方面軍，改編為第四軍，黃琪翔任軍長，轄五個師；取銷第八路軍，改編為新編第四軍，李濟深兼任軍長，轄原有兩師和幾個

新編師。廿三日決議：由粵、桂派兵入湘討伐唐生智。黃紹竑為臨時軍分會委員之一並兼該會副參謀長，他參加了三次會議後，廿四日即離穗回邕。第七軍由汕運回的部隊，先頭已到梧州，只剩我的第六師和呂煥炎部蒙志一團在後，於是這五個團由廣州轉赴韶關，候命討唐。我已於廿六日回到梧州，奉命督師入湘，廿七日又匆促東下。臨時軍分會本已任命黃紹竑為討唐北路總指揮，但事前並未徵得其本人同意，迄未就職；他於十一月十五日復到粵時，李濟深主席再面命北路軍事由其負責，他仍當場婉辭，仍請由軍分會直接指揮。那時唐生智因在皖、鄂戰敗，已通電下野，殘部退保湖南境內。

廿二、開府不遂突鬧事變

討唐部隊剛由韶關出動，而廣州第一次事變突然於十一月十七日爆發。其原因是：汪兆銘因在寧漢滬三方共同決定的「特別委員會」得不到領導黨政的實權，憤而跑往武漢依附唐生智以反對特委會。旋因自己力量不能駕御唐生智，南京已下令討唐，且唐犯眾怒難望有成，故又棄唐而秘密南下，於十月廿九日到廣州。他想憑藉第四軍為基本，聯絡兩廣實力派擁護他在廣州樹立黨政中央。到粵當日，即以面商政務為由，電召黃紹竑赴粵；三十日汪的代表何香凝等又電約中央執監委員召集第四次會議於廣州。這兩電黃於十一月二日在南寧接到，三日覆電謂，俟將桂省政務略事處置，即行赴粵。同日汪又電黃，敘述寧漢合作的波折，且表示此次回粵的主張，並詢黃的意見。黃即覆電申述六點，其中兩點為：「一、可於南京召開第四次中央執監委員全體會議，主張恢復中央黨部；六、盼汪以領袖資格，指導同志，不避艱險，前往南京。」汪得電失望，自在意中。李濟深也不贊成在粵開府。南京方面迭電促汪前往。汪既達不到在粵開府目的，乃主張在上海開四中全會預備會

議，得南京方面贊同，遂決定赴滬。其中變化經過，黃離粵後完全不知，六日忽接粵電謂汪即赴滬，他即電汪有其無事？且乞稍待，以便來粵面陳一切。九日得汪電覆，在粵候晤，黃即於十一日由南寧動身，十五日到廣州。時汪和李濟深已整裝候輪出航赴滬，匆促間未及多談而別。十六日黃出席軍分會例會，以不足法定人數而流會。是夜將半，黃已就寢，馮祝萬來說：他們今晚將有舉動，目標完全在你身上，今晚定要避開為妥。黃立即改裝潛往西關石楚琛秘書家。候到凌晨四時許，各處槍聲勃發了。天明後，想往韶關，到西村車站一問，據說，今天火車停開。那只有往香港這條路了，商輪須下午四時才開行，於是逗留郊外大半天，才轉入市，未被檢查的軍警認識。他行經永漢路，見那些政工人員正在大貼「打倒××××的黃紹竑」的標語，中列罪名六種之多。到省港輪泰山號將抽弔橋時，他由附近生果攤溜出趕上，船即開動，遂脫險到港。他知道了凡不屬於第四軍和李福林第五軍的，不論部隊和其駐省辦事處、臨時軍分會、黃埔軍校、李濟深和黃本人的住宅等全被繳械之後，才明白他們此舉真正的目的，在造成廣東清一色擁汪背景。至於為什麼恨黃紹竑到這樣地步？是為當時他們誤會黃是兩廣問題的幕後人，所以先要對付他。這話是吳奇偉抗戰時面告黃紹竑的。

我所率由韶入湘部隊，先頭已於十六日向樂昌前進，我因向黃紹竑主席有所請示，適在廣州。十七日天明後，友人周勃雄特來長堤酒店告變，導我悄悄離去。粵漢路火車停開，無法回韶，也逃香港。未悉黃氏確息，心甚焦急。某日在街上有人以肘觸我，看了竟是黃夫人，她示意我隨她行，並不說話，引我見到了黃氏。黃說已電令韋雲淞率北江部隊繞道湘邊回省，囑我即返梧州等候。我遂搭港梧商輪於十一月廿三日到梧。

黃又由港電令南寧師長伍廷颺和梧州警備司令龔傑元：梧州可守則守，如萬不能守，可自斟酌。伍令參謀長雷飆代率部隊防梧。雷、龔均主張力守，只令梧州廣西銀行將重要物品暫移桂平。雷設

防於大坡山線上。第四軍吳奇偉部進至都城，也不再進。

我十一月廿九日由梧州赴賀縣迎接北江回來的部隊，十二月十日由賀拔隊回梧，並無損失。只曾有過一件事：前第八團團長林暢茂（七月間東下平葉賀時，林由梧私運鴉片到粵圖利，畏罪而離隊，乃以黃冕為團長），事變時也在廣州，事前林曾密函第八團副團長韓堅（與林為瓊州同鄉）率領全團回廣州。因團中三個營長都是廣西人，故韓不敢妄動，得以無事。

廿三、暴動罪歸潭下受創

黃紹竑在港瞭解了事變全貌，於是將其前因後果，作了一篇很長的談話，在香港各報發表，社會人士才知道事實的真相。他是國民黨中央候補監委，而當時上海正在舉行四中全會預備會，所以他同時作一很詳細的報告寄呈中央監察委員會。他見各方反應良好，急想回廣西去，但西江已被封鎖，檢查很嚴，不易通過，只得繞道安南，於十二月九日回到南寧。十二日南寧各界舉行討伐黃琪翔大會，遊行示威。

十二月十一日廣州又發生第二次事變。共產黨領導第四軍的教導團和廣州市工人，乘著第四軍向東江、西江、江門各處分防，廣州市內空虛，發動一次空前的大暴動。雖然由張發奎、黃琪翔趕急調兵於十三日將亂事平定了，但是廣州已遭受了空前的浩劫。社會上無論知道內容與否，把責任和罪過都歸到汪派和第四軍的人身上。於是張發奎、陳公博、黃琪翔、朱暉日等引咎自劾去職，以繆培南繼任第四軍長。汪兆銘為國人指責難堪，遂由滬遠赴歐洲。

國民政府對粵變方針，決定要解決第四軍，令李濟深回粵主持這次的作戰。李氏以陳銘樞指揮其駐第十一軍（轄蔡廷鍇、黃質兩師）和在潮梅的錢大鈞軍、陳濟棠師由東面，以黃紹竑指揮在廣西的第七軍（轄伍廷颺、黃旭初、呂煥炎三師）和南路徐景唐師由西

面，一齊向廣州夾擊。汪派首要見形勢不佳，都離開廣州。繆培南請李福林維持廣州，即在十二月廿六日率第四軍退往東江。

第七軍由梧州東下，伍師在先，其次呂師，我師在後，是十二月廿一日出發的。伍師廿九日入廣州，黃紹竑總指揮三十日繼到。李福林讓防，將其第五軍軍長職交鄧彥華接任。第七軍在廣州並不停留，會合由南路來的徐景唐師向東江急追。此時繆軍進至東江上游，被我東路陳錢兩軍和陳師所截擊，初敗敵於龍川；敵乃繞道而行，反將我東路各部擊潰於青溪、岐嶺、藍關、鶴市、曾光圍、雙頭壚，回頭轉而對我西路各部。我軍按徐、伍、呂、黃各師序列前進，十七年一月十六日徐師到達潭下壚附近時，適和繆軍回師相遇，即佔領有利陣地，伍、呂兩師繼至，相持徹夜。十七日拂曉繆軍來攻，非常兇猛，血戰竟日，我軍幾至不支。當夜，我師全部到齊，十八日黎明，全師增加，全線一鼓衝鋒，敵乃大敗大逃。雙方死傷共七、八千人。繆部師長許志銳戰死、黃鎮球負傷。我方伍師死一團長余志芳，卻非陣亡，而是潭下戰後奉命先回廣西，行抵紫金縣中心壩，遇著繆軍後隊吳奇偉部而被害的。

廿四、助剿粵匪軍復舊觀

潭下戰後，繆軍北逃入江西。第七軍移駐老隆過舊曆年。數日後，黃總指揮由廣州到汕頭，我派韋造時營長率其獨立營往接，帶來餉銀二百擔。黃到後，在興寧召集第七軍團長以上會議，決定伍、呂兩師先行回桂，李濟深主席請留一師助剿興寧、五華、龍川、河源、紫金股匪，我奉命擔任。黃即返廣州。

我即受命剿匪，即將師司令部移駐安流（又名橫流渡）。查悉在興寧這幾縣作亂的，都是土共，其著名首領為古大存，以南嶺為巢穴。我率黃冕、徐啟明、葉叢華三團往攻，到時共黨先已逃散，只見一廟宇牆上寫著蘇維埃政府字樣。陳濟棠師長派張瑞貴團來會

攻，未到已先解決。巢穴既毀，我即率隊越七車徑南巡，經河婆、棉湖、鯉湖而返。其餘各屬並無大股匪徒，交由粵方部隊去善後。我師工作即告結束。我先回桂，部隊由許副師長率領返省。

第七軍當初原由兩個軍合併成為九個旅的大軍。民十七年四月，又將後方三個師另編為國民革命軍第十五軍，回復舊觀。以黃紹竑任軍長，黃旭初為副軍長；第一師師長伍廷颺，副梁朝璣；第二師師長黃旭初兼，副許宗武；第三師師長呂煥炎，副蒙志。韋雲淞調往前方似是在白崇禧所兼的第十三軍中任職。

這是第七軍在後方最後的情形。

拾參、記蔣先生與唐生智的關係

唐生智，字孟瀟，湖南省東安縣人。保定陸軍軍官學校畢業，為蔣百里得意弟子。

當譚延闓主持湖南省政時，唐生智與趙恒惕同隸麾下。唐始而擁趙逼譚去職，繼又驅趙取而代之。

國民革命軍北伐，唐生智為蔣總司令的重要將領之一，亦為最先反蔣的一人。本篇所記事實，大多與其反蔣有關。

抗戰初期，唐氏慷慨擔任死守南京，雄心尚在，但結果未能如張巡之守睢陽，殊為可惜。

一、唐鬍子倒很有野心

唐生智與蔣先生兩位關係的發生，可說是由李宗仁、黃紹竑、白崇禧等所介紹撮合的。其間的經過是：當年湖南省長趙恒惕因廣州國民政府聯俄容共，疑懼必將援助被逐在粵的譚延闓等湘軍回湘。為防患未然，趙於民國十四年冬，特派旅長葉琪為代表赴廣西聯絡，目的在說服廣西採取「聯省自治」與湖南同一立場，互不侵犯；最低也希望湘粵發生戰事時，廣西採取中立態度。葉琪並攜來湘軍師長唐生智、賀耀組的聯絡函件。因葉為廣西人，和李宗仁、黃紹竑及其高級幹部又是同學，所以無話不談。他本為離間廣西和國民政府的關係而來，但住久了，親眼看見廣西新興的氣象與作風，不覺為之感化，反而對兩粵合作表示同情，頗有接受我們的勸告而參加革命的可能。李宗仁因問他：「你看趙炎午（趙恒惕字）會不會加入革命？」葉搖搖頭說：「趙省長老了，只求保境安民，

談不到革命了！」李說：「那末唐孟瀟（唐生智字）呢？」葉似有所悟地說：「唐鬍子倒很有野心！」李說：「有野心就得啦。我們一定把他拉入我們的革命陣營！」從此我們便極力鼓動葉琪秘密說服唐生智參加革命。唐氏原非志在革命，只在取代趙恒惕以統治湖南。民十五年三月，廣西先以兵力駐在湘桂邊界黃沙河，助唐迫走趙恒惕。五月，李宗仁赴粵策動中央乘機北伐，國民政府乃任唐生智為國民革命軍第八軍軍長；李宗仁又力辭北伐軍前敵總指揮而轉薦唐氏擔任。六月五日，國民政府任蔣中正為國民革命軍總司令。唐、蔣兩位的革命關係由此公開。

二、難越第八軍這一關

唐生智得國民革命軍第四、七兩軍由粵、桂入湘援助，擊敗了吳佩孚派來援趙聯軍，於七月十日收復長沙。蔣總司令七月廿九日由穗出發督師北伐，八月九日到衡陽，唐生智、李宗仁聯袂由長沙來衡迎接，這是唐、蔣初次面晤。唐因前線事忙，和蔣先生稍談後先返長沙。蔣和李十日晚乘小輪離衡，至株州換乘火車，十一日午夜到長沙。十二日晚間，蔣召開軍事會議，討論當前戰略問題，結果，決定先攻武漢，再向江西。在討論時，唐生智主張「不妨左右開弓」，意即同時進攻鄂贛。有人以為唐氏這種主張，用意似是著重在分別佔領地盤；這一軍事見解的差異，是後來蔣、唐紛爭的起點。八月十四日，蔣在長沙東門外大教場檢閱第七、八軍，他乘馬檢閱到第七軍隊尾將進到第八軍隊頭時，第八軍的軍樂和敬禮號音突然大作，使他的坐騎受驚狂奔，因而墮跌在地。唐生智平素事佛，有迷信舊習，幕中奉養一位姓顧的巫師。據傳：顧即就此事而對唐說：「蔣這次北伐，凶多吉少。最重要的便是蔣氏爬不過第八軍這一關，將來必為第八軍所克服，望你好自為之！」唐氏後來在武漢的反蔣行動，據說頗受顧巫師的話所影響。以上種種便是蔣、

唐在湘期間的概況。

三、唐部擴編為四個軍

　　唐生智又是個幸運兒！長沙會議後，即按照決定先取武漢。
八月中旬，白汨羅河南岸發動攻勢，第四、七軍兩軍自平江、汩口
強渡猛攻，戰況至為激烈，破敵後乘勝直追；然第八軍在武長鐵路
上，卻未遭遇敵人強烈抵抗。嗣後，四、七兩軍先到鄂境的薄坼、
咸寧一帶，截斷了武長鐵路（武昌至長沙），岳州一帶敵軍無路可
退，乃向追兵繳械，所以第八軍費力很小，而擄獲獨多。第八軍旋
由嘉魚渡過長江，漢陽、漢口敵軍，因劉佐龍師長反正而倉惶撤
退，所遺軍械又為第八軍所得。我軍進攻江西後，總司令部不在武
漢，唐生智更取得規模極大的漢陽兵工廠管理權，所獲更鉅。武昌
克復以後，第八軍即未捲入戰場，因而能有機會從事擴充。江西既
告肅清，總司令部移駐南昌，不久，即接唐生智來電，呈請將所部
擴編為四個軍，由唐部原有師長李品仙、葉琪、何鍵、劉興升任軍
長。那時李宗仁適在總司令部，見唐的電報，他便極力主張我國民
革命軍的擴充，應由總司令部統籌辦理，決不可由各軍長恣意自
為。他並對蔣總司令說，此風決不可長，唐生智的電報應予批駁，
以儆效尤。無奈當時粵、漢兩地正在醞釀反蔣，武漢方面的黨政首
腦皆非蔣的心腹，蔣氏深恐激唐成變，使唐氏為那一批政客所利
用，所以就准了唐的請求。因此，唐以一軍轉瞬間變成四軍，頓成
尾大不掉之勢，革命軍的制度和體系遂被破壞無遺。嗣後，唐生智
來南昌開軍事會議，李宗仁鄭重對他說：「孟瀟，你是始作俑者
啊！我們國民革命軍怎麼可以任意要求擴充部隊，這還成什麼體統
呢？」唐苦笑說：「德鄰兄，我沒有辦法啊！部下都有戰功，大家
應該升一升才好啊！」李說：「若論戰功，我們四、七兩軍遠在
八軍之上。假若論功行賞，我們都要升起官來，那有許多官可升

呢？」唐為之語塞，支吾其詞了事。

四、自籌軍餉財源廣進

唐生智還有一個幸運是：省財政由其自行支配，所部軍餉由其自籌，國民政府不加干預。這也是廣西無意中間接對唐的幫忙！怎麼說呢？當國民政府建立後，轄下只有廣東一省，有如演獨腳戲。廣西是頭一個歸依國民政府的省份，將全省軍民財政請求中央統一辦理，即軍隊依照中央各軍編制，政治接受中央策略，財政交由中央支配。但中央當局，尤其財政主司，目光太淺，胸襟不寬，竟堅決不肯接納。原因是廣西向稱窮省，前清以來即依賴湘、粵兩省協餉；軍隊如依中央編制待遇，由中央發餉，也須虧貼；兩項都是「蝕本生意」。商談結果，省財政仍由廣西自理；第七軍軍餉也由廣西自籌，中央暫不過問。謀劃國家大事，而打生意算盤，惡例一開，法度全失。湖南克復後，唐生智當然有了廣西先例可援，財政要自理，軍餉可自籌了。然而湖南是富庶省份，廣西的例子，反給了唐生智以莫大的好處。

唐氏自兼湖南省政府主席，漢口市長是由他的部屬劉文島擔任，他既控制著湖南全省和湖北省的大部分，此外，他還能在湖北的各縣直接間接搜集些稅收。所以他軍隊的供應是很充裕的。

五、鮑羅廷收服唐生智

唐生智因為部隊大增了，財源豐富了，心也更雄了！他在長沙辦了一間規模頗大的軍官分校，以充實軍事幹部人才。他和他的部屬標榜佛教，以示與廣東的三民主義有別。他團結保定系，企圖與黃埔系爭一日之短長。他與漢口的日本領事館來往甚密，其目的似在經由日本方面獲得有利於他的情報。同時，對俄顧問也優禮有

加。他的部屬雖多係守舊人物，但他對中共又極力表示親善；他還鄭重其事的要求加入中共為黨員；並以中共湖北區委書記的彭澤湘繼任他的政治部主任劉文島的遺缺；他無條件支持工農運動。他這種四面八方拉攏的政策，被人認為是以對付蔣氏為主要目標。以上是根據張國燾先生的記述，張氏當北伐軍團攻武昌時已到武漢工作。

當時總司令部對各軍的械彈補充、給養調劑、編制擴展等往往對公平原則注意不周，到江西克復時，各軍的不滿情緒更形顯露。第一軍自然無此現象。第七軍的糧餉、被服、械彈，都是由廣西自行籌劃送到前方補充接濟，故未捲入此項是非之中。第八軍一切自行補充一點，與第七軍相同；其編制擴展之大，又特出各軍之上，照理應該心滿意足；然而唐生智反蔣的意念反為特強，這只能以他的野心作怪來解釋了。

俄顧問鮑羅廷於民十五年十二月十日偕宋慶齡、徐謙等一批黨部中委、國府委員從廣州經江西到達武漢後，即開始反蔣。鮑對握有兵權的人極力接攏，對實力最大的唐生智當然更加注意了。張國燾氏對此事記道：

「當我到漢口舊德租界一所精緻洋房去訪問鮑羅廷時，他正在客廳接見賓客，我便在他的辦公室內先與隨同他一道來的張太雷同志晤談。張太雷首先向我說：『鮑羅廷真有幾手，一席話便把唐生智收服了。』他接著說明，鮑羅廷在下船後，即偕同歡迎他們的唐生智同車馳至唐的總指揮部。他們開始談話，由他從旁任翻譯。鮑羅廷劈頭便向唐生智說：『誰能忠實履行孫中山先生的主張，就能成為中國最偉大的人物。』唐生智聽了這句話，似乎喜出望外，將身體扭動了幾下，欣然回答道：『我願意這樣做。』鮑羅廷接著說了一些如何忠實履行孫中山先生主張的話，不著痕跡的將他已不信任蔣、轉而將信任唐的意向表示出來。唐生智因而向鮑羅廷懇切表示：『一切願聽指揮』。」

唐氏的野心，因鮑羅廷的煽惑更加熱起來了。

李宗仁於民十六年一月將第七軍司令部移到漢口待命東征時，唐生智等反蔣態度已公開表示。李氏對他們說，萬不可蹈太平軍內訌招滅的覆轍；陣前易帥尤為大忌。他警告唐，謂唐的中、下級軍官對於工農運動過火深表不滿，若不速謀排解消弭，將來恐怕部隊會脫離你的掌握。但唐不以為意，說他有辦法。

六、汪精衛對唐莫奈何

蔣總司令於民十六年三月克復上海、南京，四月十二日實行清黨，寧漢對立了。汪兆銘已回漢復任國府主席，四月十七日開除蔣生先的國民黨籍，並撤免其國民革命軍總司令職。此時本可造成武漢東征的機會，因奉軍已由京漢鐵路南下，唐生智等部須入豫迎敵而中止。奉軍敗走，唐等班師回漢，馮玉祥出來調停寧漢紛爭無結果，六月杪武漢部隊遂出動東下。但汪兆銘得共黨魯易示以祕密文件後，武漢自身也發生國共鬥爭，七月十六日終於宣佈分共，其東征計劃因此而延誤。寧方反共，漢方分共，政爭原因已去，但領袖之爭仍在，於是蔣先生八月十二日宣佈下野，期望根本消弭爭端，雙方復歸團結。

蔣先生既下野，南京方面推李宗仁為代表赴漢商談合作。那時漢方領袖適在廬山開會，李乃於八月廿一日由南京乘艦至九江登山。他廿二日晨間經過安慶江面時，發現長江南北堤岸上大軍雲集，這顯然是武漢東征之師。過了安慶，兩岸軍隊東進的更絡繹不絕，且有輜重和砲隊由船東運。他心想：何以蔣先生已下野而漢方仍未停止東征？李到了廬山，由汪兆銘召集譚延闓、孫科、陳公博、顧孟餘、唐生智、朱培德、張發奎、鄧演達等十餘人聽取李氏報告南京方面的情形。李說明雙方對共態度一致，最大隔閡已除，以後合作繼續北伐，完成革命，為勢所必然。漢方同志對蔣同志誤

解最深，現蔣為促使寧漢合一，已自動辭職，武漢諸同志應已毫無顧慮。所以南京方面同志特派本人代表前來歡迎諸同志東下，共商大計。最後，李氏強調他沿途所見武漢軍隊東下情形。他說：「如今敵我正在南京上下游隔江對峙，蔣同志也已下野，人心惶惶，武漢的軍隊如仍然東下，無異為軍閥張目，勢將引起極大的不安與誤會。因此，我堅決要求武漢的軍隊立刻在安慶一帶停止東進，以釋群疑。我並希望有幾位中央大員同我到南京，以安軍心，庶幾使我不虛此行。」

李報告完後，汪氏便說：「德鄰同志的報告已十分詳盡，希望大家研究。」接著他就把眼光移向唐生智說：「孟瀟兄，你能否考慮把東下的部隊暫時停在安慶呢？」

唐回看一下汪氏之後，視線轉到李的臉上，便斬釘截鐵地說：「我的部隊絕不能在安慶停止，至少要開到蕪湖！」

這時全場氣頓形緊張，眾人一聲不響，汪氏弄得十分尷尬，又無法再說下去。大家只是把眼光釘在李、唐兩人身上。停了一會，李才說：「孟瀟兄，你的軍隊如開蕪湖一帶，江南的軍心民心都要惶惑不安；江北的敵人也必乘機渡江啊！」

唐把兩眼一瞪，說：「那我可不管什麼軍心民心惶惑不安啊。」

李說：「那末，你的軍隊為什麼不能在安慶暫停一下呢？」

唐說：「安慶沒有糧食能供給大軍之用，我軍必須到蕪湖！」

李說：「孟瀟兄，就我所知，蕪湖並不產米，只是個米市而已。真正產米地區是安慶附近各縣和巢湖周圍區域。為軍食著想，你應該把軍隊北調，進入巢湖各縣魚米之鄉。再北上可以截斷津浦鐵路，和我們南北呼應，以解決津浦路上的敵人。你又何必去蕪湖為敵人張目呢？」

唐這時的面色極為嚴肅，顯出十分不講理的樣子，說：「李同志說的話不可靠，我有我的計劃，別人用不著管！」

李既然和唐說不下去了，便問汪道：「汪先生能否派一兩位中央委員和我一道回南京，使得我們可以昭告國人，寧漢之間的誤會已冰釋了呢？」

唐生智不等汪回答，便插口道：「現在我們那一個敢到南京去？」

李說：「孟瀟兄，南京究有什麼危險呢？若說是敵人渡江罷，我擔保只要你的軍隊停止東進，敵人決不敢渡江。如果你更能和我們合作，自安慶北上合肥，出鳳陽，直搗津浦路，敵人便會望風自潰。南京危險在什麼地方呢？」

唐這時已辭窮理屈，但硬是說：「我把部隊開到蕪湖再說。」

汪即向譚延闓和孫科說：「組庵先生和哲生兄，你兩位能否和德鄰兄到南京去一趟呢？」

譚看了看孫，說道：「哲生，還是我兩人和德鄰兄一道去罷！」說了，便吩咐收拾行李和李一同下山赴南京。

李宗仁由此次盧山之行，才明白寧漢合作的癥結在唐生智一人。汪兆銘已失去控制武漢方面的能力，無法駕馭坐擁重兵的唐生智。

七、唐曾企圖統一中國

李宗仁偕譚、孫兩位八月廿三日黃昏自九江乘艦東歸，廿四日行抵和縣的兔耳磯，遭遇孫傳芳軍一小部由此南渡，適陳調元由南京乘小輪經此，招呼停船，想探聽李氏盧山之行的消息，得以合力將孫軍解決。陳調元報告，武漢軍確有東下模樣。陳報告後即駛赴蕪湖防地，到後，果然接到唐生智的信。信中稱陳為老師，大意說：「生智已決定東下寧、滬，老師如願合作，即請為前鋒，進襲南京；如不願，亦請將蕪湖讓開，勿阻東下之路，以免誤會發生意外」云。陳看了為之大驚。他既不願和唐氏合作，又不敢單獨和唐

軍作戰，乃電南京軍事委員會請示應付方針。軍委會覆電，如果唐軍逼近蕪湖，陳軍即向南撤退一日行程，採取監視態度，避免與其衝突。

李宗仁由兔耳磯的情形，知孫傳芳軍已開始行動，但判斷其主力必從南京下游渡過長江，特先在上游活動以吸引我軍而已。於是李一到京，他事不及問，立刻調動兵力在烏龍山、棲霞山一帶準備。果不出他所料，廿五日夜間，孫軍大舉渡江，有名的龍潭大戰即告開始，血戰一星期，孫部全軍覆沒，遂告結束。在所獲孫軍秘密文件中，都載有「友軍唐生智自上游夾擊南京」字句。

龍潭戰後，西線忽告緊張，唐生智東征軍分江左、江右兩路東下。江左軍卅五軍軍長何鍵已於九月一日奉唐生智命令，出任安徽省政府主席，並委各廳廳長。江右軍劉興所部卅六軍的前鋒已到當塗，距南京僅六十里。九月六日劉興本人也進駐蕪湖，有直下南京之勢。

後來據唐的部將葉琪、廖磊等告訴李宗仁，才知道為何唐氏不與孫傳芳東西夾擊南京的部隊。原來唐生智曾利用蔣百里居間與孫傳芳勾結，意圖夾攻寧方部隊於京、滬、杭三角地帶。按照唐氏計劃，待寧方部隊為他們所敗時，唐即可收編寧方的殘部，然後再一舉而滅孫傳芳，北上統一中國。不意孫傳芳先敗，唐聞訊，曾頓足痛罵孫氏，說他不等唐軍到達南京，便渡江發動攻勢，妄圖「先入關者為王」，致自招覆滅，禍有應得云。再後，譚延闓也曾對李宗仁談及此事，說唐在漢口時，反蔣最烈，曾向汪、譚申述，打到南京後，他將擁汪為主席，譚為行政院長，以何鍵、程潛、魯滌平分任安徽、江蘇、浙江三省主席，他自己則擔任北伐軍總司令云。

孫軍敗後，軍事委員會乃嚴令唐生智自安徽剋日撤兵。但唐卻於九月十一日親赴蕪湖視察，似仍欲伺機而動。然此時寧方部隊新克強敵，士氣正旺，唐終不敢對南京妄動。李烈鈞、何應欽、李宗仁、白崇禧等聞唐到蕪湖，曾聯銜電請其來南京一晤，唐竟不來。

海軍有「決川」、「濬蜀」兩艦停泊在蕪湖江面，為唐氏脅迫強擄而去。

八、士無鬥志唐氏垮台

當中央特別委員會所選的國民政府於九月二十日在南京成立時，唐生智已擁有湖南、湖北、安徽三省，國民政府一再電令其自安徽撤兵，唐皆抗不從命。到了九月廿一日汪兆銘返漢組織「武漢政治分會」，唐生智更是如虎添翼；並藉名「護黨」，通電反對特別委員會，否認南京中央政府。南京國府一致主張對唐討伐，其中尤以程潛、譚延闓、孫科等為激烈。那時唐派葉琪為代表來南京，說：唐總司令最多只答應讓出蕪湖，絕不放棄安慶，如南京政府堅持收復安徽，唐總司令將不惜以武力周旋云。事態發展至此，十月中旬國府只得密令軍事委員會組織西征軍討伐唐生智，以李宗仁為西征軍總指揮，分三路向武漢進兵。計劃既定，即行發動。十月廿五日克安慶，十一月八日破敵於蘄水，九日更大破之於蘭溪。唐生智以士無鬥志，召集師長以上將領會議，他決定下野，將基本部隊退守湘境，徐圖再舉，十一月十一日即通電去職，乘日本軍艦赴日本去了。西征軍十五日到達漢口。

唐部退湘，西征軍未啣尾追擊，只派西征軍參謀長張華輔入湘洽商收編，但被唐軍拒絕。民十七年一月初旬，國民政府乃電令程潛、白崇禧自武漢南下繼續討伐。程潛一路在汨羅河因葉開鑫叛變而大敗。白崇禧一路在平江方面，得國府指示其擊破當面之敵逕搗長沙，程部之危自解。白一月廿七日入長沙，李品仙、葉琪、劉興、何鍵等率殘部逃往寶慶一帶。白跟踪直追，敵方以頹勢無法支持，請求收編，效命北伐。程潛、白崇禧予以接受，電請軍委會核准改編為國民革命軍第十二（軍長葉琪）、卅五（軍長仍為何鍵）、卅六（軍長廖磊）等三軍，以李品仙任第十二路總指揮，西

征戰事遂告結束。

九、死守南京對不起人

蔣總司令於民十七年一月四日通電復職，三月繼續北伐。白崇禧受任第四集團軍前敵總指揮，率李品仙所部葉、廖兩軍及其他各部克復北京後，再受命肅清關內奉軍，駐在唐山。葉琪一軍先已調回武漢。

至民十八年春武漢事變醞釀期間（編按：即指李白反蔣之役），蔣主席派劉文島到青島找唐生智，問其願否得回在唐山的舊部？唐那有不願之理！遂予唐以鉅款去進行。李品仙、廖磊雖是桂人，所部官兵卻全為湘籍，聞舊主重來，又有賞賜，都歡躍歸依唐生智，白崇禧只有走路了。至此，唐生智又得為第五路軍總指揮，六月在河南參加討伐馮玉祥。馮敗後，唐生智於十二月在河南終於再次舉旗反蔣，至民十九年一月中旬全部敗降，為中央部隊繳械而消滅。

七七變起，全國一致奮起抗日，唐生智也和其他反蔣人士奔赴中央，為國效力。民廿六年十一月上海失陷後，蔣委員長召集在京高級將領何應欽、白崇禧、李宗仁、唐生智、徐永昌和德國顧問等商討南京應否固守問題，委員會逐個詢問。李、白和德顧問都主張放棄南京。何、徐謂一切以委員長的意旨為意旨。最後問到唐，唐起立大聲道：「現在敵人已迫近首都，這是國父陵寢所在，如不在此犧牲一二員大將，我們不特對不起總理在天之靈，更對不起我們最高統帥。本人主張死守南京，和敵人拚到底！」委員長大喜說：「孟瀟兄既有這樣的義憤，我看我們應死守南京，就請孟瀟兄籌劃防務，擔任城防總司令。」唐慨然允諾，誓以血肉之軀，與南京城共存亡。死守南京便這樣決定了。會後，李向唐翹起大姆指道：「孟瀟，你了不起啊！」唐說：「戰事演變至此，我們還不肯幹一下，也太對不起國家了。」說時豪氣躍然臉上，和李互道珍重

而別。十二月十三日南京失陷，唐生智乘津浦路火車轉隴海路往漢口。經徐州時，李宗仁親到車站迎候，見唐神情沮喪，和在南京時判若兩人。唐說：「德公，這次南京淪陷之速，出乎意外，實在對不起人！」李說：「孟公何必介意，勝敗原是兵家常事，我們抗戰是長期的，一城一地的得失，無關宏旨。」談了約二十分，乃握手別去。

拾肆、李宗仁口述的一位愛國情報員

　　無論任何戰爭，如果不明瞭敵情，那是作戰很困難的，所以有「知彼知己，百戰不殆」的古訓。想明瞭敵情，便須情報工作做得好，但這不是容易的事。回想距今三十年前發生的抗日戰爭，在悠長八年的過程中，自然是敗仗多而勝仗少，其中某一役獲勝，或某一役避免慘敗，往往得力於情報的準確，這即所謂知彼。就整個抗戰說，從開戰時起，我國人民一般都知道我們地大人多，日本國小人少，相信攻入我內地愈深，拖延日子愈久，敵人便像陷足泥淖，離以支持；因此大家忍耐長期無數的艱苦，堅持持久抵抗絕不動搖，終使敵人無條件投降。這也符合了知彼知己的原則。

　　我聽過一個情報人員的故事，可敬而有趣，特為記述，以供眾賞。

一、有血性譯員義務任情報

　　抗日戰爭中，第五戰區曾打過大大小小的勝仗，其中以台兒莊一役為最著名，以徐州一役為最危險。徐州之役，我最高統帥部欲擴大台兒莊勝利的戰果，陸續將重兵調集徐州，準備與敵再一決雌雄；而敵方因台兒慘敗的羞憤，正欲得一報復的機會，也調集極優勢的兵力，將徐州作重重大包圍，企圖一舉而將五戰區十萬野戰軍消滅。徐州附近地勢平坦開豁，無險可守，卻利於敵軍發揮其機械化部隊和空軍的威力。為持久抗戰計，我不宜在此作無謂的消耗。故李宗仁司令長官在獲悉敵人企圖後，即作有計劃的撤退，全部從敵軍的包圍圈中脫出，如魚群漏網，未受損失，真是奇蹟。為什麼

能夠這樣？據李氏一次閒談時說，這全靠情報準確。我問他是哪一位情報工作者如此神通？他說：說起來話就長了。下面是他告訴我這個故事的來歷。李氏說：

「自九一八事變以後，日人侵華的來勢更兇，而中央對日的態度卻表現得更為敷衍忍讓，激動了全國反日憤怒的加深，尤以兩廣為甚。日本方面看到了這點，乃多方派人來粵作拉攏分化工夫。那幾年間，我（李宗仁自稱，下仿此）在廣州的日子很多，所以那些日人到粵也來訪我；如土肥原賢二、松井石根、岡村寧次、梅津美治郎、板垣征四郎、鈴木美通、佑和鷹二等，前後多至百餘人，好些都是後來侵華戰爭和太平洋戰爭中的要角。我接觸的日本人既多，漸漸覺察到他們對侵華與反蘇兩項的抉擇實持有不同的意見；陸軍和海軍也時相水火。其中和知鷹二中佐便是不贊成侵華力主反蘇的重要分子，因他和我的觀點相近，彼此相處得非常融洽，幾乎像無話不談。我看到了侵華派得勢，於是極力拉攏反蘇派，企圖擴大兩派間的磨擦，並乘此刺探日本侵華的秘密，因此，我與和知的交情日密，和知因而不時有意無意地將一些機密洩漏給我方的情報人員。擔任這項重要任務的人便是何益之君。

何君的真姓名為夏文運。遼寧大連人。日本帝國大學法政科畢業。能操流利日語。九一八事變時，自大連逃出，打算到關內投效。但因關內無親無友，不特請纓無路，甚至餬口也難。不得已，又潛歸東北。終因他學歷既好，日語又佳，為日本軍方所羅致，派充日本駐華南各機關華語譯員。他遂得機會和土肥原、板垣、岡村、和佑等廝混極熟，因此，所有我的日本訪客都請何君為通譯。

我和何君見面多次之後，覺得他為人正派，年青熱情，何以竟甘心事敵呢？一次，我便秘密著人約他來寓所一談。見面寒暄後，我誠懇地問他道：『何先生，我看你是一位有品有學的青年，現在我們的祖國如此殘破，你的故鄉也被敵人佔據，祖國命運已到生死存亡的邊緣，你能甘心為敵人服務而無動於衷嗎？』

何君經我一問，頓時淚下。因而告訴我他於九一八事變後入關投效失業一段往事，以及後來為日本軍部羅致充當譯員的經過。

我說：『何先生，我看全面抗日戰爭很快就要爆發了，你希望不希望為祖國盡點力呢？』

何說：『如有機會替祖國報效，萬死不辭！』

我見他出語誠摯，乃私下和他議定，要他做我方的情報員，探聽日方的機密。何君一口允諾，並謝絕任何報酬。民國廿三、四兩年間，何君果然將日本派遣大批人員到印度支那半島和東南亞國家活動情形向我報告。我根據這一情報，即斷定日本向中國全面進攻為期當在不遠了。」

二、忠誠為抗日消息速且真

以上情形為李宗仁所口述，到了抗日大戰爆發，和知鷹與何益之君已在上海方面工作。李氏又說：

「七七事變後不久，上海、南京相繼淪陷，何君即以為敵工作做掩護，在淪陷區行動自由，常搜集日方重要軍事情報，交給設在上海法租界的地下電台拍發第五戰區。其情報的迅速正確，在抗戰初期可說是獨一無二。所以關於敵軍進攻徐州，突入皖西、豫南，以及圍攻武漢，其戰略及兵力分佈，我方無不瞭如指掌。其後應驗也若合符契，每當我五戰區將那些情報轉呈中央時，中央情報機構多尚無所知。所以軍令部曾迭次來電嘉獎五戰區情報科，殊不知此種情報實全由何君自和知鷹二處得來而供給的。後來和知因反對侵華而調職，乃另介紹一人與何君合作，繼續供給情報。直至太平洋戰事發生，日軍進入上海租界，何君因間諜嫌疑，為日方搜捕而逃離上海，我方情報才斷。何君冒生命危險為我方搜集情報，全係出乎愛國的熱忱，他始終其事，未受政府任何名義，也未受政府分毫的接濟。像他這樣的愛國志士，甘作無名英雄，其對抗戰之功，實

不可沒。」

三、誘敵陷穽中將驕被縱脫

李宗仁又談及有一次得了何君正確的情報，自己作了周密的殲敵部署，預期可收精彩的勝利，不料竟被一不聽指揮者所放失，非常遺憾。那是隨棗戰役中的事，李氏說：

「民廿八年春末，敵人為鞏固其武漢外圍，發動掃蕩我五戰區，四月下旬令其第三、第十三、第十五、第十六等師團和第四騎兵旅挾輕重砲二百餘門和戰車百輛，沿襄花及京鍾兩公路西犯。我判斷其初初步戰略，想掃蕩我大洪山、桐柏山兩據點的部隊，以佔領隨縣、棗陽；其第二步目標，似在佔我襄陽、樊陽和南陽。敵如能達此目的，其武漢便可以安穩，平漢路也不愁我軍去威脅了。為針對敵人這一企圖，我決定死守桐柏山、大洪山兩據點以與敵長期周旋。我料敵軍主力必沿襄花公路作中央突破，直搗襄樊。所以我方的部署，即以主力軍連芳的八十四軍和劉汝明的六八軍守正面隨棗一線；以張自忠的卅三集團軍擔任大洪山南麓的京鍾公路和讓河兩岸的防務；以孫連仲的第二集團軍和孫震的廿二集團軍守桐柏山北麓南陽、唐河至桐柏一線。長江沿岸和襄河以西的防務，則由江防司令郭懺所部擔任。

部署既定，樊城長官部情報科收到何益之自上海拍來密電，詳述敵軍此次掃蕩五戰區的戰略及兵力分配，一切果不出我所料。我一面將這情報轉給中央，一面在敵軍主力所在的襄花公路上佈一陷阱穽，預備來一個誘敵深入的殲滅戰。

當隨棗戰事將發時，軍事委員會軍令部曾調湯恩伯的卅一集團軍五個師前來增援。湯部自徐州撤退，調往江南，嗣以江南兵力太多，乃又北調，自沙市渡江來五戰區。湯軍剛到沙市，恩伯即乘輪赴渝向委員長有所請示。所部陸續於四月中旬到襄樊一帶，聽候調

遣。我便命令湯部迅速開往桐柏山的南麓，以桐柏山為倚托，在側面監視敵人。待我軍正面將敵人主力吸入隨棗地區後，湯軍團即以雷不及耳之勢自桐柏山衝出，一舉截斷襄花公路，會同正面我軍將敵軍包圍殲滅。我料敵人此來是以騎兵及機械化部隊為主，意在速戰速決，且因不知我在側面桐柏山上伏有重兵，必然以主力沿公路西進，而墮入我袋形部署裏面，自招覆滅無疑。那知我部署剛妥，前線敵我已有接觸，湯恩伯適自重慶返到，來樊城見我。我便將所得敵方情報和我方對敵部署說給他聽，湯不等我說完，便大發脾氣說：『不行，不行，你不能胡亂拿我的部隊來犧牲！』我再耐性地向他解釋：『你以桐柏山為後方，有什麼危險？』他不讓我說下去，牛性大發，竟不聽命令，拂袖而去。

此次會戰，敵軍以十萬以上的精銳部隊，猛烈的機械化配備，經過三個月以上的調度佈置，對我桐柏山、大洪山兩游擊基地及襄陽、樊城、南陽發動攻勢，志在必得。執知經過二十餘日的苦戰，終於遺屍五千餘具，馬匹器械無算，狼狽而逃。我方如果不是湯恩伯不遵軍令，敵方機械化部隊在襄花公路上，說不定就永無東歸之日呢！」

四、有功而不伐其人殊可欽

我彷彿記得抗戰勝利後，何益之氏曾被牽涉漢奸嫌疑，後來是李宗仁證明其在抗戰中經常熱心供給情報，得以清白無事。

一九五一年秋間，我東遊日本，船抵東京，即承何益之先生偕舊友來接。從此得與何先生往還數年之久，他不曾向我或任何人提及以情報助抗日軍的事，真是難得！

拾伍、李宗仁競選副總統的一頁經過

中華民國自辛亥革命至國民政府成立之前，施行過七次總統選舉，但副總統選舉只有四次，此即：

一、辛亥革命時，十七省代表在南京選舉孫文為臨時大總統，黎元洪為臨時副總統。

二、民國元年二月，臨時參議院選舉袁世凱為臨時大總統，黎元洪為臨時副總統。

三、翌年十月六日袁世凱威迫國會選舉其為正式大總統。七日國會選舉正式副總統。黎元洪當選。

四、民五年六月，袁世凱死，副總統黎元洪繼任大總統。十月，國會補選馮國璋為副總統。

五、民七年九月，北京國會選舉徐世昌為大總統（未選副總統）。

六、民十年四月，國會非常會議在廣州選舉孫文為非常大總統（未選副總統）。

七、民十二年十月，北京舊國會受賄選曹錕為大總統（未選副總統）。

副總統只有虛名而無實權，備大總統缺位時補上的。

黎元洪三次被選為副總統，因情勢僉以此為表彰激勵，而非出自黎意。馮國璋則因具有資望，自生此心。至於國府行憲後，李宗仁競選副總統的動機和經過，與黎、馮又不相同，本文特為詳述。

一、從漢中調駐北平的當時

　　人對政治發生興趣的動機，各有不同。李宗仁競選副總統的動機，可說是由於當時北平環境所引起的。但這不是說李因領略了自古帝王之都的風味而觸發了野心，而是說他一直覺得他做北平行轅主任有責無權，所以想藉競選副總統來改變一下環境。

　　先略敘他那時在北平的景況：當抗戰後期，李氏由第五戰區司令長官調任軍事委員會委員長漢中行營主任。迨日本投降消息一出，又奉調為軍委會委員長北平行營主任（到民三十五年九月一日改稱國民政府主席北平行轅主任，職權相同），該行營直轄第十一、第十二兩個戰區，包括河北、山東、察哈爾、綏遠、熱河五個省和北平、天津、青島三個市。轄區內一切軍、政、黨的設施，俱得聽行營主任的命令行事，負華北全局安危的重責。彼時接收平、津的負責人第十一戰區司令長官兼河北省主席孫連仲，其前進指揮所早已入駐北平。中央各部會以及戴笠的軍統系統也已在平成立機構，分頭接收。李氏於是年九月初派參謀處長梁家齊、九月二十日再派秘書長蕭一山和參謀長王鴻韶先後飛平佈置；李本人則於十月廿六日才由漢中發往，受敵偽壓迫了八年的同胞，現在重得自由，對政府派來這位軍政最高長官，熱烈歡迎，全城哄動。

二、柴米總管與接收和事佬

　　北平原有居民二百萬；戰爭結束後，因交通未復，四郊不寧，避難進城的人日多；單是復員而來的四個國立大學員生即達萬人以上；被解除武裝的日軍也有收萬之眾；城中人口日多，以致發生糧荒。加之時近寒冬，煮食取暖，燃料供不應求，同時又發生煤荒。各大學負責人不時到行營請求設法，華北日軍指揮官根本博亦不時

來請發給俘虜糧食。所以李氏到任後的最初幾個月，行營主任無形成為替各方搜羅柴米的「總管」。幸虧被他查到敵偽倉庫尚餘糧煤，於是下令河北省府和北平市府將這些倉庫內的糧煤先期撥出，交各機關分攤，問題才告解決。

糧荒煤荒以外，最頭痛的事便是接收人員的貪贓枉法。當時蔣委員長也曾電令中央在華北接收的各級機關，要聽行營主任的命令行事，無奈彼時勝利初臨，千頭萬緒，中樞對於接收職權的劃分，一時也未有明確的規定，事實上駐平各機關仍是直接聽他們中央主管官署的命令，行營根本管不著他們。於是，各機關擇肥而噬。有時一個部門有幾個機關同時派員去接收，到了無法解決時，便來行營申訴，行營主任又成為排難解紛的「和事佬」。

最令當時平、津居民不能忍受的，便是有些接收官員，為了假公濟私，隨意加人以漢奸罪名，以致抗戰時沒有退入後方的人，都人人自危。這種情形，亦有人向北平行營去泣訴，請加制止。李氏乃召集黨政軍聯席談話會，尤其對軍統駐平負責人馬漢三曉以大義，嚴加申斥，一再告誡說：「嗣後凡非附敵有據的，概不得濫予逮捕。你的部下如有不聽命令、明知故犯的，一經人民告發，查明屬實，當惟你是問。」自此以後，此種事件漸告減少，市民才得粗安。

三、學者濫開砲將領無鬥志

北平的學者們，當時因糧煤鬧荒或漢奸問題，常將下情直接面達行營主任，因而引起李氏決定施行邀請各大學名教授每兩星期開一次座談會的辦法。李在會上請他們對於政府設施儘量批評與建議，不必隱諱。這原是一派民主作風，無奈是時共黨的滲透手法，已經無孔不入，有些個性偏激的如費孝通教授等，竟乘機對政府痛加指摘，措辭的尖刻嚴峻，有時更甚於共產黨。甚至當著李氏之

面，對行營的批評也毫不放鬆。李氏則以為他們對政府的憤懣並不是完全沒有理由的，所以他只有虛心地聽他們的批評，而毫無不悅的表示。因此，李氏在平三年，和北方教授們往還，頗能相處甚得。

李氏當時對整個華北的軍事局勢，一直不抱樂觀。彼時負責華北指揮責任的實際是孫連仲。孫氏於民卅四年冬由河南新鄉指揮北上的部隊是高樹勛、馬法五、胡博翰三個軍。高軍原是石友三的舊部，馬法五則為龐炳勛的舊部，這些雜牌軍，原談不上什麼戰鬥力。胡博翰部是日本將投降時在淪陷區所收編的零星武裝成軍的，作戰力量尤差。但這三個軍奉調要打通平漢路，與中共火拼。高樹勛自始即抱著保存實力的念頭，故於十月底軍次邯鄲，一經共軍圍攻，高部立刻投降；馬法五軍因士無鬥志，馬亦被俘；胡博翰則僅以身免。自此以後，孫連介所指揮的全是由空運或海運而來的中央部隊，這些部隊，雖然戰鬥力較強，但普遍缺乏鬥志，對共軍白天則深溝高壘，不想出擊，夜間更不敢行動。因此，除他們的宿營地周圍十里之外，幾乎都是共黨的活動範圍。北平四郊常有共黨游擊隊出沒。猶憶李氏為此曾向我說：「有時中央大員來平，想一遊西山，我陪同出遊也非帶大批扈從衛士不可。」民卅五年春孫連仲坐鎮保定，企圖率領大軍打通平漢線，終成畫餅。

四、收復張家口戰果不理想

民卅五年春夏間，政府和中共談談打打，中共態度強硬，政府也不示弱，各地衝突日多。到了秋季，內戰的擴大已不可避免，中樞乃決定先收復張家口，截斷共軍關內外的交通，再及其他。李宗仁素知第十二戰區司令長官傅作義所部兩軍可用，遂訓令其向東移動，向張垣進攻。另以第三十×集團軍總司令李文指揮石覺、牟廷芳、侯鏡如等部自北平北上，夾擊賀龍的主力。經半月的戰鬥，傅

部於十月十一日，佔領張家口。但因李文所部逡巡不前，未能按照原定計劃迅速向左翼延伸以截斷共軍西竄退路，致戰果未達理想。

國府於收復張家口之同日頒佈國民大會召集令，定於是年十一月十二日開會制定憲法。中樞欲再立一次軍威以醒國人耳目，曾由參謀總長陳誠攜蔣先生親筆手諭飛平，召集陸軍總司令顧祝同、保定綏靖主任孫連仲、張家口綏靖主任傅作義、集團軍總司令李文與軍、師長多人、和行營高級將領全部開重要軍事會議，限三星期內打通平漢鐵路路線。與會將領，面面相覷，無人敢持異議。最後陳誠問李宗仁意思如何？李說：「軍人原應服從命令，但不應欺騙最高統帥。如果以現有兵力能打得通，早就打通了。現未增加一兵一卒，限於三個星期打通，決難達成使命。」陳氏請李出名電報呈覆蔣先生。不久得覆前令暫緩執行，各將領如釋重負。

五、對付鬧學潮另外有一套

制憲國民大會開會期間，對共戰爭雖還平穩，但是戰事延續不息，通貨膨脹日劇，人民生活的痛苦日甚一日。性情衝動的青年學生遂集會遊行，呼籲停止內戰。學潮先從南京開始，逐漸蔓延各地，勢如野火。北平為學生運動的聖地，五四運動以後，所有學潮常惟北平馬首是瞻，此次自亦不能例外。

共黨此時在北平各大學中都有職業學生居間活躍，於是利用機會，大肆煽動，引致一般青年同情的，總是在野黨的言論。故學潮的擴大，事實上便成為公開的反政府的集會。各地軍警和特務人員，認為學生甘心供共黨利用，在無法阻止下，乃不惜以武力彈壓，當時重慶、昆明、武漢、南京等處血案頻生。軍警壓力愈大，群眾反抗愈烈，學潮的蔓延也愈廣。

李宗仁在北平採取的辦法卻另有一套。他不僅竭力禁止軍警和學生衝突，且令軍警保護遊行的學生，等他們把怨氣和熱情發洩

盡了，自會散隊休息。如此處理之下，北平居然平安無事。某日凌晨，北平市長何思源倉惶來向李報告說：「各大學中學學生今天又要大規模遊行示威，特務機關的便衣隊已經在各重要街口埋伏了二百多桿槍，恐不免演出一場流血大慘劇！請千萬要制止他們，否則這場禍便萬難避免了！」

李氏聆訊，立刻召馬漢三到行營，詢明果有其事，即嚴屬責成馬氏說：「務必速將便衣隊撤回。上面的事有我完全負責。你如不聽我的命令，我今天便扣押你，把便衣隊全部繳械。以後軍統方面如與學生有任何衝突，惟你是問！」

馬表示遵命而退。當日午後二時，果然又是一次學生大遊行。北平城門關了，城外學生竟爬城而入，情緒激昂，但終未出事，不久那些青年們，就遊行叫囂得聲嘶力歇，有氣無力，遊行也就散了。

六、動念參加副總統的競選

李氏在故都情緒低沉，對行營主任一職，時思擺脫而終不能。但自座談會開而學者樂與往還，又因善處學潮而獲致社會好評，覺得國人對其觀感尚好，遂欲藉競選副總統作擺脫之計。

國府於民三十六年元旦公佈「中華民國憲法」；十二月廿五日明令於民三十七年三月廿九日召開第一屆國民大會，選舉總統、副總統，好讓國民黨還政於民。

在這段時期的一般情勢是：政治上，當局雖亟欲整頓行政部門，但改善之道，非一蹴可幾。軍事上，東北敗徵已著，關內戰局也日趨惡化，國軍雖一度進佔延安，但旋即退出，故對整個戰局並無決定性的影響；華北平原大半已入中共之手，國軍所據有的只是少數大城市。經濟上，法幣貶值，日瀉千里，一般工人、農夫、商人、尤其靠薪金度日的公教人員都無以為生；這一根本問題不

能解決，政治和軍事便無從談起。

　　李宗仁以後曾表示：「在當時這種環境中，我既無補時艱，便時時想潔身引退，但蔣先生卻不許我辭職。民卅六年夏秋間還要我兼任東北行轅主任，派員幾次敦促，我竭力推辭，乃改派陳誠前往。我雖倖免介入東北，但坐困北平終非了局。在這進退維谷的境地，經過了多方的考慮，我覺得只有兩途可行：第一、作積極的打算，不顧艱難，挺身而出，加入中央政府，促成民主改革，挽狂瀾於既倒。第二、作消極的打算。不能兼善天下，便獨善其身。擺脫這種於國於己兩無補益的政治生涯，離開故鄉，解甲歸農。正當我為這兩種矛盾心理所困擾不得解決的時際，發生了副總統競選的事。使我想到如果參加競選，可一舉而了結上述兩項矛盾。勝便可作積極的打算，敗即乘機表示消極，告老還鄉。因此，我就參加競選了。」

七、蔣先生未同意亦未反對

　　李氏在國府公佈召集行憲國大前決定競選監察院監察委員，並已獲當選。至於競選副總統，他曾於十月初親函蔣先生陳明意願，但未得覆，民卅七年一月初終於決定進行。

　　一月八日在一外籍記者招待會中，一位美聯社記者向他問及此事。他回答說，他確有此意圖，不過尚未徵得蔣先生的同意。這消息很快便哄傳海內外，各方的反響都極為友好。中外報紙且有作專論提出的。

　　一月十一日北京大學校長胡適博士寄給李氏一短箋說，他聽到他願作副總統候選人，甚為高興。因為競選正如運動員賽跑一樣，雖只一人第一，但要個個爭先，勝固可嘉，敗亦欣然。所以寫此短信，對他的決定表示敬佩和贊成。李氏即回胡適一信，希望他也本著「大家加入賽跑」的意義，來參加大總統競選，以提倡民主風氣。

一月十二日我在桂林接白崇禧氏由漢口函告說：「德公決意競選副總統事，最好得蔣先生同意後再來進行。」我和在桂同人都贊同白氏的意見。李氏曾託白崇禧、吳忠信兩位轉報蔣先生，希望蔣先生同意他的競選。蔣先生雖未表同意，但亦未有反對的表示，李氏遂在北平組織競選辦事處，公開展開競選活動。

各報登載參加競選副總統的，李氏之外，國民黨尚有于右任、程潛兩位；徐傅霖為民主社會黨所推出；莫德惠係以社會賢達參加。但自李氏三月十一日在北平發表競選演說後，國民黨孫科氏也參加競選，於是共有候選人六位。

李氏籌備已有眉目，三月廿二日由北平飛赴上海，在龍華機場降落。到場歡迎的，有上海市長吳國楨，各機關團體代表、中外記者等，人數很多，頗為熱鬧。下榻於勵志社。廿三日舉行記者招待會，到者數百人，李氏報告他決心競選的經過，以及將來輔佐中樞、促進民主政治的誠摯願望。上海是全國新聞業的中心，對國內外宣傳在此發動最為方便，李氏果然不虛此行，會後，中外報紙競相報導，傳遍全國。

八、吳稚暉發言居正打圓場

李氏在滬宣傳的工作做過了，廿三晚乘京滬快車赴南京，翌晨到達下關，各界歡迎，又是一番熱鬧。他住在大方巷，各方面的國大代表來訪，日夜不絕。東北代表眼看故鄉陷共，悲憤萬分，大家多寄望於李氏的當選，將來或有挽救，故情緒特為熱烈。

廿五日李氏謁見蔣先生，報告已決心競選，事先曾請白、吳兩位報告過，現在希望更有所指示。蔣先生表示：「選舉正副總統是民主政治的開端，黨內外人士都可以自由競選，他本人將一視同仁，沒有成見。」

大會如期於三月廿九日開幕後，蔣先生幾經研商，最後主張

正副總統候選人均由黨中央提名，四月三日夜先後召見李宗仁、程潛兩位勸他們放棄競選。李的答覆是，此事早經在半年前函呈表達競選意願，那時您如果不贊成我參加，我是可以不發動競選的，到了現在，好像唱戲的已在粉墨登場，而忽然中止，對觀眾將怎樣交待？所以很難從命了。程氏態度亦復和李一致。

四月四日國民黨第六屆中央執行委員臨時全體會議開會，在休息時洪蘭友忽邀李宗仁到某休息室謂有事相商。李入室，見于右任、居正、吳稚暉、程潛、吳忠信、張群、陳果夫、孫科、丁維汾各人在座，招呼坐下，大家默不作聲。過了一會，張群才起立說：「奉總裁囑，特請各位來此談話的。」接著他推吳稚暉說明原委。吳老先生略謂：「本黨一向是以黨治國，現雖準備實行憲政，但本黨自身要意志統一，才能團結。這是本黨內部的事，與實行憲政還政於民是兩回事，不可混為一談。故蔣先生認為本黨同志參加正副總統競選應尊重本黨意旨，由黨提名。這辦法確極公允，應該照辦的。」吳老先生又根據這原則演繹一篇大道理。張群恐吳老言多有失，乃又起立說：「總裁深恐由於這次競選引起黨內磨擦，為防患於未然，有意使總統和副總統候選人由黨提名。如得大家同意，我即過去報告總裁。」於是，吳忠信即徵詢孫科的意見。孫氏說他絕對服從總裁的意旨。吳氏又問李宗仁。李氏說這次選舉即是行憲的開端，倘仍由黨包辦，將何以向人民交待？一切應循憲法常規辦理，任何其他辦法，本人將反對到底。程潛也自動發言，表示和李的意見一樣。大家已無話說，居正起來打圓場說：「我看德鄰、頌雲兩位先生既不贊成這項辦法，那就請岳軍兄去回覆蔣先生罷。」才結束了這一幕劇。當天全會也正式決議：「副總統候選人不提名，由本黨同志在國民大會簽署競選。」

九、一四三八票李氏終當選

副總統候選人既不由黨提名，故四月六日黨中臨全會議第二次會決定總統候選人也不提名。結果由簽署推選人選出蔣先生與居正兩人為總統競選人，四月十九日投票選舉，結果蔣先生當選總統。

國大主席團四月二十日公告副總統候選人名單，共有六位。各位簽署推選人的數目，計：孫科五百餘最多，于右任也五百餘，李宗仁四百餘，程潛三百餘，莫德惠二百餘，徐傅霖一百餘。廿三日投票結果：李獲七五四票，孫獲五五九票，程獲五二二票，于獲四九三票，莫獲二十八票，徐獲二一四票，無人得票超過代表總額半數，依選舉法規定，得票較少的三人不能參加複選。廿四日第二次投票結果：李獲一一六三票，孫獲九四五票，程獲六一六票，名次依然不動，須依法作第三次投票。

經過了兩次投票，程潛旋即發表聲明放棄競選。又風聞擁程之國大代表將棄程選孫。當時黃紹竑為助李競選的幕中指揮，見勢不佳，乃主張李也放棄競選。李表同意，即發聲明。消息在廿五日報上一播，震動了代表們的情緒，當日大會竟開不成。孫科感到自己處境困難，也聲明放棄競選。三位副總統候選人都放棄了，大會豈不要流產？蔣先生曾召白崇禧令其勸說李宗仁，繼續競選，貫徹始終。白來相晤後，李表示不能私相授受，須由國大主席團出來轉圜才行。于斌主教得中央授意，代表國大代表團分別走勸李、孫、程三位勿放棄競選，使國民大會得以順利進行。因事前彼此有過默契，三位都不復拒絕。廿八日第三次投票，李得一一五六票，孫得一〇四〇票，程得五一五票，仍然無人得有法定的多數，應將得票較多的前兩名再由大會決選。廿九日第四次也是最後一次投票，依法以比較的多數當選，一票之差便決勝敗，故雙方都現緊張。結果是李得一四三八票，孫得一二九五票，李宗仁當選了副總統。

五月二十日蔣中正、李宗仁在南京國民大會堂同時宣誓分別就總統、副總統職。李就職後即向蔣總統簽呈請求辭去北平行轅主任。蔣先生照准後，李宗仁這才放下了一樁心事。

拾陸、李宗仁頭白，黃紹竑骨寒！
——當年兩封公開信，如今一夢隔人天！

　　自國府退保台澎後，中共望洋興歎，莫如之何。迨韓戰一起，美國第七艦隊趕來巡防台灣海峽，嗣與國府簽訂共同防衛協定，中共對台自知力難施，只從政治解決方面動念。它在華沙多年不斷與美會談，據傳主要即為台灣問題。此外，中共還經常使用兩項煽誘手段：一是由大陸電台向台灣和海外廣播；二是令大陸靠攏人士寫信給在台灣的親屬戚友交香港共方報紙刊布。關於後一項，黃紹竑生前即其中的一人。

　　一九五五年二月十二日香港《大公報》曾發表黃紹竑給李宗仁、白崇禧、黃旭初、李品仙、夏威、胡宗鐸等的信。當時白、李（品仙）、胡三位在台，不知曾否得閱？夏在香港，當可看到。我是時尚旅居日本，看過也就置之。只李宗仁氏在美國覆了黃紹竑一信，在是年五月十七日香港《中聲晚報》和五月十九日加州《世界日報》公開發表（兩報所載文字略有出入，但意思並無不同）。黃紹竑是否能看到此一覆信，則不得而知。

　　從這兩封信看，李黃兩人的思想和見解原是絕對地對立的。但十年後，李竟翻身轉走黃的老路，回到大陸。一般常說的老年頑固不易改變，而李的這種轉變，卻成了罕見的例外！

　　黃紹竑、李宗仁這兩位老友，從前在廣西時期也曾鬧過分離，但彼此長篇大論公開互相指責，則以一九五五年那兩封信為最尖銳，在當時看來，他兩人似乎沒法重行攜手了。因為兩信文字太長，而且黃紹竑信裏的宣傳濫調尤多，本篇為憶述此一舊事，爰將李黃兩信先摘錄數節如次。

一、黃紹竑勸降書

「李宗仁、白崇禧、黃旭初、李品仙、夏威、胡宗鐸各位舊友們並轉達與你們有關的舊友們：我與你們是四十多年的舊友，在過去的歷史上曾有過密切的關係。但由於時代的演變和進步，對於政治問題的認識上各有不同的見解，因而走上不同的道路，這是很自然的。五年以來（編按：當係指一九五一──五五），又在不同制度的社會裏生活，認識的距離更加大了，也是必然的。……但我仍願盡我所知的勸告你們不要再錯誤地跟隨×××走，更不要受美國的利用，應趕快退出黑暗的途徑，轉向光明的道路。……

現在你們行動上或內心上仍然是反×，但反×不就是等於革命。如果不認識中國革命的趨勢和主流，不接受它領導，反×不過是反革命集團內部的一種矛盾，而不是真正的革命。中國共產黨是革命的領導者，必須認識它的領導作用，接受它的領導，對於中國革命才能有所貢獻。

帝國主義者無時不利用反革命內部的矛盾以從中取利，中國的循環內戰，即它們在幕後所操縱。一九四九年春，當你們出面和談的時候，司徒雷登馬上向你們說，美政府願把美國的裝備直接交給你們繼續與人民解放軍對抗。你們受了司徒甜言蜜語影響，因而對於中國共產黨所提和平條款沒有接受。……」

二、總而言之，樣樣都「好」

「不久以前（編按：當係指一九五四年），英前首相艾德禮到中國訪問寫的第六篇文章裏說：『在我整個的旅途中，我從沒有碰到一個人是認為××黨能夠復辟的。』這給所謂反攻大陸以難堪的諷刺。……你們離開祖國五年多，且抱著主觀的反對態度，對祖國成

就定有懷疑，對問題會有誤解曲解，我提幾點談談：

一、某些人說中國人沒有自由，甚至說如我這樣的人都已喪失自由。這是極荒唐的胡說。中華人民共和國憲法已經公佈了，憲法裏對於公民自由的規定是何等廣泛而不受一些限制，是任何資本主義國家所不及的，我參加了五年多政府的工作，深自體驗到政府執行自己制定的法律是十分貫徹的。（編者按：如今看來，真不愧荒唐的胡說。）

二、現大陸上無論都市裏、農村裏，自然的面貌日漸改變了，人民的生活逐步提高了，以往那種無法無天、橫行霸道、欺騙敲詐以及淫奢糜爛的黑暗罪惡的舊現象已一去不復返了。（編者按：照黃氏所說，大陸之上早已「安居樂業、一片昇平」，懿歟盛哉！）

三、你們對中蘇友好互助的造謠誹謗，無異自打嘴巴。中山先生是最先認識蘇聯的，因而正確地主張聯俄，並號召國人要『以俄為師』，他認識到只有社會革命後的蘇聯，才能無私地援助中國的革命，才是平等待我的好朋友，他遺囑中所指示『以平等待我之民族』就是蘇聯。你們總還記得蘇俄是自動取消帝俄時代對中國不平等條約的。你們自命中山先生的信徒，反而違反中山先生的遺教，能不汗顏慚愧。（編者按：黃紹竑這番話，是在毛澤東「一面倒」時代所說的，如今重讀，每一句都該殺頭。）

……前面許多的話，都是我從實際生活中體驗所得的結論。我的思想變了，……你們與封建主義、官僚資本主義、帝國主義搞在一起，從任何觀點來看都是叛國反革命。你們應該擺脫這些關係，不為侵略者所利用，……只要你們棄暗投明，立功贖罪，人民是會諒解你們的。……

黃紹竑手書。」

三、李宗仁覆黃函

「北京黃紹竑先生並轉各民主黨派與無黨派的舊友先生們：二月十二日香港《大公報》刊載你致我們的一封信，我們在沒有詳細閱讀內容以前，似乎早就知道你要說的話了；及閱讀之後，果然不出我們所料；你因為被關在鐵幕裏面，只好不能不說那樣一番違心之論的道理。

我很很知道你及其他本黨出身的同志以及各民主黨派無黨派的民主人士當年之所以北上者，是為了毛澤東的『新民主主義』及『聯合政府』兩大諾言所誘惑。我們當初甚為駭異你們竟有這樣的信心與勇氣去會同毛澤東實現所謂『新民主主義』。以今天的實際情形看來，我們只有深致惋惜你們的『一失足成千古恨』，及無法克服毛澤東去履行其諾言之處境，惟有將錯就錯，追隨中共，替其文過飾非，作歪曲種種事實的宣傳工具。

你對我們說的『反×並不就等於革命』那一段話，是犯了『反×必附共，反共必附×』形式邏輯上的錯誤，我們不能承認這種說法於理論上與事實上是具有真理的。因為前提上你已先肯定了惟有中央才是革命，抹煞了一切黨派的革命性，這種道理是不能成立的。比方中共的林祖涵、董必武、吳玉章諸人，在國民黨容共之前追隨中山先生革命，推倒滿清政府，反對北洋軍閥，如果照你的說法，可解釋他們那個時期所進行的並非革命工作，只拿這一點道理同林、董、吳等檢討，他們也不能同意你的說法的。」

四、人民生活，憑何提「高」

「我們是篤信三民主義者，反對獨裁的法西斯與極權的共產黨，為的要實現自己所信仰的主義而奮鬥，既有自己本黨的立場，

絕無理由去接受共產黨的領導。希望你以及大陸上一切的朋友們明白這個真理。……

中共驅使千百萬中國人民去參加韓戰，不惜以中國作孤注一擲，與美國及聯合國為敵，致死傷枕藉。弄得民窮財盡，天災人禍不斷發生，遍地飢民，嗷嗷待哺，慘絕人寰。你猶曰人民已提高生活，不知何所據而云然？……站在中國全體人民利益立場而言，中國實無與美為敵之理。自中山先生提倡革命，推倒滿清，建立民國，反對北洋軍閥以來，嫉視中國國民黨革命運動者並非美國。二次世界大戰，美國與我並肩作戰，擊敗日本。大戰結束，希望中國成為獨立民主者也是美國。而你不知，能不慨歎！

政策是應付一時，非永久不變的。中山先生的聯俄政策，當日為實行國民革命、打倒北洋軍閥，當然要爭取朋友，然聯俄不是投俄。列寧的確對中國取消不平等條約，以平等誠意幫助中國革命，所以中山先生有『以俄為師』的話。但『師』是擇善而從，中山先生的真意決不會叫我們犧牲中國的利益去盲從蘇俄。毛澤東鼓吹一面倒以俄為師，這種媚外殘民的行為，信仰三民主義者以及『不自由毋寧死』的人士絕對認為不可的。違反中山先生遺教者不是我們，恐怕還是你們啊！」

五、過去快樂，現在不「樂」

「改造國家，不是一蹴即就。尤其是改造思想，實不簡單輕易。舉例來說，毛澤東抗日時期寫那首〈沁園春〉詞，充滿了封建意識、帝皇思想、英雄主義，絕不像一個民主鬥士的心聲，更不像馬克思主義的信徒。以毛澤東自命不凡的領導者，尚且脫離不了中國的文化傳統範疇，可見若是囫圇吞棗抄襲別國革命方式，硬要削足適履，只是徒苦人民。……

你信上提到艾德禮在文章裏曾說：『從沒碰到一個人是認為

××黨能夠復辟的。」現在告訴你另一外國人訪問大陸後的理論是『過去中國的城市不甚乾淨，過去中國政府行政效率不高；現在的城市頗乾淨了，現在的政府行政效率提高了。但過去中國的老百姓是快樂的，現在的老百姓不快樂了。』凡極權國家統治下的人民，只能做牛馬，等於奴工。大陸上的農民夜以繼日勞動的全部成果，都被共產黨人假國家的名義搶去作鞏固私人政權之用了。」

六、心照不宣，莫說「鬼」話

「廣東不是常時有人到香港嗎？他們一致說，農民百分之九十、工人百分之五十都痛恨中共的。人民生活痛苦之深，你們住在北京，因種種不便的關係，深居簡出，等於被隔離，對於農村的景況，是不敢過問，完全不清楚的，但可瞞不了我們在海外的人。據我們所知，中共上中層的統治者，騎在人民頭上，生活的享受糜爛，與蘇俄共產黨人的情形如出一轍。中共統治時間尚短，也許目前尚沒有多大私人外匯存在外國，日子稍久便難說了。共產黨號稱無產階級革命，真面目原來如此！馬克思地下有知，當為痛哭。

你說你並沒有喪失自由。照我所知，你天性是好動的，不能長期安頓在一個地方，五年來未聞你到過上海、香港，廣西是你自己的家鄉也未敢回去一看，由此可以證明你們一切民主人士絲毫無行動的自由。不只你們，即共產黨人又何曾有自由！你們在大陸的情形，海外人士是十分了解的，大家不妨心照不宣。今後如果再有信給我們，請你不必再用什麼『只要你們棄暗投明，立功贖罪，人民是會諒解你們的』一套言不由衷的無聊鬼話，朋友間何必矯情如是之甚耶？」

七、人權自由，領袖「專」有

「假定因時勢演變，毛澤東真有謀國誠意，愛護人民，擁護世界和平，如果你的下情又能夠上達的話，那時你不妨勸他：第一、要恢復他的人格，再不可一面倒。中華民族有五千年的歷史，那有一位自建朝代者肯對外國低首下心，三呼萬歲！第二、要勸其扯起竹幕，恢復人民的人權與自由。試問共產主義是什麼？是不是『你的即是我的，我的就是我自己的？』是否只有領袖有人權、有自由，人民沒有人權沒有自由？第三、要勸其召開一個真正的人民會議，修訂所謂共產憲法；實行自由選舉，不是現行的金字塔式選舉。第四、要勸其和睦友邦。須知中國科學落後，非埋頭五十年決趕不上西方，今處在原子時代，人海戰術已成過去，非率全中國人民向原子和平使用化方面努力，決不能趕上時代，更不能盲目稱雄。第五、勸其不必摧殘中國文化，焚燒古書，妄改歷史。須知共產主義現已落伍，唯有拿出孔子的大同主義才能標榜於世界；尊重王道，摒棄霸道，才能有益於人民。以上五者為救治中共的良藥，如毛澤東能聽你的話，不僅你可能將功贖罪，見諒於人民，即毛澤東過去六年的殘暴兇狠，或可得國人的寬恕。請你轉告在北京的民主人士，並三致意焉。不盡欲言，諸希珍重！── 弟李宗仁敬啟。」

八、思想突變，原因何在？

李宗仁氏堅決反極權的思想，後來竟然大起變化。曾有一位旅美舊友告訴我說：「一九五八年參加李德公的生日會，座客談及中國的將來，德公表示：人物有時期為限，我們屬於摧毀北洋軍閥與抵抗日本時期，對於建設未有貢獻。現為建設時期，我們不能做，

不妨讓人做，中國不建設即不能自強。已建設的事業，將來為國人所共有，共產黨不能帶走。在建設時期之後，將有另一時期，將有另一批人出來主持，共產黨亦將同樣受淘汰云。」

又一旅美做股票經紀的僑胞某君，一次返港與我晤談時說：「我在美住所正在李德公隔壁，朝晚相見，無話不談。欲測股票的漲跌，須能推斷政治情況的變化。德公好談政治並不做股票，而推測屢驗，故對中國將來的演變，自信觀察當不有誤云。」由此，可略知其思想變化的由來，或是根據實際的徵兆預測的結果。

李宗仁氏於一九五九年給我的信說：「人生七十古來稀，今天不知明天事，活得一年算一年。現在絕無回去故鄉動機。私心只望異日一旦呼吸停止，能將這幾塊白骨化灰，攜返祖國下土入葬，或使飛揚於中國海岸狂狼之中，於願已足。」

到一九六五年七月二十日他悄然到了北京，海內外新聞哄傳，事前我並不知，舊友紛來探問，莫悉其回大陸的原因何在？他不僅是思想改變，連行動也和黃紹竑合一了。

至於黃紹竑的思想以後有無變動，則不易得知，只聞其被扣上過右派帽子。前幾年曾有一舊友向我函述黃氏狀況說：「他不能忍受面斥鬥爭，放不下舊架子，曾兩次自尋短見，幸得遇救。……」在這種情景裏，思想總該有變，或只能藏在腦中。李宗仁回大陸時，黃紹竑曾親到機場迎接。據聞他倆住處相距不遠，步行不過五、六分鐘，時常往來晤敘，老友還是老友。十餘年前的那兩封信，也許彼此都不再提起。

九、無所事事，老而不死！

李宗仁氏初返大陸時，參觀了京郊、東北、遊北戴河，報紙上頗為熱鬧。又舉行中外記者招待會，留港之徐亮之兄（已故）原為李氏舊友，當時曾應邀北行。徐氏返港後訪我，據謂數與李宗仁氏

作深談。並出示李氏給我的短箋，箋上語句，除敘寒暄外，且謂明年（指一九六六）一月北地寒時，擬南下兩廣參觀，並在從化溫泉盤桓一個時期，深盼我偕夏煦蒼兄到從化小住，以便促膝款敘離情等語。

我當時曾問徐亮之道：「德公還談到我的什麼？」

徐答：「聽說旭初出門，他的夫人只給兩塊錢，何不借此來遊一個時期再回去。來時最好叫他勿帶夫人同行。」

我道：「這話編得真是有趣！不知他從何處聽來？」

徐答：「郭夫人（指郭德潔）才管得他厲害哩！一次，德公要請我上館子吃飯，不敢自己出面，囑程思遠說是思遠請的。」

我問：「德公此次回國，是自動抑被邀？」

徐答：「是被邀請回去的。德公曾向我說過如下的一段話：『在瑞士時，中共使者先對我說四不可和四可。四不可是：一不可對美國再存任何幻想；二不可插手台灣問題；三不可接見外國記者；四不可（這項徐兄記不起了）。四可是：一可回來；二可不回來；三可選住任何地方；四可再出來。我的答覆是只要一可：回祖國。』」

我問：「照你所談，德公回國的目的只為頤養天年了。」

徐答：「是的。季寬先生（指黃紹竑）曾談到你也該回去以娛晚景了。」

我道：「季寬夫人曾去過回來，卻始終不想再去呢！」

徐道：「陳劭先、翁文灝一班老友都將到八十歲了，個個都精神很好。」

我問：「是用什麼法子養得這樣好？」

徐答：「我也曾請教過他們，據他們答說，一樣事也不用想，樂得清閒自在，身體自然好了。」

十、中共做法，如玩魔術！

徐兄又談及當時大陸一般情形說：「作中共的客人最好，不花錢，招呼週到。作中共的朋友也好，客客氣氣，極有禮貌。但如果作中共的幹部卻叫人吃不消，一切都要以毛澤東的話為準，而毛過去說過的話又太多，有適於彼時而不適於此時的，引用難期適當；而且不斷檢討、批評、鬥爭，故不為吾人所喜。中共這一套做法，彷彿魔術家以小棒頂一盤子而旋舞，一刻不能休止，一旦休止，盤子便會跌碎。」

最後徐兄又指出：「中共以美國為資本主義的渠魁，他們以為只要打倒美國，世界革命便可成功。打法卻用從前在大陸以農村包圍城市的舊原則，亞、非、南美各落後國家有如農村，而美國正如城鎮，據他們說，只要各落後國家聯合對美，則美國必倒云云。」

一九六六年夏天，有友回鄉探親，曾經順訪李宗仁氏，李氏對其表示道：「因感中共的作為，和美對中國人的輕蔑，故決心返回祖國。絕無任何條件，絕非任何人所煽動。」李氏這幾句話，或屬實情。他返回大陸之次年春，參觀兩廣後，旋遭喪偶。近況未悉，只知尚未受到紅衛兵騷擾，間或仍有舊友訪談。

黃紹竑氏已經逝世，去年四月他在港的家屬舉行追悼，所有舊友都往致哀思。但死的月日至今未詳，大致是在紅衛兵出現之後。

拾柒、我與李宗仁先生

　　李宗仁先生一月三十日凌晨在北京逝世的消息，香港電台二月一日先行廣播，香港各報二日更遍予報導，靈耗突來，並非意外。他以七十八歲高齡，近年患上哮喘症，原不適宜於北方酷寒氣候，去年九月下旬剛由醫院出來，到十月八日又復入院，中經幾次險關，終告不起。曾共患難努力國事的戰友，繼白崇禧、黃紹竑兩位之後又弱一個。故舊凋零，知心日少，追念疇昔，殊難為懷，搦管縷述，聊抒感愴。

民國五十八年二月廿四日寫於九龍

一、少年同學

　　我和李宗仁先生結緣，是從民國元年在桂林廣西陸軍速成學校同學起。校前身是廣西陸軍小學，辛亥革命起後無形停頓，民國建立，乃將原有陸小學生加招一部分新生改組易名而成。李為陸小三期生，我是新招取錄的。全校生共百餘人，編為三隊，分步、砲兩科。李在第一隊，我在第三隊，都在步兵科。李的器械體操和騎術非常出色。民二夏間畢業，李即出而服務，我卻考入陸大，分道揚鑣，一別不覺十年。

二、戮力同袍

　　民十一年夏，廣西全境自治軍蜂起，成為群雄割據時代，李氏

率部駐在鬱林，被推為自治軍第二路總司令。是年冬間，他邀我入幕為參謀，這是我們共同奮鬥努力國事的開始。由是以致十四年，部隊名稱迭改為桂軍、廣西陸軍第一軍，李任總指揮、軍長，都以我為參謀長。先助黃紹竑取得梧州，以與廣州方面革命勢力密切聯繫，再和黃部合力，費三年工夫，經過肅清陸榮廷、沈鴻英腐舊勢力和驅逐雲南唐繼堯軍入侵各艱苦戰役，終於恢復了全省統一，樹立起新時代廣西的基礎。

李宗仁、黃紹竑將廣西歸依革命的廣州國民政府。十五年四月，國府將廣西陸軍第一、二兩軍併編為國民革命軍第七軍，任李宗仁為軍長，黃紹竑為黨代表。軍轄九旅，我被任為第四旅旅長。是年夏國府出師北伐，李率第七軍半數出征，黃率餘部在省維持後方。第四旅留省，我和李氏又暫分袂。李說服和援助湖南附義，造成革命軍勝利的始基；後在箬溪、德安、龍潭各戰役大捷，為國人所稱道。

三、敗困柳邕

十八年春發生武漢事變，李宗仁自滬、白崇禧自津先後脫險回省，在容縣小休，黃紹竑召集將領會議，我又得和李氏把晤。會中，大家因南京令黃將李、白拿解赴京，相逼太甚，一致憤而決定攻粵。李赴香港任對外聯絡，攻粵作戰由黃、白指揮，五月出師，在白泥敗績，全軍撤退回桂。是役我負傷，赴港就醫。寧方乘我敗，令湘、粵合武漢叛軍李明瑞部攻桂，黃、白不忍同室操戈，將部隊交呂煥炎、梁朝璣等與李明瑞妥協，七月初即相偕離省到港越。俞作柏、呂煥炎相繼受南京命主桂政，均不能服眾，各將領於是年冬派人歡迎李、黃、白回省主持。汪兆銘同時命張發奎率部由鄂經湘入桂合作攻粵，但又敗歸。十九年四月，我傷已癒，奉召回邕任教導第二師師長。那時閻錫山、馮玉祥、李宗仁幾位老集團軍

首領在北平另組中央對抗南京，李四月一日就第一方面軍總司令職，黃為副，白為前敵總指揮。五月李、白率大軍入湘，直指武漢，期與閻、馮會師中原；黃率兩教導師為後隊，出發稍遲，被粵軍先佔衡陽將我軍隔斷。李、白回師與黃合擊粵軍於五塘，不利，七月全軍撤到柳州整編。南京令滇出師襲我後方，已圍南寧；又令湘、粵兩方乘機追入，粵軍進佔梧州以至賓陽。李任我為第十五軍軍長，令乘隙入南寧城堅守。我受命即由柳入邕，由八月下旬將至雙十節，城中存糧將盡，官兵僅以黑豆充飢，李令白親統大軍冒險來援，十月十三日將滇軍擊潰逃回雲南，邕圍乃解，粵軍遂由賓陽退貴縣。這兩年廣西陷入逆境，大家吃盡苦頭。李、白間關幾難脫險；李、黃在港曾被驅逐；進攻粵湘每戰必敗；省境僅保桂柳色龍貧乏地區。而我個人也戰敗負傷，孤城困守。所幸李、白都能堅忍領導，志不稍搖，度過難關，重振旗鼓。只黃厭內戰，主張和平，離省而去。

四、使學為政

我少時只讀過《四書》、《五經》，入學校也不曾學過政治，更無行政經驗；僅出身農家，以及屢次剿辦土匪審訊匪俘，對民眾疾苦尚有所知而已。後來走上從政道路，實出於李總司令的命令和自己的大胆。廣西因軍事行動不息，已經年沒有省政府，只在第一方面軍總司令部內設政務處以處理省政。二十年三月十五日撤銷政務處，改設政務委員會，我被任為政治委員會主席，後來才知道此舉出自李的決意。四月，粵因反抗胡漢民先生被囚於南京而與桂言歸於好，反對南京的集合廣州成立國民政府西南政務委員會，任免粵桂兩省軍政高級人員。六月，撤銷政治委員會，廣州國府任命我為廣西省政府委員兼主席，這又是李氏的推薦，因他為西南政務委員會委員之一，參加最高政務會議。七月一日廣西省政府成立，我

從此離去軍隊而入政途,邊學邊做了十八年。

由二十年以至抗日戰爭前,兩廣形成半獨立狀態,軍政措施自由任意。李氏改任第四集團軍總司令,白崇禧為副;李費工夫在廣州方面很多,省內軍事委諸白氏。我們公餘,常到總司令部和李白兩位夜談,隨便閒話,由此覺得交換情報、溝通意見的重要,遂由總部、省府、省黨部、高等法院四個平行機關的首長及其高級幹部組成廣西黨政軍聯席談話會,每週集會一次。後來無形中成為全省的神經中樞,正式改名為廣西黨政軍聯席會議。凡較重要或關涉各方面的措施,都提出來報告或討論,多數同意後才由主管者發令施行,執行時遂免非議妨礙,而得合作互助。李氏如不因公離省,必定到會,自然發生領導作用。他做領袖的提倡實踐,在下的便風行草偃,政風樸實簡淨,政令貫徹鄉村,幹部朝氣蓬勃,人民安居樂業,抗日士氣昂揚,建設積極努力,為其初願之所不及。

五、抗日功高

抗日戰爭八年,李氏先任第五戰區司令長官,後調漢中行營主任,都在前方,而我卻在省內,彼此睽隔。二十七年四月,我到武漢出席中國國民黨臨時全國代表大會後,順赴徐州訪候他,正當台兒莊大戰前夕,白崇禧副參謀總長和我曾向他建議:「須注意功高震主,可將戰功推之於上下和友軍;軍事政治重任集於一身(時他兼任皖省主席),十分勞苦,應物色輔佐,以免過勞而期周密。」他表示接納。並對由省內來得同人講話:「抗戰絕對樂觀。蔣先生自南京西退時,曾在廬山召集幹部講話,謂此後對廣西應以嫡系看待,不必猜疑。故我們對中央,應竭誠愛戴。對任何方面亦不宜得罪,但我們的政治立場不宜自失。省內不急之務,不宜浪費人力物力。對黨務,事實上難以徹底整頓,應從行政方面著力。」我們辭歸,七日晚剛到漢口,而台兒莊大捷號外,已在紛飛,全市懸旗鳴

炮慶祝。

廿八年一月下旬國民黨五屆中全會在渝舉行，李氏由樊城、我由桂林飛往出席，廿三日在會聽到軍事報告中「各省徵兵出員，以廣西佔首位」的話，彼此都感快慰。九月間他因公到渝，致電話囑我節勞。他知我當參謀長時養成了對事務細大不捐的習慣，顧慮我會因小失大，故特警告。時適省府缺一委員，我順問他有何適當人選？他說：「我貢獻你一點意見，最好勿使委員分布的地域太集中，能在左右江、南寧一帶物色為好。」後來選補了曾其新先生，是左江和右江之間的靖西縣人。九月杪，他由渝請假返桂省母，因得小敘，他囑在省軍政幹部須注意動員民眾的方法，雙十節復經重慶返前方。

在廿九年整年中我未得和李氏把晤。他已移駐老河口。只通過三次長途電話，互道近情；往復幾次電報，商量事件。十月杪，佔領桂南十一個月的日寇撤往越北，我到南寧辦理收復地區事宜，接獲李氏十一月六日電云：「敵侵越後，弟即判斷其必棄邕寧以節約兵力，今果然矣。賊過之處，田舍為墟，百廢待舉，目前宜以恢復秩序，撫輯人民為首著，希督飭各專員、縣長趕速辦理。無知百姓曾受敵威脅利誘者，非有顯惡，務勿過事株連。」我覆電謂一切正依尊旨處理。

我為與中央商洽收復地區振款和農村貸款，於三十年一月下旬到渝，李氏也因公來到，盤桓一週，相談省內、前方情況。國民黨五屆九中全會十二月十五日在渝開幕，他和我前往出席。他向全會報告第五戰區作戰經過，博得熱烈的鼓掌。會後於廿七日同返桂林。卅一年一月三日我陪他赴柳州、南寧視察，八日回桂。十四日他丁母憂，三月六日才離桂返老河口。此次相聚時日不少，對高級幹部抱軍事、經濟、糧食等項悲觀論的，他力闢其謬，誠以自己奮力。我尤感激他指示我幾個缺點：作事緩慢；忙瑣細，忽大端；對事的好壞、人的良否常不直說，致幹部無從改正錯誤。十一月中旬

又同出席黨的五屆十中全會。自是以後兩年間只藉電話電報相聯絡。卅三年十二月我在成都割治腸病，他由渝給我電話，囑待完全康復後再工作，對省內事不宜著急。非常能體恤人。

六、吾謀不用

軍風紀巡察團主任石敬亭說：「第五戰區部隊最雜，而團結合作比任何戰區為好。」這由於李氏善於指揮雜牌部隊，人皆樂為效命，故第五戰區聲譽極佳。

不僅指揮，他對戰略也具卓見。卅四年五月國民黨第六次全國代表大會時他對我們談及：「敵的重點在北，我也應將重點放在北方，美軍應在上海、山東、遼東登陸，先蘇軍佔領平津和旅大，這樣，才能防阻蘇聯和中共。因此，浙、皖、豫、陝、綏的國軍應先裝備。」那時他已奉調為漢中行營主任。八月十日日本宣佈投降，他以長途電話和白副總長商定向蔣委員長建議：「當前政府的基本任務，在於迅速接收東北和華北，確切控制淪陷地區。為達到此目的，應責成日軍統帥岡村寧次通飭各地日軍暫駐原防，切實保護交通，嚴防破壞。同時應由華北前線的戰區儘速派遣部隊沿津浦、平漢兩線向前挺進，收復華北各省，進而安定東北全局。國軍到達的地方，首須地方政府收編游雜部隊，建立人民自衛武力，鞏固地方秩序，安輯流亡，務使點線以外的廣大地區，都在政府控制之下。一俟華北各省安全安定之後，再行接受日軍投降，收繳日軍武器，遣送日軍回國，完成受降程序。」假使此議被採施行，勝利後的全國局勢必將不同，可惜可惜！

七、塞翁失馬

抗戰勝利後，李氏調任北平行營主任，卅四年十月廿六日到

平。卅六年七月下旬我去南京參加田糧會議，李也由平來京，晤談之下，知他因華北局面日壞，有辦法而不能行，三月間曾來京請求辭職而不獲准，欲請短假赴美就醫也未允許。此次係蔣主席擬調其為東北行營主任，特召來京徵其同意，並擬調任後派白崇禧部長代理東北行營主任兩個月，以便李氏赴美就醫。但他們兩位都以照現在辦法做去，東北絕少挽回的希望，一致辭謝。

李氏在北平，經常邀集各大學教授開座談會，又能以和平辦法處理學潮，輿論對他很好。但他眼看著政治上的情形複雜，貪污腐化，無法改善。經濟上的法幣貶值，日瀉千里，這一根本問題不能解決，政治、軍事就無從談起。軍事上東北敗徵已見，全部淪陷只是時間問題。關內戰局也日趨惡化，華北平原泰半已入中共之手，並無鬥志的國軍所佔的僅係少數大城市，華北終將為東北之續已可預見。自己身為華北軍政最高長官，由於權力受到種種的限制，不能行使應有的職權，時局陷於不可收拾，卻非由於自己才力不濟，所以心情非常苦悶。

國民政府公佈召集行憲國民大會後，李氏決心競選副總統。當時我和白崇禧、黃紹竑都反對此舉。白謂除非得蔣先生同意，否則不宜進行，但探不到蔣的真意。黃且親赴平勸止他。但他以坐困北平，負責不能，辭職不准，唯一擺脫辦法，只有競選一途，勝則參加中央，倡導民主改革；敗則解甲歸田，息影林泉。抗戰勝利後的政治病因所在是眾所共知的，李氏競選結果是勝利了，他後半生的命運也從此決定了。

由於全國大勢的演變，李氏副總統的頭上，更被套上代總統的帽子，所嚐到的況味，比之北平行營主任更辣更苦。捱了十個月，累到潛伏的政治癌病和十二指腸夙疾交侵並發，三十八年十一月二十日離邕到港赴美就醫。我和他黯然握手，從此無緣再晤，竟成永別。

八、思想轉變

李氏到美割治腸病，痊癒頗速，但對外交活動仍受一種勢力所困擾，終無所成。

一九五八年四月，我在日本得他函告，謂美已准許永久居留，出去可再入境，決籌旅費秋間經歐遊日與兄促膝談心，並非企圖有所活動，人生活得一年算一年，與老朋友見面一次算一次耳。但七月函謂籌措旅費尚未成功，行期難定，將來再行約會。九月五日函謂哥倫比亞大學東方學院約他合作寫回憶錄，請我寄資料並貢獻意見。我將廣西綏靖公署編的《統一廣西》及《第七軍北伐戰史初稿》並其他資料數種寄去，並謂，將國民黨一代政局興衰的脈絡癥結，以公親身經歷的事實貫穿指點，只要不夾雜感情，自成信史，必將一紙風行。英文本經已完成，現存哥大。

我在日本一次和他通信中，遇然提及：「政治制度亦各有短長，近讀約翰根室的《蘇聯內幕》，據稱：『蘇聯有為民主國家所不及而應反省之點，並非如一般人所稱漆黑一團者。』昔人有言，政治應去其太甚。若共產制度能去其太甚，亦不始不可以造福人類。中共似尚無太甚之自覺也。」他讀了似大感興趣，覆信大發宏論。我回港後，知各友也接他近信，已一反從前的反共立場，同感詫異。一九六〇年春間，我曾函詢紐約一位朋友：「德公春秋愈高，思想亦愈前進，即青年幾望塵莫及。不知台端亦有此感，並悉其轉變由來否？」承那位朋友詳細答覆如下：

「德公自到美後至兩年前，態度思想並未改變。前年德公生日，前往道賀，閒談將來，德公忽謂人物有時期為限，我們屬於摧毀北洋軍閥以及抵抗日本時期，對於建設未有貢獻。現為建設時期，我們不能做，不妨讓別人去做。中國不建設不能自強，只要有人能建設，此為子孫後代造基礎。已經建設之事業，將來為國人所

有，共黨不能帶走。在建設時期之後，將有另一時期，將有另一批人出來主持，共黨亦將同樣受淘汰。

「我聞此議論，頗為驚奇。嗣後在電話上多次談及此事，始知其思想變更之原因，茲列述於後：

「一、二年以來，英、加、法、美新聞記者與工業科學人士前往大陸參觀後，均在報紙發表其所見所聞，一致對於工業發展之迅速表示驚異。一九四九年中國不能自製最普通之亞斯匹林藥片，而今日可造超聲浪之飛機。華北築堤蓄水，竟運泥成山以接連左右兩山，報紙雜誌紛紛登載照片。

「二、美國最著名之評論家Walter Lippmann比較中國印度，指出唯一不同之點，為中國有富於動力之全民運動，印度則無之。故中共於十年之內，生產力之強，可以接濟經濟落後國家，並可一度傾銷以打擊日本。而印度則需美援一百億元、十年之後、方能獨立。

「三、《紐約時報》社論謂，亞洲最驚人之進展，為共產中國軍事力量、經濟力量之迅速增漲。若此種不可思議的犧牲，以及斯巴達式之紀律，能再繼續十年，則一九七〇年前，中國將為世界上軍事力、經濟力、政治力最強國之一。

「四、最近美國中央情報局協同國務院與國防部向國會聯合經濟委員提一報告謂：中國工業生產每年增加百分之二十三（美國平均每年增加百分之三，蘇俄每年增加百分之八）。中國工業化最初時期，蘇俄借款四億三千萬美元，但自一九五五年起，中共開始還債，每年運往蘇俄貨物比從蘇俄輸入者為多，此不惟還經濟借款之債，且還軍事借款之債。

「五、前往大陸參觀之人回歐回美後，有同樣結論，中共政權之好壞是另一問題，但其基礎甚固，決難推翻。

「六、以前歐美人一般人對中國人懷輕視之念，中國人亦自覺微賤，今則對中國人談虎色變。雖其觀念並非敬慕而為恐怖，但中

國國際地位比前增高，在歐在美中國人不再遭受蔑視。

「七、中共若能自造原子武器，則情形將更加不同，其最要關頭為彼時中共採何政策？若以原子武力發動戰爭，則此十餘年之建設將歸烏有，人民早夕力作節衣縮食之犧牲，將付諸一空，不能享其成果。此即德公所謂建設時期之後，另一時期，應由另一批人出來主持。

「以上數點，可以說明德公之思想因何轉變，以及對於將來的看法。」

這位朋友所說，我相信是真實的。

九、勇探虎穴

一九六〇年十月，李夫人回港省親，帶來德公給我和夏煦蒼兄手書，書中首述他對我們的懷念；次言其夫人回港為省母；次言彼此對時局的展望的見解常有相左之處，但不至有損及私交的情誼；次言其對時事觀測，往往絲毫不爽，此無他秘訣，實出於站在客觀立場和不以自身利益為出發點而已。我們問知德公健康情形很好。又問德公與大陸舊友有無通訊或聯絡？李夫人說：沒有，他既不想再做官，自不需此，而且給美國知道，居留將會發生問題。

一九六五年六月他夫婦倆離美飛往瑞士，我們看七月十四日港報才知道。他到瑞士將屆匝月才給我來信說：「素有便秘、風濕等頑疾，加以年邁體衰，一日兩餐及室內清潔等工作，稍一操勞即氣喘如牛，辛苦異常。而內子德潔近年亦百病叢生，午夜彷徨，莫知所措，痛苦萬狀。曾與家人迭次磋商善後之策，一致同意將住宅出賣，暫到瑞士舍親處依附寄食，再打算作落葉歸根之計。」我即函覆，謂想望多年的旅遊計劃終告實現，可為喜慰；惜未經港，無由晤談，又不勝悵然。瑞士氣候宜人，又有親戚依附，不妨多作盤桓，更於尊體有益。但信尚未到而他飛大陸去了。

他這一驚人舉動，據事後所知，確是出於自感中共之有為，而決心歸去，絕無任何條件。他既到大陸，認為所走的路是對了。他有過信給我，並託朋友傳言（如參加北京記者招待會的徐亮之兄），勸我們勿徘徊十字街頭，宜及早回來「祖國」。我曾答覆他不能回去的原因：「一、年力已衰，不能再任何項工作，回去徒然消耗國家一份糧食，於心不安。二、十幾年來，習慣了放浪無拘任吃亂說的遊蕩生活，回去在嚴肅氣氛、紀律束縛、以及單調悶人的報刊播音之下，實在難耐此苦。三、妻極固執，堅不肯行，親屬也無一人願偕我往；她有老胃病，時在深夜猝發，只有我能照料，既非為赴前敵作戰，自不便棄之不顧；即使忍心孑然獨行，將來自己老病，亦徒累人。」我這些話，似稽卻屬事實。我作了這次回覆，不久紅衛兵鬧起來了，魚雁遂絕。本來我在學生時代，對於大同、共產一類理想世界，久已嚮往。現在中共能動員全國民眾力量一致從事生產建設，不使有一游手坐食的人，像這一類的措施，我絕不盲目一概反對，並且十分贊成，我的思想是很左的。但要在家人父子之間，互相監視鬥爭，我習染了幾十年的舊觀念抹刷不去，無法能住在那樣冷酷陰森的社會，所以我的行動又是極右的。李先生他只看中共好的方面，而絕不計較其壞的方面，昂然入去，這種勇氣我自問不如，只有佩服！

人生自古誰無死，身後是非誰管得，得遂天年，且正首邱，當已沒甚麼不了的心事。聞李氏在北京曾告友人，只願死後能把骨灰用飛機灑在台兒莊上空云。

拾捌、李宗仁晚年思想轉變的由來

——為了留存史實特刊露我與李氏往覆兩函

　　我十餘年前，曾旅居日本，一九五八年冬又復返九龍。在將離日本前，曾得李宗仁氏由美來函，在字裏行間，覺其思想路向似與已往漸有不同。到九龍後，親故友好不時聚談，大家都與我有同感。遂由我函詢李宗仁先生。旋接其覆函，承坦率見告：「個人有思想的自由，何能強同？」且覆函中又有：「此時絕無絲毫動機投入祖國懷抱裏」的話，當時也就暫時放心。今已事過情遷，為留存史實，特將當時我與李氏往覆兩函，公之於世。並將甘介侯與溫金華兩氏所言，併附篇末，藉供參考。

一九七〇年六月，於九龍

　　我詢問李宗仁氏是否改變主張的原函內容：

　　我於一九五九年六月五日郵函美國新潭西州李宗仁先生，原文如次：

　　德公尊鑒：缺候忽又數月，不自知何竟懶慢至此？前日薦兄出示尊函，承詢及鄙況，讀之益覺增慚。回港半年，對各方民主人士極少往還，固為避免無謂閒言，以為有何活動，亦以公之最近意向尚未蒙明確指示，對人談話多有不便也。同事同鄉時得晤敘，對公均極關切，此不盡由於歷史、鄉土之私，乃感於全國在林下者以公為頗具力量（此非阿其所好之言，否則一方對公之統戰工作，何以由香港做到美國？一方對公之舉動，何以無所不用其妨礙？），有出人民於水火之

希望，故曾有所建議，一本反極權、反獨裁之意旨，他們亦未敢必其切當也，陳其所見而已。公二月廿五日覆示曾及：「這些問題，無論同意與否，均不易用筆墨詳述理由使他們人人滿意心服，不如不覆。」旭經將此情轉達他們。尊函又云：「且對世界問題、對中共問題的看法與推測，亦具有相當距離，不應彼此強人苟同。」此誠民主之風度。不知所謂距離，可否稍為明白見示，以免笨魯之旭者胡亂猜測。倘以為時機未到，不宜公開；或惹人誤解，發生辯論，則旭決為嚴守秘密也。今所亟欲知者，為公歷來反極權同時反獨裁之主張，是否最近有所改變而另有更適切的主張之一點。港澳與內地經常有人往來，在新年及清明，店員、女傭及各種各色人等更是成千成萬回去探親掃墓，我們隨時得親自聽到他們回來敘述內地情形，之報刊，真確多矣；較之有政治立場人士轉述者，近於事實多矣。我們時常留意人民公社之演變。天氣溽暑，請祈珍衛！敬祝健康！

李宗仁氏覆我長函表示了許多意見與看法：

李宗仁先生即於一九五九年六月十五日覆我長函，情節較繁，我將其分段並加標點，以便閱讀，原文是連續不斷信筆草成的。茲錄之如下：

旭兄專鑒：接奉大示，恍如晤對，傾敘衷曲，愉快奚似！以寫述回憶忙碌之故，至無暇與兄時通存問，只有神情嚮往耳。回憶錄才寫完八桂統一，已有文字廿萬，初稿盡力校對，使與實況符合，頗感吃力不小耳。

承垂詢目下我的立場及意向何似？蓋與疇昔實無二致。惟念時勢比人強，而時代之車輪，又不停留而猛進，倘吾人在思想上和智識方面，稍一不體會與摸索，很容易歸於落伍

被淘汰之行列。過去一時叱咤風雲人物，如此結局者不勝枚舉，可為殷鑑……若仍期望國際戰爭爆發，不恤大陸下氫氣彈摧燬中共政權；或者希冀手無寸鐵之同胞，所謂實行反暴動，藉以推翻中共之統治，……其可能乎？……在事實上，此種想入非非之臆念，固屬不可能實現之幻想，抑且極為忍心不仁、愚昧無知的念頭。當匈牙利上下一德一心、如火如荼反俄反共大暴動之際，東德工人亦即蠢蠢欲動，步匈國之後塵。而西德總理阿登諾立即暗中敦勸，不宜輕舉妄動，以免遭受無謂之慘痛犧牲。以之視××及海外若干所謂民主人士，對這次西藏之亂，頓時幸災樂禍，歡騰若狂，極盡渲染之能事，自我陶醉，而前者之真知灼見仁慈如彼，後者則輕薄枉想忍心又如是，何嘗有霄壤之別！竊以我國邊疆少數民族之騷動，歷代以來何止十百次之多，未聞有漢族知識之士企求外力使擴大之，甚至脫離中國母體以獨立，即許有之，亦不過少數鄭孝胥之流頑固分子而已。故一昧意氣用事，××××，終必不自覺而蹈鄭孝胥等之覆轍而已，尚自視甚高，沾沾自喜，可憐實亦可悲也。

中共佔據大陸初期，為穩定其統治權力之基礎，三反五反，大開殺戒，以剷除所謂封建殘餘，手段毒辣，毋乃過甚？可供抨擊者實多。至於勒緊全體人民褲帶，從事瘋狂之改革及建設，××××××，使外國人士××××認為奇跡，甚至驚慌失措，以為黃禍將至；亦不應因立場一貫反共之故，而一味任意毀謗，如潑婦罵街，抹煞事實，……？如不贊成目前中共統治人民的手法，儘可消極表示不合作主義，度一世白華之生活，以終天年，未嘗不可。若認大勢已定，中共政權缺點雖多，×××××××，本葉落歸根之義，願投入祖國懷抱，亦未嘗不可。各有各人之志趣與自由，絕不可以己之不同強人之所同；甚至原為知交，一旦惡言相向，成

為寇讎，則大可不必矣。至於我，則主張年輕在外居住之中國人，回去賣力，貢獻國家。至老年之人，若文不從事寫作，武不能操作農工，只消耗糧食，佔據床位，是國家之累贅，回去與否，實無關宏旨，亦只好聽人自便罷了。

至於本人之志趣趨向又如何呢？我認為人到七十古來稀，今天不知明天事，活得一年算一年，此時絕無絲毫動機投入祖國懷抱裏。私衷希望倘異日呼吸一旦停止，能將這幾塊白骨化成灰燼，攜帶返祖國大地之上，下土入葬，或使之飛揚於中國海岸狂浪之中，於願已足。

生平在政治鬥爭漩渦中已受盡辛酸和磨折，況自壯年迄今，早視富貴榮華如浮雲。有人譽我較蔣、毛為易與，實愧不敢承。使我真能主宰中央政治權力，　顧亦不如人。此乃我有自知之明。並非出於故作謙虛詞令。理由極為簡單，因我生性之本質，過於溫和與妥協，並非對中國現階段對症下藥之良方。其次，自不能放棄一貫反共之立場，勢必牽連至對蘇聯的外交問題上。向蘇一面倒，固為眾人所反對，親近蘇聯七分，而西方國家則只三分，蘇政府自不放心。回憶昔年北伐統一之後，旋即爆發九一八事變，蓋日本恐懼中國由統一而富強耳。當時國際聯盟只派李頓調查團到東北作敷衍手段，實際上於我國毫無裨益，往事慘痛，事蹟彰彰可考。是則戰後強大之蘇聯，恐怕比較日本昔日之侵擾，何啻十倍？我人自存之不暇，何能談到安定建設之坦途？人們痛罵×××一面倒，甘為漢奸賣國賊。我則與之相反，認×××外交應用上最高而深刻成功之策略，……觀赫魯曉夫清算史太林時，臭罵史氏生時對毛政權連殖民地都不如，即已可見一班，並非妄自虛講也。

所謂統戰也者，我與一般人士之看法，亦有甚巨之距離。我人不可自視過高，中共對海外民主人士以至各階層之

同胞，有形無形中表示拉攏與懷柔，不無減少統治阻力之成份，此並非主要之原因，其目的在對中外人士示以民主專政主義之寬大，使相信其可以並存共存之主張，而諷刺××××之狹隘作風而已。

所云由香港而到美國向我進行統戰工作，此種港地街頭巷尾惡意話語，何足置信？坦白告訴一般朋友，除程思遠不告而去大陸訪問，回港來信說，任潮、季寬諸人希望，我何苦久住美國，為什麼不回來居住大陸？周恩來請他吃飯，曾提到和談時謂，德鄰何以肯做×的副手而不肯做×××的副主席呢？思遠他不知我的意向，竟公然代為設計如何的離開美國，取何途徑回到北京。並說，從前的朋友，居住和飲食都比××××時代好幾倍；以及各處建設之如何猛進等語。我即覆他的信，責備他的幼稚，亂作主張，貽人以口實，有損無益，誡他以後來信切勿提這些話語為要。除此之外，絕對無第二人敢向我統戰。如有所聞，願得悉一二，以助飯餘茶後之興趣。

拉雜陳詞，不成系統與章法。是否可交其他友好一閱，希為卓奪。專此，即候時祺！

甘介侯來信所述李氏變更思想之種種因由：

因對李宗仁先生的思想甚表關切，一九六〇年二月間我函致居留美國的甘介侯教授云：「德公年紀愈高，思想亦愈前進，即青年幾望塵莫及。不知台端亦有此感、並悉其轉變由來否？」旋承甘介侯氏覆函如次：

……德公自到美後至兩年前（指一九五八），態度思想未曾改變。前年德公生日，前往道賀，閒談將來。德公忽謂人物有時期為限。我們屬於摧毀北洋軍閥以及抵抗日本時

期，對於建設未有貢獻。現在為建設時期，我們不能做，不妨讓別人去做。中國不建設不能自強，只要有人能建設，此為子孫後代造基礎。已經建設之事業，將來為國人所有，共黨不能帶走。在建設時期之後，將有另一時期，亦將有另一批人出來主持，共亦將同樣受淘汰。侯聞此議論，頗為詫異。嗣後在電話上與德公多次談及此事，始知其變更思想之原因，茲列述於後：

一、二年以來，英國、加拿大、法國等新聞記者與工業、科學人士前往大陸參觀後，均在報紙發表其所見所聞，一致對於工業發展之迅速表示驚異。一九四九年，中國不能自製最普通之亞斯匹林藥片，而今可造超聲浪之飛機。華北築堤蓄水，竟運泥成山以接左右兩山，報紙雜誌紛紛登載照片。

二、美國最著名之評論家Walter Lippman比較中國、印度，指出唯一不同之點，為中國有富於動力之全民運動，印度則無之。故中共於十年之內，生產力之強，可以接濟落後國家；並可一度向外傾銷，以打擊日本。而印度則需美援一百萬萬元（包含以前所得），十年之後，方能經濟獨立。

三、《紐約時報》社論稱：亞洲最驚人之××，為中共大陸軍事力量、經濟力量之迅速增漲。若此種不可思議之犧牲，以及古代希臘斯巴達式之紀律，能再繼續十年，則一九七〇年前，中共將為世界上軍事力、經濟力、政治力最強國之一。

四、最近美國中央情報局協同國務院與國防部向國會聯合經濟委員會提一報告謂：中共工業生產每年增加……。中共工業化最初時期，蘇俄借款四萬萬三千萬美元；但自一九五五年起，中共開始還債，每年運往蘇俄貨物比從蘇俄輸入者為多；此一惟還經濟借款之債，且還軍事借款之債。

五、前往中共大陸參觀之人回歐回美後，有同樣結論：中共政權之好壞是另一問題，但其基礎甚固，××××。

六、以前歐美一般人對中國人懷輕視之念，中國人亦自覺微賤，今則對中國談虎色變。雖其觀念並非敬慕而為恐怖，但中國國際地位比前增高，在歐在美，中國人不再遭受蔑視。

七、中共若能自造原子武器，則情形更將不同。其最要關頭，為彼時中共採何政策？若以原子武力發動戰爭，則此十餘年之建設將歸烏有，人民早夕勞作節衣縮食之犧牲將付諸一空，不能享其成果。此即德公所謂建設之後另一時期，應由另一批人來主持。

以上數點，可以說明德公之思想因何轉變，以及其對於將來之看法。⋯⋯弟甘介侯啟。

附錄　溫金華君談片

此外，尚有一項資料，足助對李宗仁先生思想轉變的瞭解。一九六一年十二月，溫金華先生由美到香港省親，李先生特函介紹其和我晤談。溫說：「九歲離粵赴美，已入美藉。前數年開餐館，現做股票經紀。德公由紐約遷紐澤西後約半年，我亦遷寓其隔鄰，德公時常相談至深夜。業股票的必須經常意政治行情，德公也不斷留心世事的演變，彼此的目的不同，所欲分析、研究、推測的情事卻一致，故興趣極濃。他不好利，名心已盡，唯一希望中國強盛，要不擇手段來達到，⋯⋯！他深知美國政情複雜，並不誠心助人，×××現受美援，非常受氣，他往時不慊於×，今反而同情×了。美不能放棄××，否則東南亞將悉離心，但×××不願做美的傀儡，⋯⋯，甚悶。」以上為溫金華先生所談者。

第二輯　白崇禧

壹、白崇禧口中的「三自政策」！

——當年廣西埋頭建設的一篇珍貴歷史文獻

　　廣西自民國廿年起，在環境上已容許埋頭建設。迨至民廿三年三月廣西黨政軍聯席會議即鄭重通過了「廣西建設綱領」，並推行「三自政策」，以實現民族、民權、民生的三民主義，而達到建設廣西、復興中國的革命目標。

　　「三自政策」是甚麼？廣西建設領導者之一的白崇禧氏當年曾作過最透闢正確的敘述，現在把白氏所口述的一切，整理出來，仍不失為一篇珍貴的文獻！以下的文字，皆為白氏在卅餘年前親口所說的話：

　　我們訓練民團建設廣西的三大基本原是：自衛、自治和自給。為了大家便於記憶起見，所以給它一個統一的名詞，叫做「三自政策」。

　　三自政策所依據的是孫總理的全部遺教。要能自衛，民族才能自由；要能自治，民權才能實行；要能自給，民生才能優裕。總理所指示我們的政治、經濟、文化、軍事四大建設，也祇有推行三自政策才能實現、才能完成。所以我們可以說，三民主義是三自政策的理想，三自政策是三民主義的實行。

一、為甚麼要自衛？

　　自衛是一個法律上的名詞，就是自己被人侵害，取正當防護的意思。但這樣解釋是狹義的，是就個人方面說的。現在我們所說的

自衛是廣義的，是以國家、民族做單位的。

　　雖然在國際上現在有國際聯盟之類的所謂仲裁機關的組織，但要真正地靠它們去防制國際間的侵略，維護世界上的和平，卻是不可能的幻想。譬如歐戰（編按：指第一次世界大戰）之前，比利時原是一個中立國，但德國為了進攻法國的便利，竟強用四十二吋的口徑的大砲把比國打下來，這便可見帝國主義者的野心不是什麼仲裁條約所能束縛得住的！我們再看，中國在「九一八」事變之後，希望國聯幫助的結果又是怎樣？國聯調查團雖然把事變的真象向日內瓦報告了，可是日本卻悍然退出了國聯。還有，德國受不了凡爾賽和約的壓迫，向國聯要求軍備平等，取消戰債，因為國聯的答覆不十分圓滿，德國也是不顧一切地退了盟。這些事實，都可以證明一個現代的國家，一個現代的民族，是要有相當的自衛力量才能夠獨立生存的！

　　這些例子，在中國歷史上也是可以找得出的。古時夏禹會諸侯於塗山，執玉帛者萬國，可見當時的國家是很多的。到武王伐紂的時，尚有八百諸侯大會於孟津。到了春秋，就只剩數十國了。戰國時僅餘七國，而卒致為秦一國所兼併。秦以後雖已造成了統一的局面，但也還免不了朝代更迭，分合無常。這種兼併消長的史跡，都是能自衛者生存，不能自衛者滅亡的顯著事實。

　　再就種族來說，世界上有黃、白、黑、棕、紅等五大人種。黃種人大部分佈在亞洲，白人大都住在歐美，黑種人住在非洲，棕種人住在馬來群島，紅種人住在美洲。在交通未發達以前，這些不同的人種，都是相安無事的。但現在可不同，黑、紅、棕三種人現在還能存在的已經是很少很少了。黃種人以我們中國為最多，據最近調查是四億五千萬（編按：係指民國廿四年前後），但現在還是被人侵略；除了日本能獨立外，黃種人所居的亞洲也大都是殖民地和次殖民地。只有白種人是現在世界上最強的人種。世界人口，據孫總理當時的統計共有十五億，被壓迫的要佔十二億五千萬。同是人類，

同有根據地，何以白種人能夠強盛，棕黑紅種人就漸漸消滅呢？這全是能自衛與不能自衛的結果。最近（編按：亦係指民廿四年之際），意大利侵略非洲黑種人的阿比西尼亞，在報紙上宣傳說：「優秀民族征服野蠻民族是應盡的義務。」我們想想：這句話的公理在那裏？是非在那裏？現在的世界只有強權，沒有公理，要有武裝，才能夠講和平，公理的基礎是建築在強權之上的！一個民族要生存，沒有自衛就不行，就等於做夢。

本來，弱肉強食，優勝劣敗，是歷史法則上的必然現象。現在不妨縮小範圍來說：比如一家有三個孩子，老大總想欺老二，老二又想欺老三；遇著父親給點東西他們吃，等父親走開了，老大總是要搶老二、老三的東西；老二也不是不想多吃一點，只因力量不夠，搶不過老大罷了。同胞手足也要互相鬥爭，推而言之，人類差不多無處不表現其好勝的心理，無處不存心鬥爭。兒童的嬉戲，勝了就歡喜，敗了就憤怒，其他成人與成人更可想而知了。所以人類自有生以來，一切都是鬥爭，人類的歷史也就是一部鬥爭史。人類原是由人猿進化而來，多少還帶幾分獸性，所謂極樂之園，所謂大同之世，不知還要經過幾千萬年才能實現，現在只是空想罷了。我們既生在這鬥爭時代，必定要準備鬥爭的力量，才能夠生存。

我們要準備鬥爭的力量，不僅是訓練軍隊，並且要訓練民眾；不僅在軍事上要有準備，就是政治、經濟、文化，一切都要有準備。因為現代的戰爭，不僅是軍事的戰爭，而是國民的戰爭；不僅是武力的戰爭，而是國力的戰爭。所以我們在民國二十年軍政會議，便決定將全省的民眾組織起來，實行「寓兵於團」的政策；一面把全省的壯丁一律施以民團訓練，進而利用此民團組織以推進政治、經濟、文化諸建設；同時對各機關公務員及中等以上學校學生，也令其接受軍訓。現在我們已是更進一步實行徵兵了。

徵兵本來不是什麼稀奇的事，從前三代時寓兵於農，就是徵兵的制度。直到唐朝還有它的遺意，後來宋太祖改行募兵，才把徵

兵制度完全廢掉。結果弄到重文輕武，什麼禮讓為國，什麼好仔不當兵，一切亡國的謬論，支配著一般人的心理，以致演成今日的文弱。俗語說：「人善被人欺，馬善被人騎。」我們一味退讓，一味講禮，我退一寸，人就進一尺，那有不被人欺侮的呢？比如一個村落，如果沒有自衛的力量，土匪就要來搶，鄰村也會來欺。由小可以見大，一村如此，一省一國或一個民族又何嘗不是如此。

中國自鴉片戰爭後，外人知道我們沒有自衛的能力，便一步緊一步地來欺侮我們，這都是因為我們自己不爭氣不能自衛所招惹來的。我們看：日本在明治維新以前，也是常常被人欺侮的，後來他們刷新政治，發奮圖強，戰勝了中國，戰勝了俄羅斯，便一躍而為世界上的強國了。最近（編按：指「九一八」以後）奪去了我們的東北，退出了國聯，歐美列強雖有些不大願意，但也就莫可如何。

我們看到這一點，所以在民國二十年才決定創辦民團，以民團組織為民眾組織，以民團訓練為民眾訓練。到現在已有四年多了，從自衛方面說，已收到相當的效果。大家都知道，李明瑞回來擾亂廣西，被我們趕走；韋拔群盤據東鳳，又被我們消滅；廣西向稱多匪之區，從前牧牛的要背槍，種田的也要背槍，現在土匪已告肅清，不獨牧牛種田不要背槍，就是挑起銀子走路，也用不著要槍護送，治安比國內任何一省都要好。其次共匪蕭克西竄，我們只派六團人去打他，其餘都是興全灌的民團，竟能把他逐出省外，消滅他的主力。尤其是此次追勦朱毛，更足表現了我們自衛的力量。朱毛在江西，圍勦的軍隊前後過百萬，剿了七年勦不下來，此次經過廣西邊境，人數號稱十萬，我們只有十五團人，除分防各地外，實際作戰的只有十一團，其餘就是民團有十五個聯隊，約二萬多人，便能把他打破，俘虜七千多，打死三四千，潰散六七千，奪得步槍七八千枝，輕重機關槍五十多挺。共匪在宜章停了十一天，沒有人敢去打，經過廣西前後不過十七天，損失便如此之大！據俘匪供稱，他們自成立紅軍以來，都沒有受過這樣大的損失。這都是我們

自衛力量的表現。不過這些收穫還小，不算得是最後的成功，我們應該對外要恢復主權，對內消滅共匪，並且還要防範危害我們的惡勢力。

本來我們對內不願有戰事發生，內戰是極可恥的事情。但是不幸有惡勢力來侵犯我們，我們不能不出於正當的防衛。因為我們謀自衛，是想保障廣西的建設，以為復興中華民族的基礎。危害我們，就是危害我們的國家民族，這種危害國家民族的惡勢力，就是國家民族的公敵，人人都應該防範的。我們有了自衛力量，相信人家不敢來，來也沒有好處。近幾十年來，侵犯廣西的，有幾個得僥倖回去呢？以前民眾還沒有組織，尚表現了相當力量，現在有了組織，有了訓練，當然更有把握了。綜合上面所說，無論由個人以至國家民族，都是強凌弱、眾暴寡，沒有道理可說，可見天下無公理，有強權才有公理；世界無和平，要武才能和平。我們不能再受他人的愚惑，應該趕快團結廣西一千二百八十萬人的力量，保障我們的建設，負起復興中華民族的責任。

以上是就人類種種的鬥爭上來說明培養自衛能力的必要。聽了上面所說，大家就可明白我們所主張的自衛是以整個中華民族為立場的。所以自衛的意義，近一點說，固在於保障廣西的建設，使廣西一千二百八十萬同胞，都能夠安居樂業，不致受他人蹂躪；然而我們最後目的還在於保衛中華民族，使我們民族能夠恢復其固有的自由，能夠在優勝劣敗、弱肉強食的世界舞台上爭得一個生存發展的地位。不過我們要想達到這種自衛的最後目的，就先要我們大家對於自衛的要義有很清楚的認識。

第一、我們要認識先要內部團結互助，才能對外鬥爭，實行自衛。明朝亡給清朝，並不是滿清的人數多過我們漢族，也不是他的力量大過我們漢族，完全因為我們漢族內部不能團結，有洪承疇、吳三桂等漢奸幫助滿清，所以他們才能入關統治中國。又如八十年前的洪楊革命，洪秀全、楊秀清、石達開等帶了三千多廣西子弟出

去，打下湖南，打下武漢，一直打到南京，建立太平天國，眼見要推翻滿清，光復漢族的舊業。後來一方面因為曾國藩、李鴻章等漢人幫助滿清，一方面因為太平天國內部韋昌輝、楊秀清等人自相殘殺，不能團結，所以太平天國終歸滅亡。這就可以明白，我們要實行自衛，先要求內部精誠團結；如果內部有少數不肖分子，認賊作父，企圖破壞內部的團結，那麼，內部的大多數人還是要團結一致；一方面把那些少數敗類清除出去，一方面一致努力向我們共同的敵人鬥爭，絕不可受少數敗類的愚惑，而自己陷於土崩瓦解。我們現在如果能夠團結一村的人，由村而至鄉、區、縣，互相團結，更進而團結全省一千二百八十萬的同胞，再進而聯合各省，把中華民族四億五千萬的同胞都團結起來，那我們一定可以在世界上實行自衛，不受任何民族的欺凌。要之，保障廣西建設，復興中華民族，是我們自衛的目標；團結一村，實行互助，是我們自衛力量的基礎，這是大家要認識清楚的。

第二、我們要認識必要大多數人民能夠自覺和自動起來實行自衛，這才能發生偉大的力量，以達到自衛的目的。自衛的意思，就是要自己能夠拿出自己的力量來，以抵抗敵人對我的侵略而保衛本身；要拿出自己的力量，當然非能夠自覺和自動不可。譬如我們講求民族自衛，必先要大多數人民都具有民族意識，都有國家興亡、匹夫匹婦也有責任的覺悟，個個都自動起來，願為民族而奮鬥犧牲，這才能達到目的；我們居於領導民眾地位的智識分子，尤其要具有這種自覺和自動的精神。因為有了這種精神，知道本身所任的工作是本身應負的一種天職，這才能夠徹底去犧牲。有些參加革命工作的人，都抱了一種權利觀念而來，都想升官發財，所以往往弄到中途變節，這都是缺乏自覺和自動的精神所致。我們廣西民眾的民族性，本來都很強的；自從帝國主義向中國侵略後，中國過去對外都是打敗仗，只有中法安南之戰，中國打了勝仗，打敗了法國。那次打仗的是廣西子弟，其領袖如劉永福、蘇元春等，也都是廣西

人。又如太平天國，是一次很偉大的民族革命運動，主持這次運動的也多是廣西人。又從民國成立以來、討袁、護法、北伐、護黨救國、抗日、剿共、歷次革命戰爭，我們廣西子弟沒有那一次不是站在最前線的。這就可知廣西民眾很富於民族自覺，和自動為民族奮鬥的精神；我們要努力把這種精神發揮下去，決然擔任民族革命的先鋒，達到我們自衛政策的最後目的。

第三、我們要認識要達到自衛的目的，精神的力量較物質的力量更屬重要。我們可以說，物質未必能夠戰勝精神，而精神卻常常能夠戰勝物質。「九一八」日本進攻瀋陽的時候，張學良有二百多架飛機，還有許多新式的犀利槍砲，但是結果被本莊繁一師團人佔領了瀋陽，而把東北四省拿去；這不是沒有抵抗的物質，實在因為缺乏了自衛的精神，所以失敗。又如我們在統一廣西的時候，不過只有一千多枝爛槍，水機關槍也只得四挺，打得幾十響就卡殼，砲也才得兩門，結果我們卻肅清了強大過我們的一切惡勢力，達到統一廣西的目的。北伐之戰，護黨救國之戰，我們的物質沒有一次不遠劣於敵人，但結果我們還是得到偉大的成功。這都是精神戰勝物質的明證。所以我們不要以為我們物質缺乏，就不能擔負偉大的責任；只要我們具足革命精神，一方面內部能夠團結互助，一方面能夠自覺自動起來為民族奮鬥，那一定可以貫徹政策，復興中華民族。

二、為什麼要自治？

其次講到自治。自治是政治學上的名詞，照字義解釋，就是自己管理自己；但這裏所謂自治，是指地方自治而言。而所謂地方自治，大約有兩方面的涵義：一方面是說，地方人民有依照自己的需要來管理地方事情的權利，不過他們的措施不能與國家的需要衝突；另一方面是說，地方人民應各盡義務，各獻能力來辦理地方事

情，滿足公共需要。所以自治不是獨立，它是有一定的範圍的；就是地方政治團體受政府委託，在法律許可範圍內辦理地方一切事宜，叫做自治。同時，自治不是無為，也不是依賴；自治是要地方人民均能拿出力量來辦理各種公共的事業。這種意義，負有辦理自治責任的人，須要認識清楚。

總理《建國大綱》裏面規定以縣為自治單位。地方自治是民主政治的基礎，地方自治辦不好，民主政治便是一塊假招牌。中國民國成立了二十幾年，以前也曾頒佈了《自治法規》，各縣成立了縣參議會，結果《自治法規》等於具文，參議會也成了一般舉人秀才養老的機關。後來趙恒惕、陳炯明、唐繼堯一班人看見美國的聯邦自治辦得很好，主張聯省自治，鬧了一頓，也沒有成功。北伐完成後，一般人主張依照總理的建國程序施行訓政，教人民辦理自治，行使四權，實際上也沒有效果。二十幾年來，中華民國之所以仍舊是塊假招牌，就是因為大家不肯從下層做起。由此可見地方自治辦不好，民主政治是不能實現的。

至於我國的政治組織，也只是注重上層而不注重下層。中央政府主席之下，有五院十部，另外還有很多的會；省政府主席之下，也有民、財、教、建、四廳；縣政府縣長之下，還有各局或各科。縣以下在過去雖有團、局、保、董等名目，但都是些不負責任的東西，實際上是等於零。中央的命令到省，如果是屬於民政的，就由民政廳轉到縣，縣轉到團，團便不轉了。好的貼個佈告，不好的連佈告也不貼。我國的老百姓，有很多不識字，就是識字的也素來不問政府的事情，佈告貼出去，不特看不懂，並且沒有人看。所以政府的命令只是到縣為止，民眾沒有理會，結果不過大家「等因奉此」的敷衍一下就完了。

不獨政府的法令行不通，就是中央會議的決議案也是沒有實行的。我們看到那次會議不有很多的決議案，到底行了那幾件呢？所謂會而不議，議而不決，決而不行，實在是事實。中國政治之所以

如此，完全是因為一般執政的大政治家和講理論的大政論家，不顧事實，各人只顧把各人在中外學術機關所研討的書本裏那一套拿出來，卻不管它行不行得通。我是個軍人，說話不離本行，如袁世凱時代，看見德國戰勝法國，德國的操法是用左肩槍的，於是就學左肩槍；後來又看見日本打勝俄國，日本是用右肩槍的，於是改學右肩槍；歐戰初期，看見德國打勝仗，於是又學回左肩槍。不知德國日本之所以戰勝，自有他戰勝的原因，不在左肩槍與右肩槍，不去效法人家的精神，專去模仿人家的形式，學來學去，還是等於零。政治也是一樣，在日本留學回來的，就主張效法日本，在德國美國留學回來的，就主張效法德國美國；大家往上層走，把下層的地方自治看得不值錢；我雖不敢說凡留學生都是如此，其中也還有些好的，但多數是犯了這個毛病。

政治組織應該像寶塔一樣，越高級越小，越低級越大，現在卻把它倒置起來，頭重腳輕，時虞顛覆。所以中國政治，是官治不是民治；官治還好，其至是官而不治。像這樣做法，那得不越弄越糟！所以我們要實現民主政治，必須先從下層做起，把地方自治辦好才行。

地方自治應辦的事情：如警衛的養成、戶口的調查、土地的測量、道路的修築、電話的架設、學校的設立、森林的培植、水利的講求，都很重要。此外還要訓練民眾使其明瞭自治，能夠使用四權，一縣辦到了，就選舉縣長；一省有多數縣份辦到了，就聯合各縣選舉省長；全國有多數省份辦到了，就聯合各縣選舉省長；全國有多數省份辦到了，就聯合各省選舉大總統。要一層一層建築上去，真正的民主政治才能實現；我們要從小處做起，所謂欲行遠必自邇，欲登高必自卑，捨近而圖遠，當然是勞而無功的。

三、為什麼要自給？

再其次講到自給。自給是經濟學上的名詞，就是想滿足自己的需要，自己的生活，都要靠自己的生產來維持，不倚靠別人的意思。在十九世紀以前的政論家，對於經濟很少注意，談政治的都是以經濟為附屬。就我國來說，古來的學者多半是不講利的。如大政治家大教育家的孔子，便不講利，他教人的四科，只是德行、政事、言語、文學。他周遊列國，到處都是講道德、說仁義；子貢好貨，他就不喜歡；可見孔子是不注意經濟的。其次如號稱亞聖的孟子，也是一樣，他見梁惠王，左一句說「王何必曰利」，右一句說「亦有仁義而已矣」。他們所以如此主張，是因為當時中國地大物博，閉關自守，自給自足。而且中國當時的社會，是倫理的社會，他們哲學的基礎，都建築在倫理上面，所以不注意到經濟。

至於能夠注意到經濟的，第一個要算管子。他說：「倉廩實而後知禮儀，衣食足而後知榮辱。」他治齊國，一面作內政以寄軍令，一面官山為錢，煮海為鹽；齊國強盛，不專在政治的清明，實有賴於國家的富足。其次便是商鞅。商鞅治秦，廢井田、開阡陌，實行土地革命，強迫人民生產，使人盡其力，地盡其利；並令民有二男不分家者倍其賦，打破大家庭制度，使人能自食其力。所以秦雖僻處西陲，也能稱霸西戎，國勢富強。再其次便是宋朝王安石。王安石為相，行青苗、水利、均輸、免役、保馬、方田各法。雖因司馬光、文彥博等阻撓，沒有行得通，但這些都是富國強兵的方法，都是很值得稱道的。

我國近數十年來，都是處於入超的地位。以最近三年來說（編按：指民廿二、廿三、廿四年）平均每年入超總在七億元以上；最大宗的是糧食不足，前年購入外國糧食竟達二億七千萬元。單就廣東一省來說，每年要吃暹邏、西貢的米約九千萬元，廣東不過三千多萬人

口，平均每人每年竟買洋米至三元之多。各位不要以為中國地大物博，其實地雖大，物實在不博。因為生產技術落後，人口分佈不均，關外有二千二百萬方平里的土地，僅有人口四千多萬；關內僅有土地一千一百餘萬平方里，竟有人口四億三千萬；關外有很多荒地無人開發，關內又有很多人沒有工作。加以用人力生產，產量有限；交通不便，有些過剩的糧食，又無法運銷，所以中國號稱以農立國，糧食仍靠外人供給。其次衣也不夠，現在我們所穿的洋紗，還有些人穿的呢絨，都是外國的；前年棉花棉貨呢絨等輸入，就佔兩億元。此外如住屋所用的鐵筋土敏土，交通所用的汽車輪胎以及火油、器械、海產、罐頭、雜具等等，很多都是外國貨。拿近三年來說，平均每年外國貨輸入一共是十三億元，至於我國出口貨，平均每年只有六億元上下，所以出入相抵，每年要入超七億元，民安得不窮，財安得不盡呢？

再就廣西來說，也是不能自給的。據最近的統計，廣西的出口貨如油、米、木材、牲畜、藥材、鑛產等，民國廿一年總值不過二千九百多萬元；而同年入口貨如綿紗、棉布及各種紡織品要佔一千八百多萬元，煤油四百多萬元，食鹽五百萬元，此外如軍用品及各種雜貨也要一千多萬元，計入口貨共值四千六百多萬元，出入相抵，一年就入超一千七百多萬元。長此下去，是不得了的。所以我們一定要講求自給才行。

全國自給問題有中央負責，不是我們的力量所能負擔，可不必說。至於廣西的自給問題，是我們應當設法解決的，現在政府正在籌劃補救的方法。

關於衣的方面，政府已派農林局長到靖西、都安數縣考查。據所得的報告，靖西可產很好的棉花，都安也是一樣。政府得到這種報告，已決定撥款數十萬元，購買棉種給這兩縣的農民種植，如種出了棉花，我們雖然一時沒有大規模的機器紡織廠，但已可用手工紡織機來紡織成布了。有些人仍憂我們的手工生產不能抵抗人家的

機器生產，但是這個問題我已有了辦法，我們把各地統稅局裁撤之後，特設了餉捐局。餉捐局是專為抵制外貨而設的，可說是一種變形的施行關稅保護政策的東西。

我們有了棉花之後，再把洋紗的關稅提高，這種提高的關稅，洋商徵取，但我們向本省的商人徵收，誰也不能干涉我們。本省的商人因負擔關稅過重，成本太高，銷售不下，自然不去再買，洋紗便不能入口了。這種辦法，在別省或者難行，在廣西是辦得到的。各位試到市面上看看，三砲台、大砲台等香菸以及拔蘭地、白葡萄等洋酒還有多少呢？這些東西為什麼減少？就是我們設立餉捐局、提高關稅的結果。所以這種顧慮，在廣西實已不成問題。

食的方面，廣西產米很多，每年除供給本省外，還有餘米運銷廣東肇慶一帶。廣東需米很多，我們因為交通不便，不能大量供給。現正在研究準備成立農村食庫網，在交通要地設立農村倉庫，一方面溝通交通，一方面獎勵生產，把各縣的剩餘食米運到食庫，由政府發給一種倉庫券；倉庫的米積得多了，便輸出省外去銷售。同時並設立農民銀行，有倉庫券的隨時可以換取現金。如此辦法，則糧食可以集中，金融可以活動，農民可以增加生產，免除高利貸。同時食庫有了儲蓄，水旱天災可以無憂，萬一第二次世界大戰發生，我們也可以有持久的糧食。所以食是不成問題的。只食鹽一項，本省沒有出產，不能不望別項出產來抵銷。聽說博白有條河是岑西林（按：岑春煊）奏准允許廣西開出海口的，如果有了海口，那也就有了辦法。

至於煤油，我們已在右江那坡地方發現了煤油礦，大約每噸礦泥可煉出二十加侖煤油。現在政府已購買小探礦機去探測，如果成效好的，不獨可以供給廣西，還可以銷售鄰省。不過在未開源之先，我們應採節流的辦法，必須用煤油的地方才用煤油，如果可用別種燃料代替的，就用代替品，以塞漏卮。比如汽車、輪船可用木炭來開駛的，就應用木炭，也可以節省入超。

此外廣西的牲畜也很有希望，在過去每年出口約值一百五十萬元，現在政府已設家畜保育所，專門製造血清；又設獸醫養成所，訓練獸醫人才；將來牲畜的死亡可以減少，出口一定增加。據獸醫專家羅鐸博士說，他初到菲律賓時，菲島只有牛、馬三百五十萬頭，七年之後，居然增至七百萬頭。廣西現有牛一百二十五萬頭，我們以十年增加一倍計，每年也要增加十二萬五千頭，每頭以五十元計，便可增加六百萬元了。

其次造林也極有希望。廣西到處都是童山荒嶺，無論種大葉按或桐、茶、果樹都很相宜；廣西有二百四十萬壯丁，以每人一年種十株計算，十年便有二萬四千萬株，每株植洋五角，就有一萬二千萬元。

還有各地的礦產，已有很多華僑投資，去年的產量已比前年增加了三倍，將來逐漸開發，出產當然更多。至於軍事工業、普通工業及商業等，只要有了資本，是不難使之能夠自給的。

以上所說，不是我們自己安慰自己，實在是一種事實，我們果能做到人盡其力，地盡其利，相信三五年後，可以希望出入相抵；十年二十年後，並且可以出超。大家不要以為廣西窮，據我看來，廣西是不會終於窮的。

貳、白崇禧北伐時期遺事彙記

　　秋雨中假日訪老友N醫生閒話。他當國民革命軍北伐期間，在白崇禧將軍屬下的後方醫院任軍醫，談及白氏在龍潭戰役、會師京津、肅清關內各時期的往事，歷歷有如昨日。他並說：有些小節，常隨白將軍左右的黃紹立（名瑞華，桂林人）也許所知更為詳細，見面時不妨與談，以資印證。數日後我得機會和紹立兄晤敘，他果然補充不少。個中情節，有為我前所未聞的，史料難得，因彙記而刊布之，以備治史者零拾。

一、龍潭戰役時期

　　龍潭大戰，是民國十六年八月孫傳芳乘國民黨內訌、蔣氏下野、唐生智與孫傳芳勾結夾攻南京、孫認為是他恢復江南地盤的難得良機而發動的。孫軍分兩路南下，八月十七日津浦路的已到浦口，運河線的已過寶應。革命軍方面蔣總司令下野後全軍無主，國民政府軍事委員會乃通電：在蔣總司令未回任前，軍政、軍令由本會負責處理，各部隊仍隸本會統一指揮。軍委會七個常務委員，當時只有何應欽、李宗仁、楊樹莊、李鳴鐘、白崇禧五人在南京主持。八月十九日下午二時軍委會下令海陸軍作捍衛首都的部署：海軍總司令楊樹莊指揮第一、第二、練習艦隊，以主力任南京、江陰間的警戒，一部游弋長江中上游。陸軍由何應欽、白崇禧、李宗仁仍以第一、第二、第三路軍總指揮名義，分任指揮各軍沿著長江南岸防守，待寧漢合作成功，再圖北伐。八月廿一日李宗仁被推代表寧方赴廬山與漢方領袖磋商合作，白崇禧旋往上海向金融界籌借軍

餉。李宗仁廿三晚偕譚延闓、孫科離九江返南京，廿四日經兔耳磯，遇孫軍在此渡江，當即將其擊潰；但已有一部分敵船流到南岸，李一到京，立刻以電話令胡宗鐸部趕速派隊前往搜剿。李判斷孫軍主力必將在下游渡江，又命令第七軍副軍長夏威將現駐南京近郊總預備隊八個團，迅速東調到烏龍山後方集結，準備應援守軍。廿五日胡部報告，兔耳磯渡江敵軍已被肅清，繳獲槍數百枝，嗣後並無敵軍企圖續渡。李證實了孫軍在上游為佯渡，意在吸引我主力往上游。當夜，敵果然在烏龍山腳以東南渡登岸，襲佔我第一軍所守烏龍山和棲霞山防地，經夏威親督第七軍苦戰奪回，交還第一軍防守。其後兩日間，第一軍復失棲霞山兩次，均由第七軍替他奪回，最後一次不再還給第一軍，李令由第七軍自守，這是廿八日的事。

龍潭車站和烏龍山同時於廿六日晨失守的，得白崇禧從東面派隊奪回。白氏前曾駐滬，和一些鉅商如虞洽卿等薄有往還。惟此時革命軍從津浦路上和蘇北運河流域敗退不久，孫傳芳向京滬人民團體揚言將在上海歡度中秋（陽曆九月十日）；上海的旅館住客中，又發現有孫傳芳預先委定的省市政府人員和縣知事；商民聞訊，將信將疑。故白此次到滬籌款，各金融鉅子都託詞推諉，一連兩日尚無結果。白原定廿五日下午四時專車返京，終因和商界集商未完，不能成行。上海北站有煤車一列，原定待白氏專車西開時隨行，現白既不能及時離滬，於是站長令煤車先發，這是廿五日午夜前的事。煤車開後約一小時，白氏專車也離滬。不料那煤車剛過鎮江便出軌，車翻人傷，因路軌已被孫傳芳的便衣隊所破壞。同時南京、鎮江間的電訊也中斷，渡江的孫軍已於廿六日清晨三時佔領龍潭車站，京滬交通全斷，鎮江附近也發現敵人。白氏得報，即停止前進，在無錫下車，命令駐京滬路東段的第一軍第十四師師長衛立煌就近率部向龍潭反攻。衛師趕往收復了龍潭車站。惟敵仍據守江邊，掩護大軍陸續度江向我反攻，我軍漸有不支之勢。白氏接報，

乃由無錫趕往鎮江坐鎮。當蔣總司令下野時，京滬曾發生「李白逼宮」的無稽謠言，一軍或對第七軍有所疑懼，故將精銳各師開往滬杭一帶，遠離南京。現蔣先生仍在上海，白氏乃託上海市長張定璠面請其下令滬杭第一軍各師聽調赴援。蔣即寫條子令第一軍受白指揮。各師也遵從白氏命令馳往。但援軍尚未到達，龍潭於廿八夜復陷敵手。

此時情況非常緊張，何應欽已收拾行李準備由南京撤向杭州。幸廿九日清晨，李宗仁一時心血來潮，親訪何氏，見此情形，力為勸止。於是兩位同到軍委會與李烈鈞等商討反攻大計。適在此時白自鎮江發來無線電，約東西夾擊孫軍於龍潭。遂以軍委會名義電白，約定三十日反攻。廿九日京鎮雙方積極準備，三十日血戰，將孫軍全線打垮，卅一日全部肅清。這是此役經過的概要。

此役陸軍有極精彩的表演，海軍方面卻不同。海軍是受軍委會令警戒長江的，但孫軍卻源源渡過，初未受阻。白崇禧到鎮江後，即以此責問海軍。在鎮江江面艦上的海軍第二艦隊司令陳紹寬來向白氏解釋，說是有外國兵艦也在附近，開起火來，恐會波及，將惹糾紛。實際上孫軍船隻確是在英艦中間穿梭往來，帝國主義者無異明目張胆掩護幫助革命軍的敵人。海軍或許感到革命軍內部鬥爭不穩，孫軍聲勢很盛，而抱騎牆觀望的態度，所以把軍委會給與的任務擱置起來。陳紹寬受了白氏的督責，面允回艦召集會議商討。白派其第二路軍政治部主任潘宜之同到艦上一看實際情形。並告陳道：「海軍任由敵軍過江，所有部隊對海軍都非常憤恨，現在你們穿了海軍的制服經過部隊的地方，難保不惹出事故，我派隊送你們回去罷。」即命衛士總隊長黃瑞華派一能幹官員率兵一排同去。黃派他的總隊副陸汝濤領隊。陸係黃埔軍校生，廣西容縣人，渾號陸猛子，向來敢作敢為。原來這是白氏預定的一套秘密計劃。潘和陸到了艦上，看見我艦共有三艘；不遠的上游和下游，各泊英艦兩艘，孫軍船隻經過英艦近旁來往。陸猛子看了一看，示意士兵開手

提機關鎗向孫軍船隻掃射，惹起孫軍還擊，海軍各艦被擊，起而自衛，不待艦長下令，已卸去砲衣和孫軍對敵了。這時候，上游和下游的英艦都自行離去。潘、陸的任務圓滿達成，結果孫軍乃遭全部覆滅。

會戰勝利結束時，白氏在鎮江大宴賓客，大家都說：總指揮幾天幾夜不曾睡覺，該好好地休息了。但他在當夜即趕往南京，因鐵路破壞了，是坐汽車去的。

財政部長宋子文同乘白氏專車由上海到鎮江，住了兩天，見尚無法打通回京道路，又回去上海等待。尚有胡宗鐸也同車，他原任第十五軍副軍長，此次調到南京，李總指揮已將第十五軍改編為第十九軍，升胡為十九軍長，胡請李撥第七軍精銳一部分編入十九軍。李表示可以，但待先與夏煦蒼一說。胡誤會李為藉詞推擋，竟怒而攜眷赴滬。這次是李囑白到滬順便勸胡回來的。在鎮江數天，白幾無片刻可以安心休息，而胡卻能酣然大睡，曾為白所責。

二、會師京津時期

蔣先生受到海陸軍各將領推崇，於十七年一月九日通電繼續行使國民革命軍總司令職權。一月十八日中央政治會議決議：特任蔣中正為國民革命軍北伐全軍總司令。他遂統籌北伐。首先編組部隊：將其第一路軍改為第一集團軍，馮玉祥的國民軍聯軍改編為第二集團軍，閻錫山的北方革命軍改編為第三集團軍，李宗仁的第三路軍和兩湖原有部隊改編為第四集團軍；由軍事委員會任命蔣中正、馮玉祥、閻錫山、李宗仁為第一、二、三、四集團軍總司令，白崇禧為第四集團軍前敵總指揮。次為戰略部署：以第一集團軍沿津浦路北進，直薄天津；第二集團軍任津浦路以西、京漢路以東地區的攻擊，右與一集、左與四集聯絡；第四集團軍循京漢路向正定、望都集中，直搗保定、北京；第三集團軍由山西東出截斷京漢

路，北上與四集會師北京。

各軍按照既定戰略於四月中旬發動攻勢。第一集團軍於五月二日克復濟南，被日軍圍攻，造成「五三」慘案，我軍忍辱退讓，繞道魯西北進。後來京津克復，白崇禧在北京，一次，有位日本記者問他對濟南事件的看法如何？白氏答道：假使當時遇著我，定把日軍圍起來繳械。日本記者對人表示：中國軍官這樣說的，只有白崇禧一人。當時天津的《益世報》曾刊載此事。

第二集團軍擔任地區並無強敵，本可速進，但馮玉祥卻稽延不前，且撤回博野、安國一帶的部隊，僅留少數騎兵警戒前線地區。那時第四集團軍因車少路壞，運輸費時，尚遠在豫南，奉軍得乘機集中重兵對第三集團軍猛擊，欲先破閻部以遂其各個擊破革命軍的企圖。當時報章議論，以為馮玉祥有意假日敵人以報閻錫山的舊怨。

第四集團軍由白崇禧統率北上，前鋒葉琪第十二軍五月廿七日到正定。閻錫山因定縣危急，向白乞援。白令葉部馳援。奉軍以大勢不利，三十日放棄保定，並下令前線總退卻。閻部卅一日收復保定。張作霖六月三日離北京回奉，四日在皇姑屯被日人炸死，張學良在北京聞報，急令部隊退往灤洲陸續出關，他本人也即返東北。革命軍隊和平接收京津。六月十一日閻錫山、白崇禧聯袂由保定入京。

六月二十日中央將直隸省改稱河北省，北京改稱北平。馮部在此，中央只任何其鞏為北平市長，河北省和天津市政府悉屬閻部，馮氏頗感怨望。白崇禧在北平公眾集會中一次講話，謂我們北伐是為革命，不是為權利，便針對馮閻間情形而發。白曾以他前敵總指揮部副官處長朱華（保定軍校生，浙江人）為京奉鐵路局長，這出於朱的請求。但此職閻錫山先派了人，因此引起閻的不快。

三、肅清關內時期

張學良撤退奉軍出關後，不久，宣告停止軍事，休養生息，又遣使表示願服從國民政府。但直魯軍張宗昌、褚玉璞尚率部數萬盤據津東，白崇禧受命指揮第一、二、三、四集團軍各一部前往肅清。七月杪，白正在集中部隊，卻接張學良來電：請假以三星期時日，以便勸令張、褚二人自動解除兵柄，所部由奉軍收束改編，倘不聽命，再請協力解決。

白以能不用兵而解決，當然最好，覆電請張學良於最短期間收束完竣。但張、褚初無誠意，三星期已過，奉方對他們無法收束。白得情報，張、褚得日本方面接濟補充，正積極準備反攻，遂下令進剿。白將出發督師，先訪駐在北平的英、美、法、日、意、荷各國公使，請各國駐在津東各處的軍隊務守中立；並請各派武官前往觀戰，看看我們革命軍的紀律是否良好？各公使表示好意。到天津時，白再訪各國領事請其諒解。戰事由九月八日在豐潤開始，敵無法抵禦，迭次敗退，渡過灤河以東。十九日奉軍和革命軍從東西夾擊，敵勢已窮，紛紛向奉軍和革命軍投降，達二萬人之多。褚玉璞、張宗昌先後逃去。

白氏以直魯軍野性難馴，乃電商奉軍，雙方同時將其分別繳械。因人數太多，決定以改編分駐為名，令上火車，然後動手。但難題來了，京奉鐵路的車輛被奉軍六月間撤退時大量乘用出關，有去無回，現在堆滿在奉天，以致平津方面大感缺乏，一時無法得到如許數目。有人報告，附近開灤礦務局很多此項車輛，白氏立即商請英國駐華公使藍浦森借用，但被他堅決拒絕。總指揮部交通處長黃鐸主張強制借用，白即採納，由黃執行。九月廿三日，派車九列，令降軍由灤州、坨子頭車站上車，革命軍預先在灤州、雷莊、古冶、開平、胥各莊各處佈置，同時繳械，只開平發生抵抗劇戰，

擊斃千餘人，全告解決，直魯軍至此完全消滅，北伐戰事於是結束。事後，白氏回到北平和藍浦森公使會晤，表示當日不得不強制借車原因，並說那批車輛有些被打損壞，願賠償修復。藍浦森道：您這樣做的方法很好，但不必賠償修理了。

N醫生也得參加此役工作。他由平出發時，搭火車到通州後，循京榆大道東行，從豐潤縣轉往唐山。曾再回北平將一批輸送兵組成擔架隊率領到前方。當圍繳火車上降軍武器發生劇戰時，擔架隊曾收容傷兵六七百人。

北伐即告完成，蔣主席派陳銘樞北上勞問白崇禧。並告以個人前途有三：一、政府派遣出洋考察；二、到中央任職；三、統兵赴西北鞏固邊防；請白氏自擇其一。不知白氏是否惟恐髀肉復生，表示願採第三項。但蔣先生未再具體指示。

參、憶述蔣先生心目中之白崇禧

　　白崇禧為國宣勞達五十年，生平言行自多可紀。傳聞在台灣時高級將官曾奉令撰呈各自親歷的戰紀，此或為編輯戰史準備豐富精確的資料之故；並云白崇禧所撰的戰紀，呈閱後獲批一個「好」字，未知確否？

　　數年前，白氏曾託人傳言告我，謂已著手草擬白傳，將來印就，當以一份奉贈。自傳的範圍，自應涉及整個生活，必有許多難解罕聞的事令人讀後得以釋然的，故日日盼望得供快睹。但直至他逝世之日，此事全無消息，使我非常悵惘！他自信體健，不急急從事於此，終成遺恨。

　　我這患難好友，辭塵忽又數月，感逝憶往，不能遣懷。偶然想起舊聞數則，其中恐有他寫自傳時取捨亦費斟酌的，既饒趣味，為免湮沒，故拾記於此。

一、說做便做分發戰利品

　　民國十五年夏天，國民革命軍發動北伐，於是年十一月六日克復江西省會南昌，孫傳芳先已由九江逃回南京，其自南昌退出的殘部，繞出進賢、餘江向浙江潰走。蔣總司令命參謀長白崇禧率兵追擊。白氏七日追到馬口，適內河水漲，孫軍無法飛渡，自軍長楊賡和、梁鴻恩以下官兵三萬餘人悉數被俘，繳獲步槍三萬餘枝，其他器械不計其數。其項戰利品運返牛行車站，堆積如山，蔣總司令和朱培德、程潛、李宗仁、魯滌平各軍長都親往察看，大家非常欣慰。白崇禧因為第一、二、三、六軍損失很大，故面請蔣總司令將

此項戰利品酌量分發一部給各該軍補充。蔣司令未置可否，白氏誤以總司令已默許，遂通知各軍前來領取。各軍將士聞訊，無不歡天喜地，手舞足蹈。但總司令以本人並未默許，遽爾分發，似不以白崇禧專命為然，然事已至此，只好任各軍分別領去。其實，在一般情況下，參謀長為總司令作此處分，原是極順理成章的事。白氏心本大公無私，他只顧忠於職守，應說即說，應做即做，卻未想到總司令的性格不喜歡這樣。

二、揮軍入浙魯滌平不服

江西底定後，國民革命軍即於民十六年一月發動東征。蔣總司令調白崇禧為東路軍前敵總指揮，指揮第一、二、三軍及附義各軍入浙作戰；因東路軍總指揮何應欽在閩事務待理，急切未能即來之故。命令發表時，第二軍代軍長魯滌平極感不服，因論資望、年齡，魯氏都遠在白氏之上。但蔣總司令和第二軍軍長譚延闓都知此事非白氏擔任不可，魯氏的才具實有不逮。後經譚延闓一再解說，魯才無話。入浙戰事發生，第二軍曾一度失利，魯滌平有潰不成軍之勢。當此緊急關頭，白崇禧曾親率總預備隊兩團，星夜冒險前進，深入敵後，直搗敵將孟昭月的總指揮部，才使全局轉危為安，卒獲全勝，佔領杭州，肅清全浙。此一乘危用險的進兵方式，令到魯滌平衷心佩服。但何應欽總指揮以未能趕上和白氏同入杭州，感到美中不足；蔣總司令也以白崇禧對其第一軍竟能指揮如意，覺得驚奇。

此一故事，是李宗仁氏告訴我的，他說是譚延闓氏親口對他說的。

三、捨己為人陳調元心折

李宗仁同時又曾告我另一故事，說是陳調元氏親自向其口述的，是陳氏自身經歷的事。李氏說：

「民十六年五月，南京方面分軍三路渡江北伐。第二路總指揮由蔣總司令自兼（按第一路總指揮為何應欽，第三路總指揮為李宗仁），而以白崇禧為第二路代總指揮，陳調元為第一路前敵總指揮，循運河兩岸北進。陳調元原為白崇禧的老師，且曾任方面有年，此次屈居白氏之下，頗感不服。因親往見蔣總司令，流露抱怨辭句。蔣先生說：『白崇禧行！你應該接受他的指揮，以後你就知道了！』陳調元只好悶悶而退。嗣後，在津浦線上作戰，白氏每每出奇制勝，陳氏不禁為之擊節歡賞。當我軍自徐州南撤時，敵軍乘虛反攻，勢如疾風驟雨，前敵總指揮張惶不知所措。白崇禧命陳調元部先退，而自率總指揮部特務團殿後，掩護本路軍緩緩而行。雖迭經敵軍猛撲，白氏從容指揮，穩重如山，不驚不亂，陳調元尤為稱奇不已。其時陳部餉糈不繼，白氏乃將總指揮部和特務團的給養撥交陳部濟急，本部和特務團卻等待後到接濟再行補充，充分顯出主帥捨己為人的風度，陳氏更為心折。」

四、不守範圍與獨斷獨行

蔣先生確實深愛白崇禧的長才，但又每每對他不滿，真是矛盾！一次，張靜江和李濟深、李宗仁閒談，張氏提及此事，說：「蔣先生和各元老談話，常露對白氏的批評，謂其不守範圍。我曾為此與蔣先生辯論，以為他所直接指揮下各將官，論功論才，白崇禧都屬第一等，值此軍事時期，既求才若渴，應對白氏完全信任，使能充分發展所長，不可稍存抑制心理。但蔣先生總是說：『白崇

禧是行，但是和我總是合不來，我不知道為什麼不喜歡他』等語，可見蔣先生對白氏確實矛盾。

蔡元培、吳稚暉、張靜江等幾位元老都很愛惜白氏，他們常望李宗仁氏去向蔣先生委婉解釋，使蔣白間的情感更好。李氏心想：此事須得適當機會才好陳說。某次，李謁蔣先生，蔣問李：「廣西有幾位留學日本陸軍士官學校的學生？」李答：「只得馬曉軍一人。」此時李宗仁忽然憶及白崇禧和馬曉軍的往事，正可藉此說明白氏的為人，因而對蔣先生說了下一故事，李說：

「馬曉軍是一位看錢較大而胆子較小的軍人。每逢軍情緊急，他即借故離開部隊，躲往安全地區；部隊統率的責任卻交由黃紹竑、白崇禧、夏威等幾個營長處理。危險時期過後，他又回來作其主官。如是者再，故馬氏當時頗為官兵所輕視。加以馬氏看錢極重，偶帶幾個士兵因公出差，有向他借五分、一角在途中買茶水的，回防後他也必定追索。所以上下官兵早已有心希望他離開部隊。民十年冬間，馬部百色防地被劉日福自治軍所襲，部隊都逃向黔邊，但馬氏個人卻逃往南寧，等到劉日福部被擊敗走後，馬氏又要回隊。這時候，黃紹竑等幾個營長都主張拍一電報給他，請其不必回營。獨白崇禧堅持不可，他認為這樣做，無異於犯上作亂，於做人道義有虧。由這個例子看，像馬曉軍這樣的人，白氏對他尚且忠心耿耿，其為人的正直忠厚可知。其次，白氏擔任我的參謀長前後達三年之久，一有軍事行動，每以他出任前敵總指揮，他從不計較名位。是一位喜歡做事，任勞任怨的人。廣西能夠完成統一，整訓收編部隊，提前出師入湘北伐，他的功勞，實不可沒。」

蔣先生聽後，連聲唔、唔，結束了這次的談話。

又有一次，李宗仁向蔣先生說得更坦率了。李氏說：

「白崇禧才大心細，做事慎重敏捷。他以前當我的參謀長時，遇事往往獨斷獨行，然從無越軌之處，我對他也能推心置腹，所以事情做起來又快又好。如今他縱或有『不守範圍』之處，推其用

心，也無非想把事做得快、做得好。總司令如果覺得他偶有不合體制，大可明白訓諭，千萬不可懷疑在心，不肯說明，在部屬間反為不美。」

蔣先生聽過了李氏兩次的陳說，反應如何，第三者無由知之。

五、寧漢對立曾謠傳逼宮

白崇禧與蔣先生之間，尚有一事關係頗為重要，即「民國十六年八月蔣總司令下野，為李宗仁、白崇禧和何應欽所逼成」的謠言。此事的真相，據李宗仁告我詳情如次：

「蔣總司令於是年八月六日自津浦路前線返抵南京，忽然有電給我，電文僅寥寥數語，要我立刻從蕪湖防地往南京一晤。那時我已得到前方徐州受挫的消息，詳情卻未悉，市面人心已見浮動。我應召即日前往。到總司令部時，才知總司令已於當日去湯山溫泉休息，我就掉轉頭向湯山去。到後，一見面，總司令便說：『這次徐州戰役，沒有聽你的話，吃了大虧。我現在決定下野了！』」

「我聽到大吃一驚，便說：『勝敗兵家常事，為什麼要這樣說呢？』」

「蔣先生說：『你不知道，其中情形複雜得很。武漢方面一定要我下野，否則劫難干休，那我下野就是了。』」

「我說：『在此軍事緊急時期，總司令如何可以下野？這千萬使不得。現在津浦路上一再失利，您下野必將影響軍心民心。武漢方面為什麼一定要您下野呢？他們現在也分共了。站在反共的立場來說，雙方已殊途同歸，不過我早走了一步罷了。大家既然步調一致，便應捐除成見，既往不究，恢復合作。』」

「蔣仍搖頭說：『你不知道內幕，情形複雜得很。』」

「我說：『您最好派員到武漢去疏通，多說些好話。我也派人從旁斡旋，以免同室操戈，為敵所乘。』」

「蔣先生說：『交涉疏通是無補於事的。我是決定下野了！』說著，他便拿出一張擬好的文告初稿，說是他下野的『通電』。」

「我說：『現在津浦線上，我軍已潰不成軍，局勢十分緊張。敵人已進逼蚌埠，旦夕之間即可到達浦口，威脅首都。武漢方面又派兵東進。如何部署江防實為當務之急。我看，您無論如何要顧全大局，不要下野！』」

「蔣先生說：『我下野後，軍事方面，有你和白崇禧、何應欽三人，可以應付得了孫傳芳。而武漢方面東進的部隊，至少可以因此延緩。』」

「我還是堅持請他不要下野，而他卻一再地說，他已下決心；非他下野，則寧漢分裂之局不易收拾。這樣便結束了我們的結話。後來我才聽說，當總司令赴津浦路督師之前，曾派褚民誼赴漢口和汪精衛商洽。褚和汪私交極深，又屬至戚，故無話不可談。褚民誼已數度往返寧漢之間，對武漢方面情形當然知之甚詳。我反覆勸蔣先生不要下野，實是不知箇中底蘊，隔靴搔癢之談，難怪他說我不知道內幕情形了。」

「我辭別了總司令，即到隔壁各房間訪陳銘樞、戴季陶、陳布雷、吳稚暉各位。他們對總司令的下野處之泰然，我覺得很奇怪。據陳銘樞說，下野宣言，在駛回南京途中，總司令已命陳布雷起草擬就了。他們也認為局面演變至此，暫時退避，也不失為上策。但是當時外間不明真相，且有部分黨人以訛傳訛，歪曲事實，硬把罪名加到我和何應欽、白崇禧的頭上，說蔣的下野，是我們三人『逼宮』使然，恰和事實完全相反。那時白崇禧尚在蘇北軍中指揮作戰，不知此事。據我所知，何應欽當時也力勸總司令打銷辭意，絕無逼其下野的事。」

「蔣先生下野後，寧漢對立局面鬆馳了。南京中央一致推我為代表，赴漢商談合作。此時漢方領袖適在廬山開會，經過了電報往返，我遂於八月廿一日由南京乘艦到九江上廬山。由汪精衛召集

譚延闓、孫科、宋子文、陳公博、顧孟餘、唐生智、朱培德、張發奎、鄧演達等開會，聽取我的報告。結果大家同意合作，並推譚延闓、孫科隨我先往南京。我在廬山會上曾和唐生智辯論一場，才深深體會到寧漢對立的癥結在唐生智一人。汪精衛無法駕御坐擁重兵的唐生智，已失去控制武漢方面的能力。蔣總司令事前派褚民誼赴漢，他可能已瞭解此點，故決定下野，使武漢失卻『東征』的藉口，唐生智也失去併吞東南的機會，確是高明。」

「逼宮謠言的發生，可能有兩種因素：一是武漢方面故意製造，以打擊蔣先生的威信；二是部份黨員也同我本人心理一樣，當此緊急關頭，總司令是萬不該下野的，而他竟然下野了，其內心必有不可告人的隱痛，若輩疑心生暗鬼，自易聽信外界的謠言。嗣後，蔣先生由日本回上海和宋美齡女士結婚，並復總司令職，這個無稽的謠言更為盛熾。我曾兩度在總司令的南京官邸請他申明矯正。他只微笑說：『這種不經之談，儘可不必去理它。』我說：『我們的冤枉，只有總司令一言才可以洗刷乾淨。』他仍是微微一笑而已。」

六、恩怨雖多蔣先生愛才

民國十七年秋，白崇禧奉命揮軍肅清關內，完成北伐。事後率部仍駐津東。當時白氏所指揮的部隊原為唐生智的舊部，全未加以編改。民十八年春，武漢事變逐漸醞釀（編者按：即指桂軍反蔣之役），南京方面密派唐生智攜鉅款前往運動其舊部叛白。白崇禧被迫離去，秘密由天津乘一日輪南下。事為南京偵悉，即密令上海衛戍司令熊式輝，待該日輪到滬時，將白崇禧逮捕。倘該輪拒絕搜查，即令海軍砲艦將其擊沉，國際交涉，以後再辦。足見京方對於白氏志在必得。熊式輝雖為白氏所提拔，但此時不得不認真執行命令。這消息為當時上海市長張定璠所聞，他曾在東路軍前敵總指揮部任

事，和白氏有舊，乃將這消息漏給李宗仁夫人郭德潔，因李時已離滬返桂。郭遂商之第四集團軍駐滬辦事處同人，同往日本輪船公司交涉。商妥由王季文搭乘另一由上海開往香港的日輪，在吳淞口外以信號使白氏的船停航，白氏乃得換乘此一日輪逕駛香港，王季文卻乘白氏的船回滬。後來新聞界盛傳白崇禧藏在船長室衣櫃中脫險，實係誤傳。

白崇禧此次幸獲脫險，安然到桂，其中經過情形，《春秋》曾經詳載其事，茲不贅。但我想，即使當時白氏果為熊式輝所捕獲，蔣先生之於白，決不致以處置王天培、鄧演達輩之方式對之，蓋蔣先生之愛白崇禧，在平日言談間已溢於言表，確是有逾他人的。

肆、白崇禧生前致我的一束親筆函

　　廣西的民團制度，為白崇禧氏民國二十年在省內治軍時期所創立。施行以後，不特全省治安良好，歷屆徵兵順利，為省外人士所稱道，且為推動基層建設的原動力。惜抗日戰爭，廣西兩度被敵寇佔據蹂躪，原來基礎，大受摧殘。勝利還都，白氏初任國防部長，後調華中剿匪總司令。他為整軍應戰，似念念不忘往日民團制度的功效，屢次企圖從舊藍本加以改進，創造效能更大的辦法，如升級補充、一甲一兵等等。時我仍主桂政，例兼省保安、軍管區兩司令，故白氏與我不斷函電往還，不憚煩地反覆商討，期將所得付諸實施，以應付危局。近檢行篋，尚存他的手書多件，特擇其與此有關的收拾整理，公之於世，不獨由此可見其謀國的苦心，亦可瞭解當時真實的情況也。

一、任國防部長時期的來函

　　白崇禧氏於民國卅五年六月一日受命為國防部長。其時國共之間，談談打打。翌年四月，國民政府改組為各黨各派的聯合政府，但中共和民主同盟都不參加；六月五日中共以廣播答覆，拒絕參政會的和平提議，和平已告絕望。晉南、魯西共軍渡過黃河南犯。蔣主席乃於十一月十三日任白崇禧清剿大別山共匪。白部長奉命後，在九江設國防部指揮所，旋移漢口，以利進行。他經常關心廣西的治安，見全般情勢逐年變壞，更增強其注意，從下列摘錄他給我的親筆信可以概見。

　　（一）卅六年四月廿七日函：「一、廣西遭兵燹最鉅，敵我兩

方散失武器最多，應舉行烙印民間武器，絕對保障其所有權，以增強地方自衛力量。此事望嚴屬執行，免遺隱患。二、廣西治安，因兵燹之餘，民生凋敝。加以退役軍人及逃兵回鄉，在在足以影響治安。至於奸黨誘惑，野心者煽動，更是推波助瀾。抗戰中興業之被圍攻，戰後容縣之被襲擊，內在隱憂極大。粵南匪勢披猖，安南猶在混戰，均足助長廣西內亂。本省應早思患預防，使劫後生民，不至再遭匪患。因本省民風強悍，民槍又多，設有股匪裹脅，奸黨從而利用，則東蘭韋拔群之禍可以重演，或更加劇烈。因省內已無正規部隊，若稍大匪幫，則剿滅不易也。三、保安司令部應當健全，必須專心致志指揮剿匪，及扶植組訓民眾武力，庶可消弭隱患。四、廣西民眾向有組織，抗戰以來，協同國軍作戰，迭著勳勞，偽組織、偽軍、解放軍不能在本省長成，確為難能可貴，為任何省份所不及者。今後望仍本從前組訓精神，加重鄉鎮村街幹部之訓練。並應集中訓練，不能委託各縣，禧早已再三言之，至少應分兩三區集中，如能集中一處則更好。望認真督促為要。」

（二）卅六年六月廿八日函：「啟明兄回鄉省親，特託其轉達現狀。大局確實危機日深，非有北伐時之革命精神，恐難挽此狂瀾。禧曾建議於委座，請下決心自力更生，不必專賴美國。刻正考慮全局根本做法。廣西應速堅強地方組織，肅清散匪，尤應加強及改善地方幹部之培養與訓練。」

（三）卅六年九月廿七日函：「一、共匪已在佳木斯建立政治中心組織，將該處改稱新延安。二、據匪軍計劃，卅六年渡黃河，卅七年渡長江。近日劉伯誠、陳賡兩股匪軍共約十萬人分由晉南、魯西兩方面渡河南竄，似有實行其原計劃企圖。至渡江計劃雖未曾實行，然不可不預為防備。三、廣東之南路及海南島，匪勢披猖，滋蔓可慮；越南胡部被迫退向桂邊；此外間之匪影響內部。至省內各縣伏莽潛滋，鄉鎮縣城時聞被匪攻佔，萬一越粵兩方，有一較大股匪侵入省內，盤踞數縣，我不能驅逐，則省內人心必將動搖，四

處潛伏之散匪，紛紛揭竿而起，廣西大局有不可收拾者！望兄督飭各同志努力整頓吏治，收攬人心；加緊組訓民團，以增實力；並預籌鉅款，擴大修械廠趕造武器彈藥；預備應付未來空前之國難。詳情託任民兄面達。」

（四）卅六年十月十八日函：「思遠兄回京，奉讀惠書，並贈土產，極感隆情！省內諸同志在兄領導下，如能提高警覺，恢復抗戰前之精神，必可將省內共匪土匪徹底肅清，以為戡亂建國之基礎。今聞匪風四起，民不安居，甚至果德縣及其他各縣均有許多本黨同志及地方民意機關、鄉村長等，均首先叛亂，我們確須要認真檢討，從速改善。尤以地方下層幹部多係地方選舉，其中優秀者固不乏人，然土劣或怕事無能者仍佔多數，故禧屢向省內建議，必須選拔調訓。尤應集中訓練，方有成效，委之於縣政府，則因教材、師資、經費之困難，必難收效也。」

（五）卅六年十一月十五日函：「現有幾項意見貢獻，以供採擇：一、應由軍管區指導各縣成立在鄉軍人會，由明白事理之高級退役軍官多協助。二、調整專員、縣長，多選拔優秀鄉村長及鄉村優秀幹部、小學教職員入黨，健全基層組織。四、前方第四十六軍尚缺萬人，望速徵集壯丁運到前方，方可維持戰力，期排除萬難如數徵送。五、鄉村幹部應速分期調訓或分區集訓，將剿匪重要性告知。」

（六）卅六年十一月廿八日函：「據煦蒼兄面報，乘第十七四旅黃建猷旅長回桂組訓第二線兵團之便，託其帶桂武器一批，計重機關鎗二十挺，輕機關鎗四十六挺，步鎗三百二十桿。此項武器係前在桂攜帶出省抗日者，有許多係地方武器。該旅到桂領得武器後，即可將此批留作地方自衛之用，望與黃旅長接洽。」

二、任華中剿總時期的來函

到了民卅七年六月，行政院改組，白崇禧調任華中剿匪總司令，設總司令部於漢口。其時東北、華北戰況告急，經濟狀況更形惡化。華中基本部隊兵員的補充全靠廣西，對這後方根據地更不容忽視，白氏當時的心境，具見於下列各函。

（七）卅七年七月廿六日函：「弟此次奉命擔任華中剿匪任務，當茲匪勢披猖，民生凋敝，任大責重，綆短汲深，惟有竭盡棉薄以報黨國耳。兄坐鎮廣西，為我後盾，補充兵源，增強戰力，廣西實為華中總預備隊。兵員負擔勢必加重，望省內父老民眾多多扶助，使勘亂剿匪日漸有功，不僅禧個人感激，舉國人民亦必同聲稱贊吾省之光榮也。望將此意轉達省參議會諸公及省府各同志為禱！」

（八）卅七年八月廿八日函：「廣西為革命策源地，為抗戰剿匪根據地，本省負責同志必須有此認識，方能負擔救危扶傾之任務。關於後方兵員之培養辦法與前方四個整編師之補充，已對畏三兄詳細說明，並錄於另紙，望由本省先行試驗兵員升級補充辦法，如能成功，在吾國兵役史上可創新紀錄也。關於大局有關者，厥為剿匪，本省應堅決執行中央戡亂剿匪國策。漢賊不兩立，絕無絲毫猶豫。外間和謠，乃奸匪或其工具所造，以懈怠我之軍心也。此間情形，託明炤、畏三兩兄面達。」

（九）卅七年十月廿一日函：「威遒兄到信陽，賚賜惠書，並轉達尊旨，慮遠思深，感佩無任！今日時局之嚴重，為民國以來所未有，有形的軍事經濟之頹勢，固為人所共知，無形的軍心民氣之萎靡，較有形者為尤甚。必須在軍事上培養優勢武力，戰術上採取攻勢，政治上收攬人心，使軍民一致，實現總體戰之要求，庶可挽回劫運。培養武力非錢莫辦，威遒兄轉告籌措自衛經費方法，其中

有可行者，望派財政廳楊廳長前來面商。華中現籌自衛特捐辦法，俟楊廳長到漢口時再與詳加研討。」

（十）卅七年十月廿九日函：「頃在信陽與鏡秋、明焰、一塵諸兄商談關於省內經濟、財政今後如何加強以增大省內地方武力，庶足以應付未來事變，省內所擬籌款辦法，望斟酌施行。」

（十一）卅七年十月三十日函：「時局漸趨嚴重，關於整個挽救計劃，中央自有統籌。惟值此非常時期，充實地方自衛武力，刻不容緩，特將個人所見與鏡秋兄愷切暢談，茲擇要於左：①華中剿總奉准以廣西兵員歸其支配，故特擬桂省軍管區建設案：子、每師管區各有三個團管區，每團管區再改為補充團，共為六個團；每師管區各再增加兩個團，共為十個補充團。丑、保安團共約十個，連同補充團共二十個，經常訓練，兼維持省內治安，並隨時補充張淦之第三兵團、張光瑋之第六綏靖，夏威（兼任）之第八綏靖區，及第七、四六、四八、五六等四個軍。以上建議案，希望中央核准。②鄉鎮村街長之訓練，應恢復加強。下層基幹人員，不僅教以政治，應當教以剿匪戰術及防諜技能。③本省在鄉及轉業軍人，查少壯可用者有二千餘人，應設法召訓備用，或用以招志願志。④柳州修械廠必須擴大，使可造步鎗、機關鎗、迫擊砲、擲彈筒等武器，以增強民眾力量。⑤各縣常備自衛隊應酌量增多，並按三個月退役，如此可得多數現役常備隊。並可使退役壯丁在鄉作普通自衛隊（不脫離生產者）之幹部。其他未盡之情，託鏡秋兄面達。」

（十二）卅七年十一月廿五日函：「時局日趨嚴重，國軍戰力日見消失，共匪兵員補充極快，縱有美國大批武器到來，必須有受過半年以上訓練的壯丁方能使用。現在急迫需要者為多數壯丁，詳列如下：①第三兵團，第六、八兩綏靖區，及第七、四六、四八、五六等四個軍，每軍三個師，共十二個師，另奉准在桂成立第三二九師、第三三〇師，兩共十四個師，及十個補充團；照卅七年新改編制，每師士兵約一萬人，十四個師共需士兵十四萬人；每補

充團約三千人，十個補充團共三萬人；此外第三兵團部及兩綏靖區與四個軍之直屬部隊，共約二萬五千人；以上各項，總共約二十一萬五千人。以上為正規軍，即國軍。②省內保安團約十個團，每團以二千五百人計，共約二萬五千人。以上為省防軍。③各縣常備自衛隊共約一萬五千人，禧意擬請增加一萬五千人，共三萬人，以便供給升級補充保安團或補充團之用。以上為國民兵。戰局嚴重，時機緊迫，稍縱即逝，望省內各同志奮起協助！各縣普通自衛隊亦應加強編練，尤以幹部訓練更刻不容緩。我欲控制面，必須普遍組訓民眾而確切掌握之為要。皖、豫、鄂各省，每縣擬成立自衛團一團或三團不等。鄧縣一縣曾成立民團八個團，完全自給，且極有戰力；現由華中委以軍之名義，協助國軍，收效甚宏。新兵編成部隊，缺乏幹部，應速召訓在鄉及轉業軍官，並訓練軍士，以便編軍作戰，疏開戰鬥之方式，需要得力班長甚多，望並養成。其他未盡之意，託程同志面達。」

（十三）卅七年十二月廿六日函：「①鶴任兩兄昨自京公畢返漢，據云南京現正醞釀和平，蔣先生態度已有接受之意。孫哲生先生此次毅然擔任組閣，據云事前已與蔣先生商量和戰大計，如對方接受，可以商談等語。②據可靠消息，杜魯門電司徒大使表示：一希望和平，二可以援華，三請蔣先生休息。此電由司徒之顧問傅涇波轉致孫先生再轉蔣先生。③和平呼聲，為全國一致者。因過去我政府自抗戰勝利後，對軍事政治經濟外交種種措施之不當，以致士氣頹喪，人心離散，經濟崩潰，外援困難。若無喘息之機，仍再繼續作戰，則整個國軍，雖不辭任何犧牲，恐難免各個崩潰，全國有赤化之可能，不僅中國版圖變色，五千年之文化歷史亦將斬斷。言念及此，憂心如焚。故日前禧曾以個人名義上總統一電，大意請求早日謀和，其辦法如下：甲、請美國約蘇聯出而調解，斡旋和平，若能約英國參加、更好。乙、由各處民意機關向雙方呼籲和平，雙方軍隊在原地停止，聽候，和平會議解決。此電係由文白岳軍兩兄

面轉，本日下午或可得到文白兄請示後之指示。④鄂、豫、川、湘等省民意機關，現正蘊釀通電雙方呼籲和平，此皆自覺自動者。中央亦有所聞，廿四日曾用總裁名義電湖北省黨部、省參議會疏導，不可為謠言攻勢所迷惑等語。但豫鄂兩省甚為積極，恐非文字口舌所能勸阻。全國各省類此心理者甚多，不過不敢首先發動耳。若有一省首倡，恐響應者大有人在。惟須顧慮者，中央最高當局是否俯從民意，立刻從事和平；又對方是否聽從民意，而約束其戰勝之軍隊不再前進。鄙意中央必須首先運用外交請美蘇英三國擔任調解，雙方軍隊方能約束。時局急轉直下，短期間應有分曉。」

（十四）卅七年十二月廿六日函：「①關於時局新聞及拯救意見，經專函奉陳，諒登英盼，未盡之處，託馬處長啟邦面為轉報。②省內治安，據保部週報，邊遠各縣，尚有兩三百人之股匪，似許久未能剿滅，將來恐滋蔓難圖，似應認真限期清剿。③中央已准本部之申請，在廣西成立第二訓練處，專擔任訓練軍官軍士之下級幹部為主，究在何處為宜，望代覓地址。④羅司令及戈、秦兩師長以及各重要幹部，日內首途回桂，擔任徵募編練。」

（十五）卅八年一月三日函：「譚副官回漢，奉讀惠書，敬悉種種。和平之門我方雖已自動打開，對方是否願意接受，實屬疑問。我應備戰以謀和，不可因和而忘戰。即令講和，尚有許多艱險暗礁，尚有許多不可思議之危險。國共二十五年來之痛史，波蘭、羅馬尼亞、保加利亞、捷克諸邦第二次大戰後之慘痛歷史，均足為我人當前之借鏡。中央各負責者及各友邦對本年元旦文告，見仁見智，各有不同，似亦為和平成敗之參考。總之，我省應照兄等所決策，運用行政機構，多編國民兵師以充實力量，將來必定用得著，並且可以大用。武器裝備，屆時想自有辦法也。第二訓練處應積極成立，已委第十四兵團副司令官劉震清負責籌備，已撥給國械美械各一團。武器、裝備、教育器材均甚完備，將來可供訓練軍官軍士之用，可借滇黔桂三省所需軍事幹部。詳情託劍青兄面達。」

（十六）卅八年一月十二日函：「①本省應照省府計劃編練國民兵。能先做到一甲一兵為常備自衛隊，使能控制面的範圍，再擴編為國民兵師，望再加研討。②軍餉應準備自給辦法。③請迅速轉飭徵募兩方負責將領以最快辦法編組成軍。④此間情形，託重老、任兄面達。」

伍、我與白崇禧最後的關係

近因遷居，檢拾書物，見舊存民國五十六年一月廿二日《港九各界追悼白崇禧先生大會特刊》上載有我所寫的短文兩篇：一為〈我和白健生先生最後一次聚散寫影〉；一為〈白崇禧先生事略〉（我被派擔任在追悼大會中報告白氏生平事略，這是報告原稿）。兩篇內容全為真確史實，絕非普通應酬虛文，倘《春秋》的篇幅，能假我以錄存，曷勝感幸之至！

——庚戌小暑記於九龍

一、我和白健生先生最後一次聚散寫影

我的患難老朋友白健生先生逝世了！他的故舊鄉親，突聞噩耗，莫不悼惜。我和他從少時共事以來，四十年間，無論是同在省內，或各處一方，始終彼此精神契合，一心都放在國家民族上面，他的德性、才能和勛績，各報刊上評述已多，不必我來再事表揚。他一生重要的事實，近年來我記述廣西的往事，曾儘量輯錄發布，也無須再贅。現在只記他和我最後一次聚散的情形。

（一）

我們最後相聚的地方是海南島，時間是民國三十八年十二月三日至二十一日。那時，他是華中軍政長官，我已承中央批准辭去軍政本職兼各職。因為軍事情勢上南寧已不可守。我在前一晚、他於翌日午，先後離邕，因我中途停留北海一宿，故同在十二月三日飛抵海口市。我們在海南島十九天裏，他乘艦出海指揮作戰，曾小

別一週；其餘幾乎每天都有會議或晤談，凡商討的都屬當前軍國要事，全不及私。節屆大雪，風候蕭索，雄師喪亡，政海生波，大家的心情是極端苦悶的。因由桂入越的敗殘部隊為數尚屬不少，他囑我赴越籌生活的照顧和善後的安排。法國駐邕龍領事田友仁那時也遷到海口市，我請他辦理入越護照，但他轉報法方很久得不到答覆。我因在瓊辦不通赴越手續，十二月二十一日和白氏握手分袂，飛往香港進行；白氏同時南飛榆林港視察。不料，此別竟成永訣！

白氏為解決軍費、與外交當局協商越事等問題，於十二月三十日離瓊入台。三十九年一月五日，他由台北以電話催我赴越；六日，再以電報指示我到越行動的機宜。但因法越對我方心存疑忌，我終去不成；後來改派李鶴齡（品仙）兄，還是去不成。二月二十日白氏通告在港同志，表示他決不在中樞擔任實際責任。果然不久即改任總統府戰略顧問委員會副主任。

（二）

一般親戚故舊入住台灣以後，每每不願外間親朋來信，以免擾及自己的安寧，白氏自更難例外。民四十一年九月二十六日，日本友人清水董三氏自東京赴台北日本駐華大使館任職，我曾託他帶一短箋問候白氏：「居港歲餘，徒惹是非，了無益處，遂於去冬來遊日本，雖乏善足述，惟清靜多矣。旭尚未能讀日本書報，尊處倘有新書可惠贈否？日常生活如何？棋道想更大進。」但杳無回音，我再不敢和他通問。事已過了八年，他託人到港告我道：「前承託日友帶信到來，正值我環境最壞的時候，尤其是經外國人遞來，雖屬普通問候信，畢竟是了不得的事，莫說我不敢覆信，連接信與否當時我還在躊躇呢。」我才明白其中的緣故。不僅他自己這樣，民五十年秋間，他的夫人來港探親，小住數旬，也不敢和我們這些人見面，力避涉嫌，如臨深履薄，苦情可見。

有一次，白氏和陳倪任兄閒談在港各同志的近況，談到我，白

說：「患難老朋友中，我對旭初始終敬佩，始終深信。」陳兄自台返港來訪，述以告我。此時白氏環境已較前稍舒。

（三）

近數年來我的左眼患白內障，白氏知後，屢次勸我赴台割治，說有眼科名醫林和民氏曾經為他七十六歲的姊姊割除雙目白內障，恢復了正常的視覺，病宜早治，到台一切由他負責。我因醫生說，如果先割壞的，有時反影響到好的，應待兩眼都壞後再割為宜，而未即接受他的美意。孫中山先生百歲誕辰，台灣準備盛大慶祝，他來函約夏煦蒼（威）兄和我偕往參加，俾得班荊道故，暢敘離情。我又因故未能赴約。去年秋冬間，我一病數月，他得自傳聞以為我已痊癒，八月三十一夕函請我赴台休養，這竟是他給我最後一次的信。我因先已安排入院割治攝護腺，未能應命。由他迭次的傳語和手書，似有千言萬語，非當面暢談，不能傾盡別來十多年的積愫。而我卻因由台到港的知好，總說他爬山打獵，輕捷如常，以為來日方長，良會有待，那知道蹉跎復蹉跎，竟成了畢生恨事，唉！

（四）

我近年閒居無事，曾將半生自歷情事輯為掌故，共數十篇，在期刊發表。白氏得閱後，於去年四月八日來信說：「台灣之中央近代史研究所搜集香港的《春秋雜誌》合訂本為參考之書，禧曾借閱，專心拜讀吾兄所寫之廣西對國家貢獻的事實，載於〈廣西與中央廿餘年來悲歡離合憶述〉一文中，持論公正，文實並懋，不僅鄉人好讀，國人亦皆稱頌也。廣西自吾儕主政後，即決心參加廣東革命政府，實行三民主義，北伐抗戰，無役不從，中外皆知，毋庸贅述。今賴吾兄秉筆直書，使海內外洞悉廣西光榮的歷史，立言之功，真不朽也。」他對我此舉，似頗愜心懷。但同時又給我一種使命，信的後半說：「吾兄身居海外，心在國家，費三年以上的時

間，宣揚廣西對國家的貢獻，博得鄉人與國人的好評。弟希望吾兄寫完廣西史事後，如有暇晷而感興趣時，望將太平天國之政治思想、田畝制度、運動戰術等項，擇其有價值者分別發表，使國人知道太平天國之革命真相，絕非如漢清臣僕詆為流寇所可比擬。太平天國的重要幹部，桂人居多，遭滿清惡意宣傳百有餘年，耳目淆亂，是非顛倒；弟站在民族革命立場，極盼吾兄秉春秋之筆，續寫太平天國革命之貢獻，且為洪楊革命諸賢昭雪歷史上之沉冤也。」我接信時已在病中，只簡單地先答覆謂，事體重大，是否為我之才力所能勝任，待病癒後細加考慮再定。然而現在他已不及等待了。

（五）

他的自傳，在數年前便已動筆，並曾許我待將來印出時即持贈一部，這遺稿現在不知如何？

知音人杳，何可復得？輒以長聯，藉抒我情，如下：

> 從建立策源地而北伐，從結束鬩牆而禦侮，數千里縱橫馳騁，名滿山河；志大未全伸，抗日迴天功特著。
>
> 在共事模範營為少時，在分頭服務為中歲，四十年聲應氣求，心存鄉國；老來空有約，乘風話雨願終虛。

二、白崇禧先生事略

白崇禧先生一先的重要事蹟，在他的行述中已有簡明的記敘，現在我只提出最為人所景仰的幾點來報告。

大家所以景仰他，是因他才德兼優。他的才，不僅長於軍事，並且長於政治。在軍事方面：既擅長指揮作戰，又優於幃幄運籌。在政治方面：處常有建設新猷，處變能迅速定亂。至於他的德：第一是公，第二是忠。以下我再逐項舉出事項來作對照。

（一）指揮長才

他在統一廣西時期，經常統軍作戰，無不獲勝，已大顯他的指揮身手，這且不說。到國民革命軍北伐時期，他屢次指揮的完全不是廣西兵，而是和自己絕無關係種種色色的部隊，依然是戰無不勝。如：

甲、任東路軍前敵總指揮時指揮的是：第一軍第一、二、廿六各師，魯滌平的第二軍，石鐸的第十九軍，周鳳岐的第廿六軍，一個月工夫便收復浙江全省，進克淞滬。

乙、龍潭一役，他由滬返寧，火車行抵無錫，知龍潭已失，急指揮第一軍衛立煌的第十四師，並向各處電調楊杰的第十八軍、賴世琪的第十四軍、曹萬順的第十七軍趕來，和南京方面何應欽、李宗仁兩總指揮的部隊，東西夾擊，血戰七晝夜，將孫傳芳軍七萬人完全消滅，南京危而復安，北伐乃得繼續。

在此僅舉兩例，其餘各次戰役皆然。

（二）運籌卓見

抗日戰爭時期，他任副總參謀長，自戰爭開始到日本投降，曾有極重要的建議，現舉兩事為例：

甲、對淞滬戰役，他以淞滬夾在黃浦江和長江中間，港灣河汊，縱橫交錯，地形不利。且日軍在租界內佔有堅固據點，便利其發揮海陸空軍的威力。而我因後方交通澀滯，集中費時，在此與敵進行陣地戰，未見有利。為持久戰打算，不宜投大量精銳徒供犧牲，只應作有限度之抵抗，以消耗敵方力量。但統帥當時似因另有期待，對這建議未予採納。

乙、日本宣佈投降後，他建議：當前的基本任務，在於迅速接

收華北和東北，確實控制曾淪陷的地區。因此，應責成日本暫駐原防，確保交通，嚴防破壞。同時，應由接近華北的戰區趕速派隊收復華北各省，進而安定東北。待華北各省完全安定後，再接受日軍投降。但這意見也未被中央所採行。

（三）建設新猷

最為人所稱道的，是從民國二十年起，他在廣西領導積極推行三自政策以實現三民主義。結果是全省治安良好，徵兵容易，人民樂業，生氣旺盛，政治清明。

（四）輕易定亂

見於民國三十六年奉派處理台灣二二八事變。當時軍民雙方各死傷過萬，他到台宣慰，一切從寬，人心大定，亂事遂得迅速了結。台人對他非常感念，紛紛到台北參加他的喪禮。

（五）處事至公

甲、他所指揮任何的部隊都樂為效死用命，就因他一視同仁，公平待遇，絕無偏私。

乙、在我主政廣西十餘年間，他從未介紹一個稅務人員。其他職務人員，他雖偶有介紹，但都不是他的私人，而是為事擇人的。

（六）盡忠為國

這點更是人所共見。他自民十三年加入中國國民黨以後，便努力奉行三民主義。無論時局如何變化，他絕不離開中國國民黨，也不放棄國民政府。故逝世後，蔣總統特旌表他「忠貞為國」。

我這個十分簡單的報告，自然還不能完全顯現白先生各方面所有的偉大，但僅僅這幾點，已足令人悼念難忘了。

第三輯　黃紹竑

壹、記黃紹竑與蔣先生關係始末

　　國民政府的權力，自國民革命軍北伐後，即為蔣先生所掌握，也就是全國的命運由其掌握。國民革命軍北伐成功，以兩廣為基礎。自此以後，無論在軍事上或政治上，廣西都佔有相當的比重。而黃紹竑為當時廣西主要領袖之一，故由他與蔣先生之間的關係，可窺見政情變化的脈絡。茲篇輯錄，非欲為亡友赴告作行述也。

一、初見蔣即覺其與人不同

　　黃紹竑初次會晤蔣介石先生，是在民國十三年十一月間。是年六月，李宗仁和他聯合發動統一廣西的作戰，先對陸榮廷，再對沈鴻英，至九月已平定南寧、柳州、慶遠及左右兩江，陸氏在湖南再度宣佈下野，李黃聯軍奄有全省土地四分之三。孫中山大元帥應段祺瑞、馮玉祥電邀北上，將職務交胡漢民代行；胡氏和粵軍總司令許崇智電邀李宗仁、黃紹竑赴粵，對廣西問題有所商洽。李推黃代表前往。黃到商洽結果：由大本營委李宗仁為廣西全省綏靖處督辦兼廣西陸軍第一軍軍長，黃紹竑為會辦兼第二軍軍長；同時將原來李的定桂軍、黃的廣西討賊軍名義取銷。黃順便宣誓加入中國國民黨。事畢，次日，許總司令派龍驤兵艦送黃回梧州，許同登艦陪黃到黃埔，在一個陳設很簡單的房屋內會見蔣校長。黃謂當時感覺蔣先生態度嚴肅而剛毅，與其他的軍事長官頗有不同的地方。他將辦理黃埔軍校及建立革命軍的意義很簡單的告訴黃氏。黃因急於回梧，不及參觀，乃興辭而出。自己乘艦到肇，改乘他輪抵梧云。

二、主義感人勝於武力征服

　　黃、蔣第二次會晤是在民國十五年三月。國民黨中央先於一月廿六日派汪兆銘、譚延闓、甘乃光到梧勞軍，並與李、黃商談革命統一和出師北伐問題。二月，李、黃派白崇禧赴粵報聘，並商統一，結果因財政統一及軍餉劃一兩點不能解決，他就回邕報告。李又推黃赴粵磋商，黃於三月東下，國民革命軍第四軍軍長李濟深招待他住在長堤的廣西會館第四軍軍部內。他和中央商討廣西統一決定五項：一、取銷廣西全省綏靖處名義，改為廣西全省軍務督辦公署，以李為督辦，黃為會辦；二、將廣西陸軍第一、二軍併編為國民革命軍第七軍（但軍器共編六個師），以李任軍長，黃自願擔任軍的黨代表；三、行政長官由中央加委，待中央確立省制後，再將省政機構改組。四、財政軍餉仍由省自收自支，以免增加中央負擔；五、黨務完全遵照中央規定辦理，中央亦允許尊重地方的意見。問題既解決，黃並參加中央黨部總理紀念週，奉命報告廣西統一經過詳情；他在結語表示：自今天以後，廣西的黨務、政治、軍事，均唯中國國民黨及革命政府的命令是從，李某黃某只是奉行黨及政府命令的人員云，博得熱烈的掌聲。翌日，蔣先生從黃埔到廣西會館來看黃。黃此次到廣州，因為頭幾天事情太忙，尚未得暇去拜望蔣先生，而蔣卻枉駕過訪了。黃將這次商談統一的經過向蔣先生陳述。蔣表示這次廣西統一的意義非常重大，這是主義信仰的結果，不是革命武力的結果。以主義的力量收服人心，比之用武力去征服一省兩省的地盤，價值偉大得多。蔣又問及黃未回廣西做事前求學時期的情形，黃將在陸軍小學參加辛亥革命學生軍敢死隊的故事說了一遍，蔣乃告辭而去。蔣先生那時已辭去國民革命軍第一軍軍長，擔任國民革命軍總監，這個名義不很公開，而且時期也很短，故知道的也較少。黃是國民黨中央監察委員，此次到來，曾首

次參加中央黨部會議,此外並參加在大東路體育場對面汪精衛公館舉行的北伐會議,會議廳的兩端,相對地掛著兩幅大照片,一邊是孫總理的遺像,一邊是列寧的遺像,這好像是聯俄容共政策之下必然的格式。到會人員有蔣先生、蘇聯軍事總顧問奇山加將軍、重要的中央委員、各軍軍長。由汪任主席。討論時雖然有人認為時機太早,力量太薄,希望慎重將事。但經蔣先生及奇山加分別加以說明後,這一個出師北伐的大題目終於決定了。汪隨後問黃:廣西可以出多少兵?黃答:現時可以編成三個師的一軍,即係全省部隊的半數;若稍假時間,將地方治安辦好,部隊編整完畢,尚可陸續增加;但對於雲南方面不能不留一些隊伍以為防備。大家也很以然。黃在廣州逗留了兩個多星期才回南寧。

三、戮力清黨鞏固國民革命

　　黃、蔣第三次聚會是民國十六年四月在上海舉行清黨會議。當國民民革命軍進攻南京將克復時(克復是三月廿四日),蔣總司令自南昌電致廣州總參謀長李濟深,囑其約同黃紹竑赴滬。黃接李電要其立刻來粵,不知是發生什麼急變,也不能查問什麼理由,便立刻專輪由南寧東下。到後與李見面,李很秘密的出示蔣先生由南昌來的電報,要他倆到上海和他相晤,商量重要問題。電文內雖不說明什麼問題,但問題的輪廓他倆都已知道了。李說到香港、上海的船票都準備好了,下午就要動身,並關照黃行跡要非常秘密。黃於是把留了六年的長鬍鬚剃去,他上了省港輪船泰山號,李已先在船上。夜裏十時許到達香港,當時就船過船的搬到比亞士總統號船上,早十時許開行北上。大約是四月一日,船到上海,尚未靠碼頭,就有上海市長張定璠率領武裝士兵乘了一隻小火輪來接,過了小火輪,張說:「現在情勢非常緊張,不可到租界去住,以免發生意外!」即將小火輪一直開到高昌廟碼頭,然後乘汽車到兵工廠內

北伐軍東路軍白崇禧的前敵總指揮部內。李宗仁也住在裏面，大家見面，自有一番歡敘。蔣總司令已先由南昌來到，不久，也到東路前敵總指揮部會面。當時除了李、黃二人報告一些兩廣的情形之外，對於清黨問題還未有如何的決定。第二日，就在離法租界不遠的舊市政府內舉行清黨會議，由吳敬恆、蔡元培、張人傑、李煜瀛四監委提出一個對共產黨破壞兩黨團結的彈劾書，作為法律上的依據，決定舉行清黨運動。並否認武漢的中央，另在南京召集中央全體會議，組織中央黨部及國民政府。黃氏謂當日參加這個會議的人，可以記憶的，中央委員是吳敬恆、蔡元培、張人傑、李煜瀛、蔣中正、陳果夫、李濟深、李宗仁和黃氏自己，不過十來個人，另外還有軍事的首長如白崇禧等數人。會議的情形很簡單，也沒有什麼辯論，就很快的決定了。

上海會後，蔣總司令邀黃等同車到南京。這時，南京克復未久，劫後離亂痕跡，隨處都可以看到。他們由下關一直乘汽車到前清總督衙門，國民革命軍總司令部就設在那裏，連普通的陳設都沒有。黃氏和朱紹良參謀長住在一個空濶的大樓上，除了兩張床和兩張辦公桌外，再無別的東西了，他感覺實在寂寞得很。那時第七軍駐在蕪湖附近，蔣總司令和李宗仁軍長都希望他這位黨代表到部隊去說說話。他專輪到蕪湖，和營長以上的都見了面，他除了對他們慰勞之外，並將清黨的意思向他們說明。他們明白了情形，才放了心。政工人員有不應留的，使自由離去，不予為難。他處理完妥，乃回南京向蔣、李報告，他們都心安了。

他在南京閒著苦悶，便要求回上海走走，住在東亞酒店。那時廣西屢次來電催他回去，他就發電報告蔣先生，不再回南京去。蔣命王世和帶了一封親筆信給他，信內大意說：「革命正在危險關頭，萬一不幸，則國族淪亡，吾等胥負其責。」無非要他急回南京的意思。他當時也的確困難，他負有廣西一省黨政軍的全部責任，在這個大變動之下，不知廣西變成如何的狀態，心中頗為憂念，於

是他將必須回去的理由呈復蔣總司令。趁著未起程前，抽空赴杭州一遊，在風風雨雨中到達，雇了一輛汽車，沿西湖各處作了一個走馬看花，在館子吃了一頓飯，就乘下午的火車回上海。仍乘船經港粵趕回南寧。

四、為和平統一而離桂入京

黃、蔣第四次會晤是在民國二十年一月，政治況味和前三次已不相同。因革命軍北伐完成後，十八年二月便不幸而發生武漢事變，李宗仁、白崇禧、李濟深於三月廿六日被中央撤職查辦並開除黨籍，繼而黃紹竑也於五月四日被免廣西省政府主席職，演成寧桂對立局面。自是以後，桂軍及張（發奎）桂聯軍迭在白泥、花縣、北流各役敗衄，十九年夏進攻湘鄂又大敗而歸。黃氏對於內戰心灰意冷，八月廿一日不徵求大家同意，即在桂林將自行解除軍政各職的通電發出；同時發致南京方面馬電，呼籲和平息兵。那時南寧正被滇軍圍困，由賓陽、貴縣以至梧州也被粵軍佔據，李、白、張各位整理殘敗部隊在柳州守，黃和他們雖已政見分歧，因不能出省而仍在柳共處，種桐消遣。十月擊走滇軍後，大家回到南寧，十二月一日共同致祝黃氏三十七歲生辰。不久，他提出決心離省的意思，大家也不再勸阻，只望他出省後仍為團體而努力。臨行前他申明決心：一不再破壞國家；二不再破壞團體。遂經龍州、安南到香港。他一到港，已有人在等候勸他去南京。南京他是自己主動要去的，是想調和團體和國家的衝突，實行他的和平統一的主張，故在港逗留不久，就動身到上海，轉赴南京。他自然不須什麼介紹而於二十年一月廿五日晉謁蔣主席。據他自述，這次見面的情形，與十五六年初見面時並無什麼不同之處。使他最感動的是蔣先生待遇這些曾經反對他的人，和以前是一樣的誠懇，或者更密切一些。他將自動退出廣西的原因詳細陳述，深得蔣的嘉許。二月十日國民政府任他

為廣西善後督辦，伍廷颺為會辦，蔣命他回去收拾廣西的局面。但他不願參加內戰，和不肯做勾結破壞的工作，而只願在整個方面為和平統一而努力的決心，是蔣所瞭解的。許多向來反對他的人，在他住的旅館大貼標語，說他是「破壞統一的禍首」、「實行苦肉計」、「實行緩兵計」，要求中央懲辦他，並出兵討伐廣西，他只好付之一笑。這次風潮，經警察彈壓才告平息。不久，他回到香港，廣西內部知道消息，幹部中間也起了一些騷動，後來李、白通電解釋，說明他是厭戰，並無破壞團體行，內部情緒復歸安靜。他更表示決不就善後督辦職，而在香港住下來。但政海風雲出人意外，立法院長胡漢民忽於二月底被幽禁湯山，粵人憤而反蔣，與桂言歸於好，重新開府廣州。李、白來粵，順遊香港，與黃把晤，作了很多時間的懇談，絲毫沒有隔膜。李、白邀他同回南寧，望他參加這次的活動。他只允在地方經濟建設上努力，曾起草了一個五年經濟建設大綱。過了些時，汪精衛、孫哲生等到梧州來，他和李、白由邕往晤。他們示意要他擔任廣西經濟督辦，並且希望他同到廣州一行。他說待回港後再加考慮，於是乘輪一直返港。他感到中央要他督辦善後，廣州方面又要他督辦經濟，在港再住下去，一定糾纏不清，難以應付，不如早日離開為妙，於是和盤珠祁到菲律濱旅行考察去了。他在菲考察了一個多月，本想經台灣往日本，因接蔣主席電報要他不必遠離，遂經香港返容縣葬母。葬身畢後不久而「九一八」事變突起，寧粵雙方因國難嚴重而言和，兩廣代表團赴滬商量和平統一，黃被邀同行，但未參加和平會議。粵方要蔣下野才允參加國民黨第四屆中央執行委員會第一次全體會議，和平才能實現，十二月十五日蔣先生正式辭去本兼各職。黨四屆一中全會十二月廿二日在南京開幕，李宗仁由粵、黃紹竑由滬隨同粵方中委赴京出席。全會改組國民政府，選林森為主席及選定五院院長。閉會後，李回粵、黃仍回港。

五、推心與聞政職外為奔走

寧粵合流後的中央政府，孫科任行政院長，因江浙金融不與其合作而無法支持，非蔣氏復出難維危局的空氣瀰漫京滬。汪精衛廿一年一月十八日由滬到杭會蔣，經數日商談，得到了汪主政蔣主軍的決定。一月廿五日孫辭職，汪即被推繼長行政院。蔣先生被中央相繼敦促，一月廿一日回京，剛一週而「一二八」難作，由其指揮禦敵；軍事委員會成立，被推任委員長，於三月十八日就職。

淞滬戰事於五月五日「上海停戰協定」簽字而結束。黃紹竑即由港趕赴南京，被任為內政部長，頗為蔣委員長所信重。當廿一年冬，東北日軍漸迫熱河邊界準備進攻關內時，中央軍大部在江西剿共而無法調動，蔣特派他和訓練副監徐景唐到粵磋商，望粵派兵到贛任剿，好讓中央軍北上抗日。到廿二年春，長城戰役發生，蔣先生派軍政部長何應欽指揮作戰；並組織一參謀團，令他以內政部長兼參謀長。塘沽協定成立後，各方對政府都表示不滿，兩廣和福建抨擊尤力，似將爆發行動的光景。蔣又派他以半公半私方式到香港訪問西南方面的友好，將他自己當時在北平的情形、折衝的經過、協定的內容，坦白詳細解說，西南方面對此事的火氣才按下去。廿三年春，他的遠征新疆計劃得到蔣委員長的批准，行政院通過一千五百萬元的鉅額籌備費，進行順利，一切籌備都已完妥，他遂於四月下旬到蘭州準備向西北出動，部署半月，蔣氏忽電令停止進行，他回到南京，才知是為恐引起中蘇外交上的衝突，所以停止。他為此事頓感消極，乃請假三月回廣西，當時兩廣與南京是和平對峙的形勢，謠言很多，蔣電催他銷假回京，他回去上廬山住了兩個多月。

他長內政部是否由蔣先生所援引，我不曾問過他，但蔣對他確屬信任。廿三年一月我到南京出席國民黨四屆四中全會，他邀我

下榻其家，曾親口告訴我，張岳軍、楊暢卿、熊天翼和他，是蔣先生的四個大將，對國家大政，蔣頗使與聞，但關於蔣個人政權的則否。所以後來他回憶說：「我在內政部兩年又八個月中，真正致力職掌內的事實在太少，大部份的時間都在東南西北的奔走中過去了。」他所奔走的都非小事。

本節寫到民國二十三年冬至二十六年時期黃氏與蔣先生間關係的事件，計有：（一）蔣命設立公墓，浙人反唇相稽；（二）停簽中日航空協定政潮，奔走成都青島進行消弭；（三）兩廣抗日緊張危機，努力疏通和平解決；（四）西安事變，入晉營救；（五）廬山訓練，被召參加各項。依次詳述之。

六、推行公幕制藉孝治阻撓

黃紹竑民國廿三年十月間，尚寓廬山，忽奉蔣委員長召見，命他出任浙江省政府主席，徵詢他的意見。浙江是全國精華之區，西湖名勝，馳譽中外。自古來守是邦的如蘇東坡、白樂天等，都與湖山並垂不朽。他奉命之餘，深感欣幸。但又頗躊躇，因浙江毗連京畿，又是蔣先生的家鄉，地位重要，恐怕不能勝任愉快。而當時蔣先生的意思很堅決，似不能辭謝，乃決意受命。蔣對浙江財政問題很關切，囑他和徐青甫詳細研究改進辦法。他默察蔣的指示，似有以徐擔任財政廳長的意思，他隨即將省政府改組名單呈核，以徐青甫為省政府委員兼財政廳長。十二月五日中央政治會議：准內政部長黃紹竑辭職；同月十一日行政院國務會議：任命黃紹竑為浙江省政府主席。他於同月二十一日到杭州就職。

他到職不久，二十四年春間，蔣先生在家鄉奉化溪口小住，有一日，他隨蔣到甬江南岸的育王寺去遊覽，這是浙東有名的寺廟，香火非常之盛。他覺得浙江各地的名山名寺，每年不知消耗多少金

錢，單是紹興錫箔稅就年抽三百多萬元，以這種稅收辦教育來破除迷信，真是揚揚止沸的笨法，於事毫無所補。那住持的方丈又鄭重從一小玻璃器中取舍利子給他們看，說是中國唯一的真舍利子，連很多日本人都要來瞻仰。黃看了那黃豆大半透明琥珀質的東西，在各種不同方向的光線看過去就發出各種不同的光彩，和尚們認為至寶就是在此。其這是很淺顯的折光道理，三稜玻璃或貓眼石一樣可以發出不同的光彩。舍利子如果真是高僧修練得來，於高僧自己於眾人又有何益處呢？他對浙江人的迷信，不勝慨歎。

那次，蔣先生又指示他兩項工作：一是人民勞動服務；二是設立公墓制度。關於勞動服務，推行得很順利，如修築道路、疏濬河塘，成果都很好。關於公墓制度，阻力卻大了。浙省在二十三年大旱，人民飽嚐飢餓的痛苦，闢地增產，自是省政急務，而良好土地，埋葬屍骨，多被死人永佔，生人耕地自減，以致影響生產。寧波、鎮海一帶，墓地恐怕要佔耕地十分二三，情形最著，黃氏說曾乘車由寧波到鎮海，沿途差不多都在墳墓間行駛，真是別處所未有的現象。遷移私墳設立公墓的命令頒行後，有些縣份因為不感土地的需要，未能踴躍實行。極需土地如寧波、鎮海等，一經執行，阻力驟發：一因公墓是新創制度，社會上沒有送死人進公墓的觀念和習慣。而且過去具有公墓形式的義塚，卻是貧苦無告者或路屍埋葬之所，所以普通人家都不願跟樣。二因公墓設備太單調，只有一塊木製的墓碑，覺不體面。三因社會迷信風水，公社卻不講究這一套，如強制他們將先人骸骨離開好風水的地方，被認為無可補償的損失。而且公墓的建築設備，本來就是葬者公共的事業，但一般人寧可個人花費數萬以至數十萬去建築私人墳墓，要他們在公墓上花一萬幾千，就沒人樂意了。政府正在財政困難，哪有許多錢來建築公墓？公墓建築不成功，私墓的遷移就成問題了。更有些士紳聯名電請中央制止，電文大意有云：「蔣委員長以孝治天下，對於生母墳墓，備極愛護，何以對人民父母之墳墓則須勒令遷移？望本『孝

思不匱永錫爾類』之心，立令省政府收回成命」等語。由此可見中國社會舊禮教束縛力量的強大，與政治上事實的矛盾。眼見墓佔耕地糧少人飢，卻仍安心於以迷信方式孝敬祖先而不肯改變。

七、為汪政治病再度充侍者

黃氏現任地方官，仍如長內政部時一樣，許多時間和精神耗費於奔走國事，實例如下：

二十四年夏間，他正在舉行民眾防空的演習，忽奉蔣委員長電話，囑他立刻乘飛機晉京。時已傍晚，且風雨交加，飛機不能升空飛行，乃作罷論。旋即又奉電話，囑他中止赴京。當時莫明底蘊，令他頗為驚愕。事後方知日寇在北平向我方提出種種苛刻要求，中央派何應欽部長前往處理，因為前年他曾同何部長在北平經歷過塘沽協定工作，故此次又命他隨用襄辦，那天夜裏即須動身北上。他因時間趕不上，中央改派熊式輝、陳儀隨往，這就是六月十日簽訂「何梅協定」的序幕。

同是那天夏天，日子他記不起來了，蔣委員長在溪口家裏來電話，囑他立刻轉知南京行政院汪院長停止對日簽訂滬岡航空協定（日本福岡至上海，中日合資）。並指示必須停止的理由，即使日本對中國以武力壓迫，也不能簽字。因為此項協定一經成立，日本在中國即可建立空軍基地，並且必定繼續援歐亞航空公司（中德合資）、中國航空公司（中美合資）的先例，要在內地航行，並建立基地，那時候就無法拒絕日方了。日本以武力佔領一地，僅是一地的損失，如果日本飛機能在我國領空自由航行，並在內地建立基地，則我所有的國防空防，他必暸如指掌，勢將全部被其破壞，所以這個協定必須停止簽訂。語氣極為堅決，命他將這個意旨一字不漏的轉知照辦。他遵命立即照轉，因為中日航空協定雙方定於是日下午二時簽字。協定突然拒絕簽字，日方極不愉快，因此醞釀出以

後種種問題；我方也隨而發生政治風潮。

黃氏在這次政潮中又任奔走，他憶述得很詳細：

「原來汪精衛院長這時正在進行所謂中日外交調整工作，中日航空協定即為其調整工作之一，臨時停止簽訂，不僅予日本一個嚴重警告，也給汪精衛政策第一個致命打擊。於是不久汪即以養病為名，七月十五日由上海逃避青島。陳公博、陳璧君及其親信若干人都離去南京而往青島，中央政局又起了一個軒然大波。南京方面有好些人因汪氏之走，認為政治上失了重心，深恐因此引起日本武裝的侵略行動，同時又恐怕再引起國內政治上的重大糾紛，此時蔣先生正在成都，大眾的意思，要我去成都見蔣面陳種切，並請其指示對汪出走的態度。他們推我去的理由，想係因為上次汪氏託病出走莫干山養病（按：事在廿一年九月中旬）也是我去奔走的，似乎含有駕輕就熟的意思，我幾乎成為汪氏政治病發生時一個代述病狀、領取藥方、買送藥品的侍者。

「我這次赴成都，是由上海乘中國航空公司小型水上飛機專機前往，到萬縣上空，機件忽生故障，不敢高飛，乃降落揚子江的水面，在江面上飛行，既是最慢的飛機，又是最快的汽艇，實為生平難得的際遇。而富有詩意的三峽，竟坐飛機在水面上遊覽，也算是一個古今未有的奇遇了。到了重慶，這架飛機已不能再飛，乃改乘他機到成都，即日偕楊暢卿晉見蔣先生，陳述來意。蔣先生說：『如果日本因為航空協定簽訂不成，欲以武力壓迫，我就立刻對他開戰。以前因為中央力量尚未深入四川，東南各省交通便利，距敵過近，不能作長久抗戰的根據地；現在中央軍隊已進駐四川，即使開戰，一定可以持久，爭取最後的勝利。』我因使命的關係，不能不再三陳說。楊暢卿也補充我的意見。我們以為四川初定，西南方面尚有問題，統一基礎未臻鞏固，而且國防的準備正待積極完成，萬一對日開戰，顧慮殊多。辯論了相當時間，最後，蔣先生鄭重指示說：『你們的顧慮，都是就以前或目前的看法來講。我可斷言，

中日一旦開戰，這些問題都要化為烏有，國內一定更加團結統一。至於國防的準備，也不能作萬全的打算，一面作戰一面準備，要比平時迅速得多。而且日本對中國，即使沒有航空協定問題，也隨時可以對我尋釁開戰。你們以為航空協定不簽字，將為引起中日武裝衝突的主因，我則以為中央力量到了四川，將為他不敢即時對我開戰的主因。」最後並堅決表示，航空協定問題不必再談，如果日本不發動武力，仍可由汪先生與其敷衍。囑我將這意旨轉達南京及汪氏。這椿事情，蔣先生在三十二年本黨五屆十一中全會時尚提起，以證明今日的形勢，與他當日所判斷，若合符節。蔣先生謀國的深遠，見解的卓越，使我於追懷往事之餘，不禁肅然起敬！

「我奉了蔣先生的指示，隨即乘機飛回南京。並再飛青島，將意旨轉達汪氏，同時勸他即回南京主持政務。政客的作風總是扭扭捏捏，缺少直截爽快的風度，他還是裝腔作勢的說：『等病好了再說。』不久，他病就好了，仍回南京（按：時為八月二十日）擔任行政院長。一場由外交引起的政潮，也就此告一段落。」

八、斡旋蔣桂間危機欣挽救

李宗仁和白崇禧在二十四年六月間曾派葉琪到成都謁蔣委員長，陳述對於政局的意見。蔣表示對於地方的中間組織如政治分會、軍委會分會之類，謂無大問題。七月黃紹竑為汪事在川見蔣，曾談及桂事，他是一貫主張和平統一的，自川歸後，即承蔣意於八月十五日由浙江抵南寧。他此來與李、白商得結論大要是和葉向蔣建議的相同，即設立地方的中間組織。他八月廿三日離邕北歸，九月三日再由滬飛川謁蔣，九月二十日來電云：「蔣允將滇桂黔劃為一區，以德鄰為正，龍雲為副，因蔣曾將黔許龍之故。此案將在五全代會提出。並望德鄰能出席五會代會，於蔣面子較好看。」到了十一月十二日五全代會在南京開幕，他事前電促李、白出席，勿失

此一調解蔣桂問題的良機。但李、白對蔣仍無信心，都不赴會，劃區案自然擱置。

二十五年五月十二日，中國國民黨中央常務委員會主席胡漢民突然腦溢血病逝廣州，兩廣失去了和中央對峙的屏障，中央即向陳濟棠試探，要求其將粵省軍權和財權交還中央，竟引起陳濟棠的積極行動。廣西初不贊同，嗣以陳極堅決，只好與其一致。但粵被分化，至七月中旬已完全瓦解，只剩廣西了。中央方面，七月十三日遂由國民黨五屆二中全會決議：撤銷西南執行部及西南政務委員會；廿五日國民政府明令：特派李宗仁為軍事委員會常務委員，任白崇禧為浙江省政府主席，黃紹竑、李品仙為廣西省綏靖正副主任。這是以決議和任免來代替討伐。

黃紹竑憶述此事的經過云：

七月間，蔣先生來電要我到廬山去。我乘浙贛鐵路火車一日一夜便到南昌。在南昌忽見報載國府任我為廣西綏靖主任、李德鄰調軍事委員會常務委員、白健生調浙江省政府主席的消息。這一個悶雷打得我昏天黑地，幾乎轉不過氣來。好多報館記者要求接見，問東問西，簡直使我無言可答。當日匆促趕上廬山，問明真相，想作請求收回成命的打算，因事實已經如此，只是如何設法補救而已。我曾對楊暢卿說：『這無異於硬捉媒婆充新嫁娘，兩方精神都要受到極大的痛苦。』他笑著說：『橫豎你已經嫁過（指二十年發表的廣西善後督辦），再嫁一次又有什麼要緊，你還是準備上轎吧！』這時真弄得我啼笑皆非，進退維谷。因為我數年來奔走兩廣的問題，無非是想求內部的團結統一，加強對外力量。我對廣西如果有所留戀，早就不應該退出了。現在要我再回廣西去，不但違反了我過去的心願，而且各方面都要對我發生誤會，公私都沒有什麼好處。我於是把自己處境困難的理由向蔣先生陳述，幸而得到諒解。隨即由我致電李德鄰、白健生，說明這事不是出於我的本意，表示我決不回去就職，以明我的心跡，並且勸他們尊重中央意旨，

作妥善之解決。自然一時是不會得到諒解的。而且事情一定要更形惡化。我於是回到上海，不聞不問的過了好些安閒的日子。浙江省政府主席職務，因白未到任，由徐青甫代理，以下的人員仍舊不動。

　　我在上海住了不久，蔣先生又從廣州連來電報要我到廣州去。我心忐忑不安，不知又要擔任什麼工作了。由上海坐船到香港時，一般與廣西方面有關的人物都到船上來接我。他們不是來歡迎新長官，而是來歡迎舊長官的。彼此相見，非常歡洽，大家都有說不出的微妙意思，蘊藏在各人的內心。我自退出廣西，對於他們，從來沒有一些私意與惡意；他們對我，也沒有一些私意與惡意，這是我數年來衷心引為最安慰的。我對他們表示，當本著一貫的主張，盡我的力量，不使廣西糜爛，國家分裂，也希望他們對此共同努力。隨後我到了廣州，雙方已在那裏調兵遣將，積極準備作戰。我晉謁蔣先生的時候，申明我的意見，仍望盡我的力量來擔任調停工作。蔣先生也沒有一定要使用武力的意思，對於我的意見表示允可。我於是來往於省港之間，從事接洽。同時也有很多電報給廣西方面，但是都得不到什麼要領，情勢一天一天的惡化，好像有非用兵不可的樣子。中央方面並要我擔任討伐軍總司令的名義，逼得我非常為難。

　　這時參謀總長程頌雲也在廣州，我對他說：『情形雖未能即刻好轉，但並不是完全絕望。據我觀察，用兵三個月未必即能解決，善後問題更屬困難，如能遷延三個月，也許倒有和平解決的希望。顧慮事實，與保存國家的元氣，靜候一些時間要比立刻用兵合算得多。因為以往國內許多糾紛，起初無非是當事者一些面子上意氣上的爭持，彼此互相激盪，遂成為狂瀾而不可挽救，並不是有什麼了不得的問題存在其間而須以武力解決的。假使我們設身處地為廣西方面打算一下，自有其許多困難，如能假以時間，使其從各方面著想，亦必能自己尋求其解決之道的。』他對我的見解很為贊同，於

是我同程總長到黃埔去見蔣先生，我將意見陳述，幸蒙採納。由我同程總長分別再電他們，作最後的斡旋。不久，得到他們的回電，並且提出若干解決條件，希望我同程總長到廣西去商量。開價雖然很高，但並不是沒有商量的餘地。我們又將來電呈核，後蒙蔣先生大度寬容，差不多都完全允許了，並且派我們到廣西去。一個極嚴重的危機，終於又得挽救過來，內心是如何的快樂啊！

我們到廣西去磋商和平，當時有人以為有虧中央的顏面，應該由他們先到廣州來方為合理。我覺得不必計算這些小節，惟其如此的豁達大度，更足以表示中央相忍為國的苦衷，而使今後國人更能精誠團結，共禦外侮。我們飛到廣西，李德鄰、白健生、黃旭初都在武鳴機場（旭按：當時邕江水漲，南寧機場被淹，故在武鳴降落）等著歡迎，大家相見之下，並不像接待代表的例行儀式，而是充分表現出患難知已的真誠情意。除了照例應酬之外，並沒有形式的討論，而是誠懇的商談。我們並邀李德鄰一同到廣州面見蔣先生。一切事實問題都可順利解決。他也坦白的答應了。我們遂同赴廣州，在飛機上，深覺同舟共濟的意義，就在那蔚藍的天空上充分表示出來。這件大事的完成，豈真有天意麼？無非是幾個人以誠相見的結果而已。到了廣州下機後休息不久，預備一同晉見蔣先生，而蔣先生卻先到來了（旭按：黃和我們九月十七日下午三時到廣州，即約好謁見蔣先生的時間，但十八日上午九時，蔣卻悄然先到繼園來訪了。）我想彼此握手相見之下，必有說不出的愉快與感慨。同時更覺得蔣先生的偉大與親切。此後的問題，由他們當面去解決，我不願再為參加了。一椿彌天大事，至是煙消雲散，我在廣州、香港痛痛快快的過了幾天，在那個情景之下，真是值得痛快的啊！數日之後，蔣先生又要我回到浙江的任上去。這真是做戲一樣，反串了兩個多月，仍舊恢復了本來角色。我回到杭州復職，一切依舊，好像是預先安排仍要回來的樣子。至今回想，的確有些可笑。」

本節主要在敘述黃紹竑三次奉派入晉情形：

第一次是西安事變發生時，中央派他到山西去與閻錫山商量設法援救蔣先生。

第二次是抗戰初期，大同失陷，影響嚴重，蔣委員長派他以作戰部長親往視察。

第三次是蔣委員長為欲確保山西，特派他為第二戰區副司令長官，以期貫徹此重要戰略。

九、調黃主湖北救蔣赴山西

民國二十五年十二月一日國民政府令：黃紹竑調任湖北省政府主席。因前任楊永泰於十月廿五日在漢口被刺殞命，蔣委員長來電，調黃繼任，他只得從命。他已與浙江新任主席朱家驊約定於十二月十六日交代，準備先到西安向蔣委員長請示，再赴湖北就任，已定好機位，擬於次日由上海飛往。那天晚上許多朋友為他餞行，他飲得大醉，第二天早上竟誤了上機時間，只好等待下次班機再去。在第三天即十二月十二日的晚上，已知道蔣先生在西安被張楊劫持的消息，全國為之震驚。他說他幸而醉後誤班，不然，這時候也正在西安，不知道要遭遇什麼結果！當天晚上，何應欽部長來電話邀他到南京去共商挽救大計，他次早即乘火車到南京。中央方面有主張武力討伐的，有主張和平營救的，結果是兩者同時並進，一面任命何應欽為討伐軍總司令，一方面派人到各方營救。他被派往山西與閻錫山商量就近設法營救，同行有東北將領王亭午、王維宙二人，乘機飛太原，中途飛機漏油而降落開封，改乘火車到達太原。他除了傳達中央方面的決議及大眾的屬望外，只有請閻去電解救而已。但對方的回電都是一些不著邊際的話，焦急忍耐等待多天也無結果。一晚忽傳蔣先生已安抵南京，他不覺眉飛色舞，額手稱慶，把壓在心上一塊大石頭輕鬆的放了下來。西安事變既告解決，

因此事變而齊集南京的人物也就漸漸散去，回復各自原來的崗位。他延至民廿六年一月十六日才由上海飛赴漢口接任湖北省政府主席職務。

蔣委員長於二十六年夏間恢復廬山訓練團，自任團長，陳誠為教育長。召集全國中等學校的校長、訓育主任、辦理童子軍訓練的幹部、黨政的幹部，作精神團結的訓練。第一期於六月下旬開始。孫連仲任第一總隊長，黃紹竑為第二總隊長。第二期於七月下旬開始，我被派為第一總隊長，衛立煌為第二總隊長。我到團時，黃尚未下山，曾向其聆取第一期訓練的經驗。因蘆溝橋事變爆發後，人心激動，訓練精神頗受鼓舞。

十、抗戰宣佈後受任掌作戰

黃紹竑於廬山訓練團第一期結束後回武昌。七月底他接參謀總長程頌雲的電報，謂蔣委員長要他到南京去。他料是另有新任務，將省政府主席職務交秘書長盧鑄代理，搭機飛到上海。觀察情勢，全面戰爭將不可免，須將家中稍事安頓，八月四日才到南京。六日那天在國民政府開了一個具有歷史性的重要會議，蔣委員長將七七事變的情形、以及敵人要滅亡中國的陰謀、與我們國家的決策宣佈了，中日兩國自此遂進入戰爭狀態，敵我雙方都是不宣而戰。不另組織大本營，即以軍事委員會為最高統帥部，由蔣委員長指定各人的任務。黃紹竑為第一部部長，係主管作戰計劃與作戰命令的。他說他受到這個命令非常惶恐，因為他這十多年來，一向都混在行政界中，對於軍事只在中間幹了幾次打雜式的臨時工作，對這老調，有點不敢重調！蔣委員長要他擔任這項工作，也許因為他曾於二十二年擔任過北平軍分會參謀長，參加過長城戰役的原故；但那次戰役是局部的，而現在卻是全國性的戰爭，輕重大小，又有分別。同時因為離開軍界久了，很多情形不很熟悉，幹部也成問題。

躊躇至再，終因懍於國家民族存亡的大義，與自己應盡的責任，便不顧一切的毅然肩負起來。在短短的數日間，東湊西湊的將一個機構組織成功。並擬具初期的作戰計劃，呈請蔣委員長核示。好在在委員長直接指導之下，奉命進行，尚不致十分困難云。

「八一三」上海的砲聲響了。一切都進入戰時狀態，但因為是不宣而戰，一面在打，一面還在講道理，並不按照宣戰的國際實例執行。黃氏說：「我在南京住在鐘鼓樓日本大使館的隔壁，日本大使館的人員走了，丟下好多汽車不能帶走。部裏正缺乏交通工具，要徵發那些車輛來用，我們的外交人員大打官話，說：『未經宣戰，徵用對方器材，不但日本以後要說話，就是中立國也要說話！』我不願同他們過於爭執，也就罷了。但不知他們會不會想到日本在華北和上海作戰地區，是怎樣的行動？土地都被佔領了，我們還要很慎重的替他們保存一些小東西。後來南京市政府復將日本大使館的門用磚牆封閉，並派警察嚴密的保護，深恐有人進去偷東西。我不知道十二月十四日日軍佔領南京，看到那種慎重的保護措施，有沒有一些謝意或其他的感想？」

十一、認決策英明表衷心敬佩

黃氏對蔣委員長的全面奮起抗戰決定，認為是英明的決策，表示衷心的敬佩！他說：「日本侵略中國，一貫的採用蠶食政策，由朝鮮的奪取，而侵佔東北，而進入長城，而發動蘆溝橋事變，均屬蠶食政策的逐步實施。其發動七七事變之目的，實在佔領平津或察綏，並未有對中國全面作戰的計劃。蔣先生早已洞悉其奸，在七七事變發生後，曾在盧山某次集會中訓話，內有：『和平未至絕望時期，決不放棄和平；犧牲未到最後關頭，決不輕言犧牲』之語。又記得有一次，蔣先生曾對我們解釋『最後關頭』四個字的內涵，他說：『平津的存亡，就是中國最後的關頭。因為平津一被佔領，則

華北全局必至瓦解，我們以後就沒有一處可為華北國防鎖鑰的地區，更無時間以從事國防的建設了。日本如果決心佔平津，則中國必全力對日本作戰。」等到日本佔領平津已成事實，一面仍希望像以前一樣作地方性事件，為局部之解決，他的目的既在佔領平津，其用兵數量及作戰計劃，亦以佔領平津為度。卻不料我最高統帥卻嚴正指出最後關頭已到，而領導全國軍民奮起作全面的殊死戰。是以我們的作戰計劃，就不限於平津，而爭取主動的地位以展開全面的戰鬥。

「上海雖為日本在中國東南的侵略根據地，但因為礙於國際關係，並未準備在淞滬作戰。八一三戰事的發生，是出乎日本意料之外的，亦可以說日本是被動的，而我國是主動的。最高統帥的決策，是要以主動的姿態，先把上海的敵軍根據地摧毀，然後再主動的向華北作戰；即使不能將敵人根據地剷除，亦須吸引其兵力到這方面，以擾亂其既定的計劃。果然淞滬會戰範圍一日一日的擴大，敵人以前所準備在華北方面所使用之兵力，亦被吸引到淞滬來。最先發動戰事的平漢線，反而暫告安靜，否則敵人如用重兵沿平漢鐵路向武漢進攻，則其進展的迅速，決非淞滬可比，而我方的應付，必招致非常的困難。此種英明決策，實為抗戰八年而終於得到最後勝利的最重要關鍵。」

這是這位作戰部長對於最高統帥的觀感。

十二、失大同嚴重命親往視察

山西是華北數省的脊骨，大本營的作戰計劃，必須確保山西，方可阻止敵軍沿平漢路平原南下。而大同尤為晉綏兩省軍事的樞紐，廿六年九月十五日大同的淪陷，不但影響華北軍事的全部計劃，並且要影響全國的戰局。蔣委員長接到這個消息，非常焦急，命第一部部長黃紹竑親自到山西去視察，並與第二戰區司令長官閻

錫山洽商以後的處置。黃奉命後匆匆離開南京，由津浦而隴海、而平漢、而正太、乘車趕赴太原。此時平綏線上的我軍已退守雁門關、平型關、楊方口一帶。敵人也積極部署，準備進攻。他到太原，閻錫山已赴雁門關督師。那時，太原白天整日都是空襲的警報，他要到雁門關去與閻會晤，必須等到黃昏才能動身。同行的有第十八集團軍副總司令彭德懷。北方的月色，秋後分外皎潔，殘照在天，星光四照，與白天也差不多。日本的飛機照常活動，他們曾在中途一家小飯舖內躲避空襲，並吃了一碗粗麵，擋擋深夜的寒氣。在那寂靜的小舖子裏，他和彭氏作初次的閒談。彭滔滔不絕的講他們已往的經過，他也隨時插問他所未知的情形，使寂寞的旅途，增加了不少的興趣。空襲解除後，彼此仍舊分車前進。本來由太原到雁門關，在白天只四五個鐘頭就可到達，他們卻差不多行了一整夜，到達時已是村雞唱曉，東方漸漸發白了。他在一個招待所休息了片刻，等到天大亮了，才去見閻，商量一切。

閻氏駐在雁門關後依山的一個小村，村後有許多窰洞，他們就在那裏設立指揮作戰的處所。原來山西、陝西、甘肅和豫西一帶的鄉村，差不多每家後面都有好多窰洞，或是用來儲藏物品，或是用來居住。因為西北一帶，土層厚而堅實，並且乾燥而不會潮濕，所以儲物不易霉壞，住人則冬暖夏涼，至為適宜。富有人家的窰洞很高敞，陳設也相當精緻潔淨。黃說，我們以前以為住窰洞的人一定是很貧苦的，同南方住在破瓦窰的叫化子一樣，其實並不如此。舊戲中薛平貴回窰的故事，所指的寒窰，就是山西鄉間的窰洞，而不是南方的破瓦窰，我到山西才明白。這可算是我對於山西窰洞的真正認識云。

閻氏到南京時，對於抗戰將領，主張大賞大罰。當大同陷落後，就首先將守將李服膺槍決了。這是抗日戰中首先被軍法判決極刑的軍長。在這種嚴刑之下，加以閻氏等親臨前線督師，軍心為之一振，雁門關的正面因此才鞏固下來。但是敵人對於雁門關正面並

不十分攻擊，而以主力由平型關方面迂迴，希圖楔入雁門關的側後。閻氏認為單靠那時晉境的兵力，決不能達到確保山西的任務，非大本營趕速增加兵力不可。黃氏也同樣有這種見解。於是閻、黃兩人會電大本營核示。閻並要黃回去面陳最高統帥。黃臨別時向閻建議：無論目前形勢如何，必須忻口附近準備第二線的防守計劃，因忻口在太原以北五六十里，正面甚為狹小，極適防禦之故。黃見無久留的必要，乃於當日仍回太原，轉返南京。到石家莊時接得太原電話，說是十八集團軍在平型關打了一個大勝仗，把敵人殲滅了很多。其實是宣傳過甚，十八集團軍以很優勢的兵力，用他密集猛衝的戰法，將敵人的先頭部隊壓迫在山溝裏，打死了不少，但是敵人低地的防禦戰術也頗高明，等待主力到來，仍舊解圍前進。此後雖續有戰鬥，也只是稍為遲滯敵人前進的速度，而不能將其完全阻止。平型關戰役實情就是如此云。他由石家莊乘車回武昌，將湖北省政府的事務料理一下，住了一夜。次日復專輪回南京，將山西情形向蔣委員長報告。

十三、重視晉戰局特以副助閻

　　大本營對於確保山西的戰略，自然是一貫不變的。但當時上海會戰正在積極展開，中央的主力部隊以及廣東、廣西、四川新加入的部隊，都使用在上海方面，而對於山西僅能以由平漢路撤退下來的孫連仲、衛立煌、馮欽哉、曾萬鍾等部轉移入去。蔣委員長任命黃紹竑為第二戰區副司令長官，命他再往山西襄助閻錫山。他奉到命令，心裏很躊躇，但是也不容他再猶豫，因為戰事已很吃緊，所謂見危授命，他在這時候還能推辭嗎？大約是在九月下旬，他又離開了南京。他再行經石家莊，情況已和上次大不相同，保定已失，敵人繼續南下，石家莊就成為敵機轟炸的主要目標，火車站炸得破破爛爛，老百姓都感覺危難快要臨頭。他逼留石家莊兩三日，一方

面傳達大本營的意旨，一方面想看看部隊調動的情形。他到太原，閻氏已由雁門關回來了。敵人突破平型關而楔入雁門關右側後，正面同時猛攻，遂告陷落。從前有「鳥飛不過雁門關」的諺語，形容其何等險阻！其實公路鐵路都通得過，何況步兵？他在太原，住在綏靖公署內，以便隨時與閻商量問題。

十月七日因為石家莊情況已經不明，閻氏要黃到娘子關外去視察。他帶了幾個幕僚乘車到了關外井陘縣，這是關外的要點，找到娘子關方面指揮官馮欽哉詢問敵情及我軍佈置情形，知敵先頭已到獲鹿，而馮部和曾萬鍾部各三個師，竟佈置一百七八十里這樣廣的正面，處處都顯薄弱，要把左右翼向中央靠攏，是否來得及也成問題。他在黃昏離開時，遠處已聞槍聲。趕著回來向閻報告，須迅速改變娘子關方面的部署，並且只有派尚在井陘候車的孫連仲部擔任正面，時間才來得及。閻同意他的建議，但望他擔任指揮。他自不好推託，九日晚上就出發到娘子關去，帶了南京同來幾個幕僚，調用綏署幾個參謀副官，攜帶一架無線電報機，到離娘子關車站十多里的磨河灘設立指揮所。關上的國防工程，僅是在那一帶的山上鑿一些洞，既不是砲兵的砲位，又不是步兵的戰壕，陣地的通訊設備完全沒有，而敵人已逼近關門，並且佔領舊關（固關）了。敵自破我石家莊防線，即以主力向山西，到了井陘前方，卻斜出南側專攻我右翼，而不向娘子關正面。黃氏將馮部擔任娘子關以北，曾、孫兩部任關以南，經數次劇戰，陣地屢有得失，漸成膠著狀態。

十四、朱德彭德懷乘亂離戰場

他並懸重賞俘虜敵人，結果僅得兩個，因敵兵平時受其官長欺騙宣傳，說中國對俘虜要殺頭的，而日本人極迷信，說殺了頭下一世便不能轉身為人，被俘的共十多個，但看守一不小心便即自殺。

又一次，他懸賞五萬元爭奪一要點，孫連仲指定廿七師某營去

擔任，那營長慷慨激昂地說：「賞麼！我們不知用得著用不著。軍人以服從為天職，我們總是盡我們最大的努力與最後的犧牲，以報效國家，希望戰後能在那兒立個碑來紀念我這一群為國犧牲的人，就滿足了。」結果，那位營長和一營人大部都犧牲了，只剩下來幾十個人。他說他對於懸賞得來的俘虜與不受賞而犧牲的官兵，同樣的敬佩！

　　敵人不斷增加，不斷包我右翼、陽泉如失、前線我軍將被隔斷，於是他令孫部將娘子關放棄，將部隊撤回陽泉，以阻敵直趨太原。但我軍到陽泉，敵也到陽泉了，於是混戰一場。孫和他都移到壽陽來。此時在忻口以北任敵後作戰的十八集團軍全部也來到，朱德、周恩來、彭德懷同到黃所駐的半月村裏同吃了一頓晚飯，據談是奉令轉移到正太路側面昔陽、和順兩縣中間地區，與劉伯承師會合，以全力作戰，阻敵向太原前進。黃聽了自是興奮。但過了三四天，計應早到了，竟毫無消息。後來才想到他們是要脫離整個山西會戰場合，而自己在太行山上建立單獨的基地，故撒了一個謊言。敵迫近壽陽廿五里來了，他和孫商量，對這些潰散部隊須有地點與時間整理收容才能再戰，遂決定轉移到正太、同蒲兩鐵路相交點的榆次縣。在途中他忽奉閻命，這方面的部隊都向太原集中，並要他們到太原會議，只好遵命，他將指揮部人員留在榆次縣附近鳴李村，而自己回太原。

　　忻口防線是十一月二日失陷的。黃紹竑到太原時，忻口、娘子關兩方面的高級將領都已趕到，閻司令長官和主持作戰計劃參謀將改變的作戰計劃向大家說明，是：以忻口方面的部隊退守太原以北的工事，娘子關方面的部隊退守太原以東的工事，兩方都是太原近郊十餘里的既設國防工事，而以前守涿州名將傅作義所部固守太原城。

十五、主張未採納狼狽出太原

　　黃紹竑在太原與閻錫山商議改變作戰計劃時，黃氏則以為忻口與娘子關撤退的部隊，若沒有生力軍掩護，潰退中的部隊不易佔穩陣地，何況太原近郊的工事是否適用，也還是個謎，恐怕敵軍一舉便逼到太原城下；娘子關方面部隊退向榆次太谷線上，均構成對敵的側面陣地，以免敵直攻太原，至少可以延長太原防守時間。但因軍隊已在行動，難改方向，黃的主張未被採納。

　　會議到深夜十一時，決定仍照原計劃實施，長官部當夜撤退，大家分途的散了。但他得打個電話回南京將這個情形報告統帥部。打完出來，全城電燈都熄滅了。出到大門外，指定給他的汽車不見了，一輛汽車都沒有了。想找傅作義設法，又不知其司令部在何處？帶了六個衛士想回榆次指揮部，但聞榆次已發現敵人，指揮部當已移動，於是步行向西退出。走到汾河南橋（城北是鐵橋，城南是舊式木橋），汽車、大車堵塞橋上，出的入的各不相讓，停在橋上鬥嘴，無法通過，一到天亮敵機看見投下彈來，就大家都完了。他檢查車輛，知是出去的佔多數，就要回去的向後退出，讓出去的過完了，再准回來的車過去，連勸帶罵費了一點多鐘才把橋上的車輛疏通。他也附搭一輛卡車到太原西南五六十里的開柵村停下，這是他狼狽退出太原的情形。

　　天亮後他到那鄉公所探問，知這是交城縣轄境，離縣城三十里。他叫一副官借輛腳踏車乘到城裏打聽閻長官駐處，並請派一汽車給他，以便前去晤商。因撤退時閻說是到交城附近的。過了些時，閻派車子到了，他去見面，把昨夜南橋情形告閻。閻說北橋情形也是一樣。黃說照這個情形，太原恐不能久守，希望趕快到較遠的後方去作其他的佈置。但閻卻堅信太原城至少可防守一個月以上，不管外圍的部隊情形怎樣。黃因他的指揮所已由榆次沿同蒲鐵

路南撤，而且汾河以東也須有一高級長官照料，於是他請求到河東去，遂與閻別。

十六、太原終淪陷南京又緊張

他坐一小包車在途中遇上九架敵機，撤退時坐小包車的，敵機知道定是高級官長，即一齊俯衝轟炸，幸躲得好，人和車都未受傷。經過汾縣、孝義縣，人民趕市集很熱鬧如平時，當然不知道太原的現時情狀。過了汾河，到介休縣，這個同蒲路的大站，剛被敵機炸得七零八落，幾列車尚在燃燒，站上人員星散，打聽不到沿線消息。在黃昏時，和他已失聯絡的衛士隊忽然找到了，而指揮部人員卻已乘火車南開，他只好和衛士隊黑夜步行向靈石前進，在靈石縣附近小村中駐下。

從電話上打聽各方消息，知敵人向西去會攻太原，故太谷縣尚無敵到。敵機終日炸同蒲鐵路，似在阻我援兵，其實當時並無援兵開上。而由太原撤下來的傷兵、散兵、物資卻佈滿了沿線各站，本來先天不足的鐵路，再加被炸破壞，員工星散，運輸力量幾等於零了。靈石站上兩列車因機車無水而不能開，列車上擠滿著散兵和傷兵，有很多傷兵反丟在站上不能上車，無醫無藥，痛苦呻吟，已有數日。他令裴時傑率衛士隊將散兵繳械逐下，抬傷兵上去。並令縣長動員數百民眾去挑河水灌滿機車，才升水開行。他說，火車用人工上水，是初次遇到的異事。

他到靈石數日後才和閻長官聯絡上，知道退住在中陽縣的大麥郊，並知道太原已在他們離開後四五日就失守了（按：十一月十二日太原淪陷）。這次戰事，打破了山西軍善守的傳說。其實並不是山西軍不善守，而是現代的火器太厲害了。

他在靈石應該處理的事已了，就乘火車轉到臨汾。這是晉南重鎮，是太原撤退時預定的後方基地，軍事、政治、經濟各種機關和

人員早就撤到這裏來。他們聽到太原失陷消息，神氣非常懊喪，尤其是那些富有資產的人。因為太原是民國以來最安全的都會，從未受到內戰的蹂躪，它是軍政人員富商大賈的安樂窩。它歷史悠久而規模宏大的兵工廠，以及近年來新建的工廠，正要為國家有所貢獻的時候，遭到毀滅，實深痛惜！這是黃氏當時的心情。

他在臨汾又住了幾日，覺山西戰事已告一段落，留下去也沒有什麼意義，奉到大本營許可，回南京去。乘火車到同蒲路終點風陵渡，坐民船渡過黃河而到潼關，即乘隴海車轉津浦路。離浦口廿多公里，警報忽發，有敵機九十多架大炸南京，為抗戰發生以來規模最大的一次。到浦口，渡過下關，進入城裏，一切情況已不是一個月以前的樣子了。

這時上海會戰已告結束，國軍西撤至鎮江、丹陽、溧陽之線，南京情勢十分緊張，統帥部正在籌劃如何固守。他在這種情勢下去見蔣委員長，將山西失敗的情形報告，引咎自請處分。蔣謂娘子關方面的軍隊太複雜，臨時指揮自有困難。並不加以責備。他並請示以後的工作，委員長曾有意要他幫助唐生智守南京，他因在山西已嚐過滋味，再不願重來一次，婉辭了，委員長也不勉強。

十七、熟路駕輕車受命再主浙

黃紹竑由山西回南京見過了蔣委員長，過了兩天，蔣先生又召見他，仍是在總理陵園苗圃的小屋內（蔣自上海戰事發生，即移住於此，這小屋就是當時發號施令的所在地），要他重到浙江當省政府主席。因為當時長江下游各省正當軍事要衝，為使軍事便利起見，都換了軍人充當省主席，江蘇的陳果夫換了顧祝同，浙江的朱家驊換了他。蔣先生所以要他重回浙江的原因，無非是因為他曾在浙江兩年，那裏的軍事準備，都是他在任內著手規劃的，他回去可以駕輕就熟，配合軍事需要。而他呢，也有此感想。同時，以為兩

越是歷史上有名的復興基地，秉有傳統的優點，若加以組織與訓練，一定大有可為。他預料這次中日戰爭，時間一定很長的，區域也一定是很廣泛，而且浙江一定是首先受到不幸的遭遇，如果能在浙江將民眾武力建立起來，與國軍配合一致，則於國家民族神聖的抗戰，一定有很大的貢獻。所以他在聞命之下，對於這個危險的環境與艱鉅的任務，不稍躊躇考慮，就毅然的擔負起來。次日，他將省政府委員及各廳處長的名單呈上去，即奉批准。十一月廿六日國民政府明令發表後，朱家驊即來電催他接事。但他還有許多人員在湖北，湖北任內雖已移交了何成濬主席，也仍有些未了的手續要回去料理，於是他與朱約定十二月五日接事。

那時南京的機關人員，除了蔣委員長及軍事指揮機關人員外，全部都已撤退，赴鄂船位難找，最後得兵工署運炸藥專船，因不輕易准人附搭，一個大餐間僅他和一個同伴，倒很舒服，在空襲警報中船離開了南京。他到武漢，逗留數日，料理事完，就乘輪赴九江，轉南潯鐵路到南昌，再乘浙贛鐵路專車赴杭州。車過金華，他知道浙江省政府以及杭州各機關都撤退到金華來了，只是朱主席和少數人留在杭州，主持前方要政，金華方面由許紹棣廳長主持。他停車和黨政人員見面，詢問前方情形，吃了接風筵席，仍上車開行。

第二天，十二月四日，早晨過錢江大橋，到了杭州，先與朱前任見面晤談。翌日，他到省政府接事，只是個形式，事實上機關和人員都在金華，而且許多都是自己交代自己，加以戰事緊迫，大家就簡便從事了。他在杭州，除了緊急措施用電話處理之外，很少其他的政務可辦。

首都南京十二月十四日陷落了，杭州逐日增加緊張，錢江大橋與杭富公路在廿三日都要破壞，他只好在當天拂曉前離開杭州而到桐廬。日軍到達富陽未即再進，他待前方已有人負責，乃轉赴金華，到達時正值二十七年元旦。省級黨政機關到金華後尚未照常辦

公，他在省政府委員會議提出臨時省會確定永康，得通過，即遷往。一月中旬，他召集全省各縣有名望的士紳到永康作一次會談，對如何持久抗戰這大問題交換了意見，精神上起了極大的作用。會談後，他感覺在局勢大變動時期，政治上必須有一嶄新而為大眾所擁護的主張，公佈社會，才可以作為政府與人民共守共行的準繩。於是親擬《浙江省戰時政治綱領》十條，於二月九日省政府委員會議修正通過，頒佈各縣，並呈中央備案。自頒行後，社會耳目為之一新，政府一切設施也依據以逐步展開。這是他到職後最重要的行動。

十八、工作太猛進惹來政治潮

他依據公佈的《浙江省戰時政治綱領》積極措施，卻意外地發生了政治暗潮。他組織訓練青年，擴編團隊，希望發動全民的力量來保護殘餘的省境，省府人員終日不停地工作，決想不到會引起什麼政治上的風潮。廿七年六月間，他忽然接到中央方面（旭按：蔣委員長在年初已辭去兼行政院長，由孔祥熙繼任）的電報，說本任政府聲名狼藉，要他切實注意。

他得電後憤慨極了！因他從政以來，從未受過這樣嚴重的責備，中央的責備既如此嚴重，自然是他在私或公方面有了什麼重大罪過。但他自己檢討，到任僅有半年，做的又僅僅是上面那幾件事，而且剛剛開始，還談不到任何的好壞。在抗戰的頭半年裏，即使平日是個壞人，因為受到國家民族意識的驅使，到那時候也要學好。他自問並檢討省府同事都不致如此，那顯然是另外的作用了。

他把那電報提出府會報告，大家都覺得奇異與難過，主張全體向中央辭職。他卻以為這責任應由他個人擔負，即由個人去電請辭。但得到回電卻是慰留，內中有句：「耳有所聞，乃以之告。」像是並無譴責意思，那一冷一熱的電文，弄得他啼笑皆非。他再去

電武昌請准面陳衷曲，回電許可，他乃由金華乘汽車經南昌、長沙到武昌見蔣委員長，他將辭意陳述解釋，但蔣對他仍是慰留。

他曾聽說有人曾將《浙江省戰時政治綱領》錄呈蔣委員長察閱，蔣逐條看完後說：「這並沒有什麼，只是末尾一條：『鞏固抗日陣線，加緊肅清漢奸，或背叛或脫離抗日陣線者，政府得徵發或沒收其財產，佃戶對之得不納租，債戶對之得不還債。』久斟酌一些。」到了中央頒佈《抗戰建國綱領》之後，以前單行的《浙江省戰時政治綱領》就等於廢棄了。他這次到武昌見蔣先生時，對此事有無談及，我未詳悉。

當時，如何控制游擊區，如何展開游擊戰的問題，為人們所最感興趣。他曾向蔣委員長報長，自願辭去浙省主席，請求帶兵一軍或一師到游擊區，從事全面戰的游擊工作。這雖然因為政潮上的衝動，目的在於辭職，可是他的確對此感有興趣，並且自信對此還有些研究。但蔣先生拒絕了他的請求，說：「浙江現在僅有少數的縣份淪陷，你如果將未淪陷的地區切實鞏固，再從事淪陷區的游擊戰，收效一定比單獨帶兵到淪陷區去大得多。你以一省主席的地位，要指揮一軍或一師人，當然不成問題。」他聽了，覺得指示的道理非常正確，乃打消辭意。

他因辭職不准，終於要回去浙江。為便利以後辦事容易起見，把在浙江想辦的事和應該解決的問題，作了一個節略，呈蔣核批，大多數的要求都批准了，其中也有加指示或限制的，他自然是一一照辦，這次風潮總算平息了。

事後他才明白這次風潮發生的原因，在表面上是為了他宣佈那十條《浙江省戰時政治綱領》與組訓青年的問題，而骨子裏卻因有好些人見他太不顧一切地猛進，並和共產黨方面幾個人太接近了，除了政工隊收容若干中共份子之外，還有他在三月間出席中國國民黨臨時全國代表大會時，曾訪問周恩來，因為他曾在山西同他們一起作戰過，他想知道山西方面的情形。又有一次，在李濟深寓所會

見了陳紹禹、秦邦憲、周恩來、葉劍英等，潘宜之、張任民和我也在座，在那全國統一團結的口號叫得震天價響的時候，同他們會面談談，本來是很平常的事，他們的行動是時時有人注意的，因此我們的行動也被注意了。對他的謠言就是從這裏生出來的。

十九、戰時參會議獻替卓見多

在抗日戰爭期間，中央遷到重慶，與浙江距離遠了，他和蔣先生見面的機會，多是在中央召集會議前往參加的時候。他由浙赴渝，必經桂林搭民航機，他和我當時都是國民黨中央委員和省政府主席，常同往出席會議，對其間情況頗多親見，依次彙述如下：

一、廿七年十月底，蔣委員長召集長沙會議，討論如何控制廣大的淪陷地區，發動敵後的全面戰爭的問題。他奉召出席，主張把淪陷區與非淪陷區截然劃分，黨政委員會應設在淪陷區內，它不但是淪陷區黨政一元化的最高機關，而且要進而為淪陷區黨政軍一元化的最高機關。它只對中央黨部、行政院、軍事委員會負責，而暫時與後方其他部門不發生橫的關係，如此方能因應機宜，發生迅速而偉大的效力。否則不但是一種無益的浪費，而且會增加在淪陷區內工作的困難，還不如不設的好。但是他的理論未被大家注意。會議決定：中央設立戰地黨政委員會，並在各戰區設分會。當時有人徵詢他：「願不願意到中央去擔任戰地黨政委員會的副主任委員？」（主任委員由蔣委員長自兼）他婉辭了。因他認為這樣的組織，是中央有關各部門的混合體，職權不易劃分清楚，如果認真執行起來，在中央就會與各院及行政院有關各部發生權責上的衝突，在地方則戰區與各省政府的職權發生衝突，得不到好果，徒引起糾紛，決辦不通的。後來情形果然如此，這機構也就於三十年撤銷了。

二、廿八年一月，我和他赴渝出席國民黨五屆五中全會，三十

日閉幕。當天下午，行政院孔院長即召集各省政府主席與副院長各部長開談話會，商討省臨時省議會、省軍事系統兩問題，我又和他參加。當時的全省保安司令部、軍管區司令部、防空司令部這三機構的司令規定均由省政府主席兼任，長官雖是一人，機關仍各獨立，往往一件公事，仍舊往返簽商，有時意見相左，自己和自己在紙面上打筆墨官司，真是可笑。他建議：在省政府增一軍事廳、廳長之下設保安、兵役、防空三處；或是將這三處同隸於省政府，另加設一參謀長來贊襄省主席對於軍事方面的設施，參謀長的地位與秘書長相同；將保安、軍管區、防空三個司令部裁撤。行政院將他這建議呈蔣委員長，並經最高國防委員會通過，但未見付之實行。

三、廿八年春間，他和顧祝同長官、熊式輝主席正在南昌集會，蔣委員長忽然到來了，他們事前並未知道，當時蔣對軍事政治均有所指示。有一天早上，他和熊式輝隨蔣委員長散步到勵志社休息，趁便把浙江一年來工作情形向蔣先生報告。蔣聽了大部份表示首肯，有的還加以指正。最後他對於抗戰建國這個大問題提出了一些意見，說：「中國的抗戰，一時既未得到國際實力的援助，惟有盡我們的全力與敵人周旋，使敵人能知難而退。然後再休養生息，徹底整頓，把國家重新建立起來。若是單憑我們自己的力量，想把敵人完全擊敗，恐怕是不可能的事！」蔣先生對於他所說「知難而退」那句話非常注意，並且問他：「知難而退，在我們、在敵人、是如何的限度？」他不能作具體的答覆。而蔣卻很明確的指示，使他們知道在那個環境之下，我們在軍事上政治上的目的及其努力的方針。

四、他因擴充了許多自衛團隊，而武器不足，於是憑他往時在廣西製造土槍土藥的經驗，在麗水縣大港頭附近設兵工廠自造各種輕武器。他的計劃，不僅補充浙江省的團隊，而且想補充外省的團隊或國軍。廿八年十月南嶽會議時，他攜帶了許多樣品如輕機關槍、槍榴彈等，在南嶽公園表演給大家看，許多高級將領都來參

觀，我也在場。當時有人對他說笑話道：「黃季寬，你已經變成軍火商人了，你是不是想向我們推銷生意呀？」他說：「在抗戰時期，自己能製些軍火來買賣，不要再買外國貨，也是一件值得做的事呀！」他曾經將這情形向蔣委員長報告過，蔣說：「好，好！你就這樣做去！」所以他就更放胆的做起來了。

五、廿九年七月，我和他在渝出席國民黨五屆七中全會，三日蔣總裁約我們共進午餐，談及走私問題，囑他和我草擬防止辦法送核。即晚由他起草，我加整理完成，然後呈上。

六、三十年六月十三日，他自浙赴渝過桂，據談：此次浙東淪陷，中央處分地方官重於軍官，未免失當，因地方軍權都被軍隊掌握去了，敵情又不告知地方官，實在無從負責云。

七、三十年十二月十四日，我和他由桂飛渝出席國民黨五屆九中全會。當晚同應蔣總裁招宴，餐罷，留各省政府主席數人坐談，承詢對於此次全會的意見。張岳軍先答：「這次會議，務須解決問題，對於經濟和政治，均應切實檢討。」季寬和我附和張的意見。劉自乾說：「西康邊省與內地情形不同，應稍特殊。」談後，總裁隨囑我們草擬意見呈覆。岳軍、季寬、天翼、墨三和我遂同到張文白寓所商討，決定僅對省制問題作成意見簽呈。各人發表意見後，交人起草，續經兩晚討論然後完成。

八、三十一年十一月，我又和他赴渝出席五屆十中全會。我們有關的地方問題，黨未為解決，蔣委員長雖又兼任行政院長，但十中全會閉幕後，三十日下午三時，只由孔祥熙副院長召集各部會長及各省政府主席開談話會，討論十中全會尚未最後決定的政治機構和物價各案。十二月三夜，蔣委員長在其官邸舉行軍事會報，卻又召季寬和我參加。

九、三十三年二月中旬，我和他參加南嶽會議。各軍事長官都覺得軍隊副食費的嚴重，同時又顧慮地方負擔的困難，於是由蔣委員長決定鹽斤加價，每百斤增加一千元，專為增加軍隊官兵副食用

途，由中央統籌。定名為「人民優待出征軍人副食費」，避免加稅稱謂。在討論時，他曾提出意見，假定浙江每年銷鹽一百萬擔，即是副食費負擔十萬萬元，而就當時的物價，就地供應實物，至多不過一萬萬元。所以鹽斤加價統籌副食的辦法，表面上看好似減輕浙江人民的負擔，實際上卻增加了五倍的負擔。至於因鹽斤加價而刺激一般物價的上漲，間接而普遍的增加了人民負擔，就無法估計了。他的意見未為大家所注意，更未為最高統帥作決定時所注意的。

十、三十三年五月，我和他出席黨五屆十二中全會，十九日蔣總裁邀各省主席晚餐，問大家對於政治上的意見。他答說：「民眾的意識多半是盲動的。這七年來，因為抗戰的關係，國家要求於人民的太重太多，他們積悶在心，稍有機會，即求發洩。這種發洩是無軌道的，無理由的，若果有人從中利用，便可釀成很大的風潮。舉一個例：浙江的平陽縣對於徵兵徵糧及推行各種政令，成績都算最優的，因為如此，無知的老百姓，就被人利用，在短時間裏聚集了好多人，以抗兵抗糧做口號，而實行軌外的暴動。國內類此的問題很多，都得善為處理，然後政治才能安定，否則也可因此而成為更大的橫決。」他所以說這番話，因當時隨處可以聽到不滿政治現狀的言論，不但社會上如此，即黨政內部也是如此。蔣對於他的意見，也頗以為然。

二十、助選獲成功最後竟投共

抗日戰爭結束，國民政府勝利遷都，不久，黃紹竑辭去浙省主席職。三十六年四月任監察院副院長，同年十月，又被任為國民政府委員。

三十七年三月，第一屆國民大會開會，選舉總統和副總統。李宗仁競選副總統，事前白崇禧、黃紹竑和我都不贊成。但李意很

堅決，並請黃為主持競選工作，黃只得悉力從事。當時國民黨員參加副總統競選的共有四人，即于右任、孫科、程潛和李宗仁。據黨中央組織部分析，四人可能得到的票數：李最多，孫、程次之，于最少，故組織部長陳立夫四月二日晚間向「黨團幹部會議」報告：「已經決定後天召開中央委員全體會議以決定總統和副總統候選人的提名」，意在提名時使李、程、于三人落選。黃聞此消息，三日晨趕訪中央黨部秘書長吳鐵城和陳立夫部長均不遇，只向副秘書長鄭彥棻正式口頭通知說：「明日召集的中委全會如此匆促，實為非法，廣西中委決不參加。」黃歸有頃，陳果夫、吳鐵城先後來訪，勸大家明日出席會議，如反對提名，可在會中或向國民大會提出。黃仍堅持決不出席。三日晚間，蔣總裁先召李宗仁、次召程潛面勸其退出競選。李、程都答說不能中止，必須競選。情勢發展，不特李、程、于聯合一致，連三青團中委數十人也因不滿兩陳把持黨務而集會決定反對提名。黃將各方反對提名情況以電話告知熊式輝。熊約數人急商後，由吳秘書長報告蔣總裁：明日全會請勿提名。四日國民黨第六屆中委臨時全體會議，決議第二項：副總統候選人不提名，由本黨同志在國民大會簽署競選。

四月二十日國民大會主席團公告副總統候選人名單共有六人，即國民黨孫、于、李、程四人，民社黨莫德惠一人，青年黨徐傅霖一人。廿三日副總統選舉開始，結果無一人得票超過代表總額的半數，依法得票較少的于、莫、徐三人不能參加複選。廿四日第二次投票結果，李、孫、程名次依然不變。中央發覺黨的控制失效，乃示意程潛，要其放棄競選而將選票全部投孫。程表示拒絕而立即聲明放棄競選，接著李、孫亦皆發出放棄競選聲明，大會為之停頓數天，直至廿九日第四次選舉，結果是李獲一四三八票，孫獲一二九五票，李宗仁當選了。

這一幕選舉劇，黃的行動和中央對立非常尖銳，那時他已是民選的立法委員，為免見妒，他決心不競選立法院正副院長，於是五

貳、黃紹竑長內政部時經歷的異事

國民政府行政院內政部，成立於民國十七年四月一日，在四年又一個月的時間，已更迭了十個部長：第一任為薛篤弼；第二任為閻錫山（未到部，由次長趙戴文代理部務）；第三任為趙戴文；第四任為楊兆泰；第五任為鈕永建；第六任為劉尚清；第七任為李文範；第八任為汪兆銘（兼任）；第九任為馮玉祥（未到部，由次長彭學沛代理部務）；第十任為黃紹竑。黃氏於廿一年五月到職，廿三年十二月卸職，是十任中任期最長的一個，他在任內經歷趣怪的事不少，現摘記幾椿頗有意義的，以資共賞。

一、度歲餐詠會受譏忘臥嘗

內政部設在糧道衙門的舊址，是舊建築，殘破不堪，沒有其他各部的堂皇美煥，一望而知它是一個冷衙門。但是內政部在行政院各部會排列的順序上居於首位，足見立法的初意，視內政是很重要的工作。古人所謂「作內政以寄軍令」，可知內政自古就認為建國的基本工作。可是因連年戰事頻仍，為適應當前需要，自以軍政、財政為先。加以國家未統一，軍事未停止，內政工作實亦無從設施。所以歷來內政部等於閒衙，部長好似院內備員而已。革命政府之下的機關，仍不免有些北洋政府時代的習慣，有錢的非常潤綽，無錢的窮苦萬分。過年時候，有錢的部不是發雙薪就是獎金，冷衙門屬員看了自然難過和不平。

黃紹竑部長說：「當時雖說是國難時期，有錢人或有錢機關，過年過節總免不了公私應酬，各樂其樂。我們那個窮衙門自然談不

上排場，在廿一年過年時，同人湊錢作一次聚餐，並由擅長遊藝的同志舉行一次歌詠會，凡是同人及其眷屬都去參加，也算是窮人過年苦中求樂的辦法。而南京某小報竟大肆譏評，以為國難期間不應如此。事情鬧到汪院長那裏，汪精衛說：『共赴國難並不是如喪考妣的痛哭呼號，臥薪嚐膽不過是後人的形容詞，難道真是夜夜臥著薪，時時嚐著膽嗎？』這話我倒同意他。同時社會上私人和公共的娛樂，不知要比我們部裏一年一度的聚餐和歌詠會要奢華得多少，為何就沒人看見、就沒人說話？」

二、迎送調查團儼若待皇帝

我國自經「九一八」、「一二八」兩役之後，政府和社會人士，既感不抵抗即足以亡國，又鑑於抵抗也不能勝利，乃要求國際聯盟出而制裁。這樣一來，卻弄得國聯左右為難。國聯對於制裁日本，自覺無此力量，對中國合理合法的請求，又不能置之不理，乃以拖延敷衍之計，冀免拆穿紙老虎。它的辦法，是以調查為名，組織國際聯盟滿洲調查團，由英國李頓爵士率領。待淞滬戰事風平浪靜，然後由歐洲動身東來。先到日本，取得日方的同意，再到中國來。調查團在上海、在南京、在北平，都受到中國官方空前未有的盛大歡迎。一個被強盜劫掠的人家，強盜還盤據在他的屋角，正作繼續洗劫的計劃，事主趕向政府報告，請求緝辦，而政府不馬上派兵剿辦，先派委員來調查實情，已屬非常滑稽。而這被劫的人家，反要對這調查的委員作盛大的歡迎，希望他能秉公辦理，驅逐匪徒，追回失物，那更可憐之極了。黃紹竑氏說：「我那時雖在南京，有參加這種歡迎貴賓宴會的資格，但是由於內心的驅使，也不願前去湊熱鬧，所以對於這強歡笑心痛肉麻的一幕劇情，也就無從描摹和記述。後來我在津浦路的火車上和那些辦鐵路的朋友偶然談起，他們告訴我這麼一段故事：『因為歡迎國聯調查團北上，把全

國鐵路上所有最漂亮的花車，都集中起來，加以整理消毒，唯恐外國委員發現臭，要笑我們鐵路辦得不好，而影響到調查工作，將會不利於我。由調查團北上到回來，只津浦、北寧兩條鐵路上的員工，真是小心翼翼，比之侍候前清的皇帝坐火車出關，還要周到哩。』即此一端，可見我們對於國聯調查團的重視和對國際聯盟的信賴。不錯，它是解決國際糾紛的權威，也是收回東北的主宰，我們希望因不抵抗而失去的，仍從不打仗而收回，對其所派的調查團，自然應該待以上賓。然而中國畢竟是失望了！調查團來了之後，不但東三省收不回，反多花了大筆招待費，所得到的不過是一本不著邊際模稜兩可的李頓報告書。『賠了夫人又折兵』，真令人哭笑不得，下台不得。自己沒有國力，而一昧依賴他人，結果總是靠不住的啊！」

三、國家如不存寶物將焉附

民國廿二年春，日本關東軍進犯熱河，華北吃緊，蔣委員長派軍政部長何應欽為軍事委員會北平分會委員長，指揮作戰，並組織一參謀團，以黃紹竑兼任參謀長，何、黃聯袂於三月初間由南京到北平。黃氏於民國四年在北苑入伍，北平是遊過的，但許多地方都未曾經歷，此次在軍事稍暇時間，就想到以前未曾到過和不能到的地方去遊覽。以下是黃氏的古物陳列所、故宮博物院簡單遊記：

「古物陳列所，是內政部的屬下機關，我當主管部長，自有前往視察一下的必要。那些古物名稱，種類實在太多了，那時我對於這些古董根本不發生興趣，不過問問他們保管的情形，也沒有工夫去注意它、考究它。同時又去參觀故宮博物院，這裏的古物比古物陳列所還多得多，並且更名貴些。除此之外，我還到各處宮殿瞻仰瞻仰。在這次遊覽中，我最感興趣的，就是中國最後一個洪憲皇帝的寶座和他的儀仗。洪憲寶座是用紫檀木製成的，和廣東最古老

的酸枝大木椅差不多。但是四條腿很短，坐的地方很寬，雖有好多精緻的花紋，如果沒有人告訴你是洪憲皇帝的寶座，你一定不會知道它的價值和用處。後來我才想起袁世凱的腿子最短，身子很胖，所以要做這個怪模怪樣的東西，才合他的身材。可惜他還未坐上去就倒下來了。我想：『如果他真的坐上了這樣一個笨傢伙，究竟是否舒服，倒也是一個有趣的謎。』這幾件東西是不公開展覽的，據說是恐怕有失民國的體面，其實還是恐怕洪憲時代的舊人看到了有些難為情，倒是真的啊。這次參觀使我感到驚異的，就是古物陳列所所長問我：『要不要帶一兩樣東西回去？』我聽了這話非常難過，便責備他道：『這裏陳列的東西，可以任由你送人、任由長官來要的嗎？可見你們保管的不盡責任了。』他聽了我這樣的話，就轉口說：『並不是這裏已經陳列的東西，而是有些比較次等的，認為不必陳列，且沒有登賬的東西。』這些保管人都是以前傳下的，中間的弊病很多。據我所知，可以拿假的東西來換真的東西，所以陳列的東西是真是假，外人無從分別。而那些保管人又是社會上所稱『考古專家』，他們說是真，哪一個和他辨別呢？不久，故宮博物院的盜寶案就發覺了。當北平軍事最緊張的時候，南京方面要將這兩處的寶物南遷，而北平方面卻以北平地方的榮繁，全靠這些寶物來鎮壓，紛紛起來反對。終以『國寶』應該由國家來保存，決定遷到上海的四行倉庫去儲藏。這是因為恐怕自己的國力保護不了，還要借租界外人勢力來保護的意思。因內政部有保存古董的責任，為慎重起見，對南遷的事，特地會同各方辦理。派來辦理的部員，到了北平，就向我請示。我那時候軍事正忙，我對他們說：『整個北平、整個河北，就要丟了，它的代價不知比寶物要大多少倍，我必用全力去保護這些土地，那裏還有心機去管寶物？我是重人重地不重物的，隨你們怎樣辦去就是了。』這就是國寶南遷的經過。『八一三』之後，這些寶物不知又遷到什麼地方去。反正都是一些歷史殘餘，我覺得並沒有很大的價值要保存它，還是積極充實國防

建設才是正當辦法。不然的話，國土喪失了，國家滅亡了，即使留得那些國寶，又有什麼用處？而且國之不存，寶將焉附？東京、柏林的博物院裏，存著好多中國的古董，不是庚子年從北京搬去的嗎？」

四、天鵝肉無味索然似老牛

黃氏遊頤和園，他也記述得很有趣，如次：

「我有一次同何敬之逛西直門外的頤和園，這是北平最著名的名勝，那裏的景物，的確是太美麗了！我最愛的是排雲殿的雄偉，長廊的爽直，站在萬壽山上，全國的美景，都收入眼簾，真是心曠神怡，幾忘卻長城邊上的連天砲火！我們想到慈禧太后那時的國難情形，也和現在差不多。她居然有這樣偉大魄力，移鉅大的海軍經費來造頤和園。把整個國防巨艦，改建遊玩的小輪。這個設計，真象徵著當時幕燕釜魚的朝政，這等苦中作樂的精神，千古能有幾人？但未知道這位太后以及後來遊覽的人，有沒有受到這種象徵的暗示，而發生和我們同樣的感想咧！我們到了這小海岸邊，看到成千論百的白色天鵝，正浮游於泮冰綠水之間，玩味那春天的樂趣。牠們萬不料在這洞天福地之內，會蒙到狙擊的危險。何敬之與我，一向都好獵，隨行都帶有獵槍。我們見了天鵝，獵興大發，便動著射擊的念頭。事前曾問過管園的人，可不可以射擊？你想，一個是軍政部長兼北平軍分會的委員長，一個是內政部長兼軍分會的參謀長，要射殺一兩隻天鵝，那裏會成什麼問題。於是我們便開始射擊。轟！轟！這是牠們從來未曾聽過的槍聲，於是驚飛滿天，好似白雲朵朵的盤旋在海子上面，徬徨不知所往。等到槍聲止後，牠們又飛了下來。真像一群從未經過戰事的民眾，乍然聽見警報，就驚慌萬狀，一到警報解除，又似燕雀處堂，呢喃自得了。我們兩個前後一共射殺了四隻。天鵝是一種貞禽，牠的伴侶是終身不變的，

萬一雌雄中有一方遭遇不幸，則另一方不能再有所歡，而永遠過著悲慘孤獨的生活。所以當我們射殺這一隻時，那一隻就不避危險的宛轉悲鳴，前來救護。有的是和牠的伴侶同歸於盡。這種愛的勇敢，值得我們感動，於是就停止射擊。次日，何敬之請客，就以天鵝肉作名貴的佳肴，所有那時華北的高級將領和重要的政治人員，都嚐到了天鵝肉的滋味。中國社會流傳一句話：『癩蝦蟆想吃天鵝肉』，其實天鵝肉非常不好吃，簡直和老牛肉差不多，吃在口裏，索然無味，不知為什麼流傳的俗諺會形容得那樣美法。也許當日我們那些人不是癩蝦蟆，所以就覺得不好吃了。這是我們在北平時候一件趣事，但也是一件煞風景的事，到現在我還是耿耿不忘！」

五、省計雖周詳國策難適應

塘沽協定成立後，兩廣和福建極表不滿，中央特派黃氏去香港，要他以私人資格訪問那方面的友好，把華北折衝的情形向他們解說。半個月後北返，有山西、綏遠之遊，又有些趣事，他自述如下：

「我由香港仍回北平，因在軍分會還掛著一個名義，不能不回去結束一下。那時北平已經回復了歌舞昇平燈紅酒綠的景象。三四個月以前的緊張情形和戰時氣氛，誰也不再放在腦海裏。這時閻百川先生正在山西進行他的三年計劃，我就借此機會到山西去觀光。同時因為『兵工統一』和『同蒲路軌』兩個問題，受了軍政部和鐵道部的委托，也要和閻先生解釋解釋。因談起山西的經濟建設計劃，大家都非常興奮。山西人的頭腦，向來以計算周密著稱，省內所有一切的建設，都由閻氏親身擘畫，力求經濟，不稍浪費。我提到同蒲路軌問題，他說：『如果照標準軌建築，不但經費山西負擔不起，而村料也無法取給，時間更不經濟。照我的計算，建築窄軌輕磅的鐵路，每公里只需款一萬餘元，而建築標準軌的鐵道，每

公里至少需五萬元，經費增加五倍，現時那裏有此財力？至材料方面，除鐵軌、機車、卡車要向外國採購外，其餘一切都可就地取材，如用標準軌道，則本地許多材料都不適用了。我原來預算，三年內就可全部完成，如果要用標準軌道，不知需用多少時間才能通車。照現在山西地方經濟情形，在運輸上說，這種窄軌的運輸力，至少還可以維持二三十年，正太路不是一個很好的例子麼？』他並指出日本也是由輕軌窄軌而逐漸改成標準軌，確是最經濟的辦法，值得我們仿效。他單就山西著眼，這種理論自有相當理由，但就全國觀點來看，就不見得合理了。他堅持那樣做，一切計劃就照窄軌來準備，怎能把他改變過來呢？在那裏，我參觀了已成的、未成的許多工廠，而以太原兵工廠規模為最大。自民國元年起，由他一手經營，逐漸擴充，到了二十二年，僅次於奉天兵工廠了。每月可造步槍三千多桿，機關槍若干挺，大砲二十多門（口徑大至十公分半），槍彈數百萬，砲彈數萬。砲廠和藥廠新近還在擴充。藥廠最新式，產量很大，漢陽兵工廠的也不及它。那時中央提出「兵工統一」的要求，第一是制式的統一，因為太原兵工廠造的是『三八』式的六五口徑步槍，與中央規定不合。第二是要求由中央統一辦理，不能由各省自辦，並且要太原廠南遷。第一個問題，據說為機器所限制，不易辦到。第二個問題自然更有為難的地方。我因問題難以解決，只盡了轉達部方意見的責任，一切由他們自己去解決，不願多參加意見。」

黃氏說：「榆次縣、太谷縣是古董的集散地，每年都有定期的市場，北平、天津以至上海、漢口的古董商人，都到那裏去採販。其實這些古董，一部份是山西古代遺留下來的，一部份是太谷等縣破落富家拿出來拍賣的。在二十餘年前，全中國的金融操在山西人經營的錢莊票號手裏，太谷人就是經營錢莊票號的巨擘。他們不但把各省的現銀賺回家裏，鑄成『沒奈何』，使劫掠者望而興歎；而且把各省名貴物品，賺了回來，以供家人的賞玩。所以在那裏可

以買到精緻的廣東象牙雕刻、紅木傢俱，也可以買到福建的有名漆器和江西的名貴瓷器，這些都是富家的收藏物。民元以後，山西的錢莊票號倒閉了，在整個農村經濟破產之下，他們也漸漸破落了，不能不拿這些東西來換錢糊口。看到太谷縣城裏一望渠渠的破敗大屋，便可想見他們當年全盛的景況。還有一部份的古董是就地仿造假充的，銷路也不差。這等山西古董，大多數是轉到北平的外銷市場，許多外國人都到北平來購置中國的古董。據說每年古董出口的價值，總在數百萬元以上。外國輸入的是現代的機器產品，而中國輸出的乃是古代的手工產品，這個新舊時代生產技術的對比，是多麼深刻而動人的感想啊！」

六、雲崗大石佛雕工費百年

　　黃氏在太原遊覽了十多天，就順道由晉北轉向綏遠一遊。汽車經過歷史上有名的要隘雁門關，舊劇上表演楊家將的英勇故事，所指的地方，就在這裏。這齣名劇的流傳，使得社會上的婦人孺子，無一個不知道這個地名。但自現代交通發展以後，這裏的地形便不見怎樣險阻了。黃氏說：「我同傅宜生（作義）、趙承綬在古代長城的廢堡之下，進了一些粗糙的午餐，拍了一個照片，就向大同前進。當晚，宿在大同。大同為晉北重鎮，不但在古代的軍事上有重大價值，即在現代也同樣重要，民二十六年日軍對山西攻擊的主力就是由大同發動的。就經濟的觀點來說，大同也佔著極重要的地位，列為平綏線上四大要鎮之一（餘三個為張家口、歸綏、包頭）。自從同蒲鐵路完成後，更成為現時中國西部縱貫線的樞紐，將平綏、隴海兩大鐵路連貫起來。它的地下蘊藏著極好的煤，據云不但品質甲於全國，而且數量也極豐富。凡是遊歷過大同的人，一定會想到雲崗的石刻佛像，在那裏的居停，必然很興奮的引導你去欣賞。雲崗石窟在大同城偏西三十里的雲崗縣附近，乘汽車只要大

半個鐘頭就可以到達。是一帶石灰巖的山崗，傍山開窟。這個石窟中巖石，雕成一個極大的佛像，整個石窟就像天然的佛龕，以避風雨的侵蝕。在窟壁的各方，也雕有無數的小佛像。此外尚有露天的大小佛像，係就山壁雕成的。佛像的數目固然無暇計算，就是那個石窟和大佛像的高度也無暇丈量，約略估計，總在六七丈以上。我們二十多個人，站在他的肘上，拍了一個照片。我們的身體和佛像比較起來，真覺得太渺小了！我引用《水滸傳》上潘金蓮的兩句話：『拳頭上立得住人，胳膊上走得了馬』來形容他的偉大，實在有些確當。據說，這個大佛像的雕塑工程，經營了一百多年才告成功。此外，大同城裏寺廟的壁畫，也很有名，尤其是那個健碩而美麗的半裸體女像，最為壯觀，富有西洋藝術的風味，這是北魏的偉大遺跡。」

七、王昭君青塚土堆草萋萋

　　黃氏等離大同繼續北上，經平地泉轉向西行而到歸綏。黃氏以為在熱河、察哈爾、綏遠、寧夏這四個內蒙特別區改設的省份中，要算綏遠的進步最速。考其原因，可以說一半是得之於天，它有相當肥沃的土地和可以灌溉的河流，所以物產頗為豐富；一半是得之於人，晉省當局在那裏經之營之，不遺餘力，所以它的教育文化政治，都有相當的基礎。綏遠的古跡也不少，最著名的青塚，即王昭君墓，也在那邊。黃氏他們震於昭君大名，也不能免俗的前往一遊。豈料到了目的地，卻大失所望。塚在黑河的旁邊，只是一個大土堆，長著萋萋的荒草，除了一個碑記之外，別無其他的建築物。想不到這位歷史上不幸的女人，千載之下，竟有如此的吸引力，使到達綏遠的遊客，都會到她墓前去憑弔一番。黃氏當時曾吟〈憶江南〉兩闋，以紀其事。其一云：

來憑弔，正值塞烽高。野草年年燒不盡，夕陽紅照一荒
坵，情往水空流。評漢史，千載有春秋。衛霍幾人攘外患，
紅顏白骨付胡收，愧對女兒曹。

八、渠流不到高水準測量誤

綏遠省肥沃地區，全在黃河的河套一帶，所以北方人說「天下
黃河富一套」。河套就是陰山以南黃河彎曲的地方。在西為臨河、
五原兩縣所轄；在東則為包頭、薩拉齊、托克托所轄，都是便於灌
溉、生產豐富的地方。薩拉齊、托克托境內有新近由華洋義賑會所
築成的民生渠，黃氏和傅宜生主席前往參觀，先乘火車到磴口（磴
口有兩個，一個在綏遠境內，一在寧夏境內，這裏是指在綏遠的。
磴口意思是水入口），然後就沿著渠流下行。此處原來有一舊渠，
已因年久而淤塞了，華洋義賑會乃以工代賑，捐資修築。全渠長約
五六十公里，灌溉面積估計在五百平方公里左右。渠既名民生，所
以那灌溉區也叫做民生灌溉區。可惜工程設計不十分精密，有些地
方不能上水。舊渠改了新渠，尚未見到利益，所以人民很是懷疑。
因此黃氏想起了前在菲律賓參觀水利工程時那位專家的話：「灌溉
地的水準測量，是農田水利工程的最基本工作。」民生渠就是犯了
忽略這個基本工作的錯誤。

九、狠毒過武力藉傳教殖民

黃氏他們參觀到了中午，在一個外國教士主持著的教堂裏午
餐。這個市鎮，就是以教堂為中心而形成的。教士初來的時候，僅
有少數的人家，教士也只有幾個人。因為他們根據不平等條約，握
有治外法權，不但可以保護他們自己，而且還濫用權力來保護他的
中國教友，中國政府不能奈何他們。他們有自衛的槍枝，可以保護

街坊，土匪也不能奈何他們；他們有醫學，可以施恩於平民；他們有金錢，可以放高利貸，可以囤積居奇，也可以高價購買很大的土地；他們有學校，可以施行奴化教育。自前清咸同年間他們就來了，拳匪之亂也未受到若何影響，反而更威風起來，所以信教的人日多一日。不但這裏如此，其他各縣也多如此。據說薩拉齊一縣之內，差不多有半數以上的人信教，其力量可想而知。這簡直不是傳教的行為，而是以政治經濟文化力量殖民的方式。這種力量從多方面滲入民間，比武力侵略還來得狠毒而可怕。那時和黃氏他們同行的，還有清華大學剛畢業來此旅行參觀的男女學生，他們也很注意這件事，一個姓蔣的女生問黃：「這是內政部應該管理的事，不知黃部長有何感想？」這話使得黃氏窘於應付。他回到歸綏，就動身返北平，結束此遊。

參、黃紹竑遙望新疆畢生引恨記

　　國民政府統治大陸時期，廣西先後有過兩位立志開發新疆以固國防的人物：一是白崇禧；一是黃紹竑。但結果都未能實現，壯志成空。

　　白崇禧民國十七年任國民革命軍第四集團軍前敵總指揮完成北伐後，蔣主席派陳銘樞到北平向他慰勞，並告他以個人前途有三：一、由政府派遣出洋考察；二、到中央任職；三、統兵赴西北鞏固邊防；任他自擇其一。白氏表示願意統兵到西北防邊。西北多回族，白為回教徒，故有此信心。但陳氏回京復命後，中央未有進一步的指示。不久而武漢事變爆發，此議自然作罷。

　　黃紹竑任內政部長期間，民廿二年春他參預長城戰役，是年冬又奉派宣慰內蒙，因東北的喪失，深感有趕緊收拾西北的必要，遂建議中央，願任此艱鉅。得蔣委員長先行核准，復經行政院通過撥款籌備。至民廿三年四月籌備完妥，黃氏即到蘭州準備西向新疆出發，忽然奉蔣先生電令：遠征計劃停止進行，即回南京。他只好遵照，引為畢生恨事。

　　現在特述當年黃氏遠征新疆的動機和籌備遠征的概要以及被命停止進行的原因。

一、洋博士兩部書觸發興趣

　　黃紹竑氏遠征新疆的興趣是怎樣引起的？據其本人在《五十回憶》中所述，他奉派宣慰蒙古，於民廿二年十一月上旬在歸綏逗

留時，會到一位瑞典探險家斯文赫定博士（編按：Sven Anders Hedin, 1865-1952），此人在帕米爾高原和西藏、青海、新疆一帶從事探險工作已有三十年，學術造詣很深，對於中國邊疆上的特殊知識尤為豐富。這個六十多歲的老翁，把自己在西藏、青海、新疆的工作情形向黃氏陳述，並希望中國政府對於這些地方多加注意。又把他自著的《我的探險生涯》和《萬里長征記》兩部書簽名贈給黃氏，並說兩書已有十多國文字譯本，在學術上、政治上、軍事上都頗有價值。黃氏送了博士出門，隨即翻看那冊《我的探險生涯》，覺得文字生動極了，雖然內容大多數是記述在雪山或沙漠中極乾枯寂寞的生活，卻寫得十分有趣，處處引人入勝，使讀者不忍釋手，好像自己親歷其境一般，並可由此得到很多自然科學的知識，和激發開疆闢土的勇氣。黃氏在兩個晚上讀完了這兩大本書，引起了許多感想：斯文赫定是一個外國人，他為什麼肯費三十多年的精力，在中國的邊境上作這種探險的工作，中國的邊疆實在太偉大了！中國政府和人民，對於這偉大的邊疆，應如何注意加緊開發才是呀！黃氏不期突發遠征新疆的念頭，可說是斯文赫定博士的偉著鼓起他的興趣來的。

黃氏聽斯文赫定談過新疆的情形，讀了他的著述，對於新疆的地理形勢和經濟價值，增加了許多認識。他又鑒於內蒙的民族問題的複雜，新疆的漢回糾紛，更加嚴重。所以他認為新疆問題，中央必須派員妥為處理，而他就願意擔任這種工作。晉綏當局對他這個見解和決心都非常贊成，並答應盡力相助。於是他便作成報告和簡單計劃，派陶鈞帶赴南昌面呈蔣委員長。蔣採納了。閩變發生，蔣到建甌處理。黃氏尚在巡視內蒙途中，接蔣電令赴建甌，即將內蒙事件趕速處理完畢，返回南京轉到杭州，由航空學校校長徐培根派教員邢薩非駕一雙座練習機送他去建甌。但飛到江山附近，已大雪迷途，不能前進，乃折回衢州機場降落。次日風雪更大，短期內不能飛行，遂乘火車返杭州轉回南京，已是十二月中旬將盡了。

二、計劃汽車輸送步兵一師

黃回到南京，就將遠征新疆計劃詳加研究，以為從前白崇禧擬帶兵五萬赴新疆的計劃，事實上是不易辦到的。這不是說沒有五萬兵力可調，也不是五萬兵力尚不夠用，而是五萬大兵在二千多公里的荒漠長途上進軍，需要極大的設備和極長的時間。在民國十七、八年那時候，通新疆的汽車路尚未修築，汽車輸送自談不到。即使能通汽車，五萬兵員的輸送設備也太不容易，決非那時的財力物力所能辦到。若徒步行軍，卻不知要費多少時間。時間過久，變化愈多，問題也更加複雜。而且沿途糧食、飲水、燃料等項的補給，宿營的設備，都是非常困難的問題。所以他認為：

第一、必須估計新疆方面反對的兵力，然後決定使用的兵力。據他所知，當時盛世才、馬仲英兩方的兵力，合起來不過兩萬人，但是總有一方是站在中央方面的，假定各得半數，那與我為敵的僅有一萬人。而且械劣彈缺，訓練不精，我若用精銳步兵一師，附砲兵一團，飛機若干架，裝甲汽車若干輛，即使雙方合以抗我，也可應付有餘，何況奉有中央命令，事實必不至如此，兵力更綽有餘裕了。

第二、須克服荒漠長途行軍的困難，爭取迅速的時間。二千公里的徒步行軍，即使沿途人力物力的供給都十分容易，且無對敵的行動，也須一百多天（每日平均行廿五公里，每三日休息一日）。從前左宗棠經營新疆，費時數年，單就進軍設備說，如沿途籌備宿站、水站、糧食，就不知費了多少精力和時間。現在那種簡陋的設備，僅能適用於少數旅客，若大軍進行，自非計劃增加不可，這樣，在時間上所費更多。所以他計劃完全用汽車輸送，則一切空間上的困難，可以克服，並可爭取最迅速的時間。

他按照上述的研究，作成計劃，並說明理由，於民廿三年一月

間呈報軍事委員會蔣委員長，並提出行政院會議，請撥款一千五百萬元為籌備經費，都得核准通過。為保守機密便利進行起見，並不發表何種名義，而是由黃氏負責暗中進行。

我於是年一月廿三日由廣西到南京出席國民黨第四屆中央執行委員第四次全體會議，黃氏招待我下榻鼓樓頭條巷二號他的公館。他對我說：「我想做些事業，不想鬱鬱地久居中央，極願能去新疆。」並把遠征新疆的準備概略告我。內政部原是個冷衙門，以他那樣喜歡做事的人，自然是不耐久困在裏面，何況他已做了兩年呢！我也為他能遠征西北而高興。

三、籌備購置汽車訓練司機

遠征的籌備工作，第一項是購置車輛和訓練司機。

黃氏依他自己的初步計算，全部官兵約為一萬五千人。每人平均體重一百四十五磅，攜帶械彈裝具四十五磅，共為一百九十磅。全部官兵重量約共二百八十五萬磅。如用三噸半的載重卡車，每輛平均載重七千磅，則用汽車四百零七輛，一次可以輸送完畢。故他決定購置各種汽車六百五十輛，其用途分配如左：

指揮車四十輛：以小包車和三輪卡車為主，專供高級官長指揮傳達命令使用。

炊事車二十輛：每輛裝置渝汀炊鍋六個，每半小時可煮飯一次，足供八百人食用。二十輛一次炊爨，即可供全軍一餐。並用極少量的柴油做燃料，可解除沿途燃料的困難。

修理車二十輛：車上裝置修理機械，專供汽車修理和鎗械修理使用。

醫療車二十輛：專供收容運送傷病官兵使用，就是移動的醫院。

裝甲車五十輛：供警戒作戰使用，平時亦可裝運士兵。

運兵車四百輛：專供運載戰鬥兵員使用。

補給車一百輛：專供運輸各種補給物品使用。

這種編制和數量，雖然尚不能達到現代摩托化師的要求（現代摩托化師，官兵約一萬六千餘人，攜帶各種鎗械約一萬五千餘桿，各種大小砲二百三十餘門，所需各種汽車二千七百餘輛），但以那時中國一師的裝備，尚屬簡單，尤以各種大砲的數量相差太遠，故所需車輛自可大量減少。這樣已頗合乎實際的需要。

各種車輛的購置，他得當時財政部長孔祥熙的幫助介紹，向廠家直接訂購，能夠在三個月內在上海全數交足，而且價錢較市價便宜三分之一。又因汽車的裝置必須適合於西北地帶的長途行駛，他特自親往上海參觀美國兵營的軍用車輛，並和若干專家討論後，乃決定式樣，在上海楊樹浦設立汽車裝備廠，派林榮恩主持其事。林曾留學美國，對汽車裝造，學有專長，尤富於國家民族思想。

司機的條件，必須具有國家民族的偉大思想，赴遠投荒的勇敢精神，嚴肅的紀律，堅強的體格。他認為現有的汽車司機，不但數量不夠，質的方面更難適合要求，自非特別訓練不可。於是在北平和晉綏方面招考青年一千多人，在綏遠設所訓練，由蕭仁源負責。

我四月十日接黃氏自太原來電，請我由廣西挑選司機一百五十名送交使用。當即令廣西公路局長蘇誠挑選。但四月廿三日又接他自北平來電：平綏路孫殿英部尚有問題，司機緩去。故終去不成。

四、以酒泉為基地運儲油料

儲運油料是第二項籌備工作。

估計由綏遠到新疆的迪化，全程約長二千公里，最低限度要準備八千公里的油料，才夠來回兩次的使用。沙漠行車最耗油料，每車每加侖汽油以行駛十公里計算，每輛便需準備汽油八百加侖。全部汽車六百五十輛，共需汽油五十二萬加侖。另附必需的潤滑油。這樣大量的油料，決不宜用汽車運送，以增加消耗，應事前用獸

力或人力將其繼續運到沿途各站先行儲備，以便汽車行進時隨時補充。

五十餘萬加侖汽油，已經購到廿多萬加侖，不等購齊即須陸續起運。運輸路線分為兩條：北路由歸綏循綏新公路西進，經寧夏北部運到甘肅的酒泉縣。此路唯一的運輸工具是駱駝，每頭駱駝長途可負三百多斤，約等於五十加侖。運輸十萬加侖就要二千多頭駱駝，幾乎把綏新路上的駝隊都僱完了。用駱駝運貨，每日至多需要裝卸兩次，普通五加侖的油箱，極容易因碰擊而滲漏，故須把油箱改裝厚鐵桶，每桶容三十加侖，方便駝載，不致損耗。這種工作，都極麻煩。南路由西安經蘭州到酒泉，騾車、牛車、汽車均可利用，比較北路要容易些。兩路最後的積集地都是酒泉附近，因為這裏已是甘肅省的極西端，中央的力量尚可達到，過此則安全就有問題了。黃氏的計劃，是將所有軍隊和各種物品在事前用各種運輸方法在酒泉集中完畢，酒泉以西才改用汽車輸送，這樣，可節省汽油的大量消耗。此項工作，他派陳勁節、程章玉兩人負責。

五、路線地形與氣候的偵察

第三項籌備工作是路線地形的偵察。

那時綏新汽車雖可勉強通行，但在軍事可能發生的障礙和應行補救的設備，仍非派有軍事專門知識的人親往偵察不可。至於地形、氣候與戰略、戰術的價值和影響，尤非實地考察不能作正確的計劃。故由徐佛觀（編按：又名徐復觀，1903-1982，著名學者曾任黃紹竑內政部幕僚。）率領參謀人員乘車由歸綏經百靈廟向寧夏的居延海出發偵察，往返將一個月，回來將考察所得作成很詳細的報告。黃氏以前對於車輛在沙漠地帶長途行駛的各項技術問題，雖經詳細研究，但一經實地試驗，就有許多不合理想的地方。綏新公路並非人工築成很合理想的公路，而是利用天然的路線稍加修理而

成的。沙漠地帶，大風之後，路線往往為沙塵所掩，大雨之後，又往往為積水所淹，通過十分困難，常須繞道探進，因此常有方向迷失情事。沙土路面極不堅固，除了結冰時外，汽車的載重量較普通為少。行駛速度，每小時平均不能超過十五公里，每日行程至多一百六十餘公里。油量消耗也比預想的為多，每加侖汽油僅能行駛八公里。大隊汽車同時行駛，非常困難，因塵土飛揚，後面的司機往往被障蔽而不能開眼，故前後須保持適當的距離，並有防塵必須的設備。這些行車問題，都該研究解決。此外，沙漠地帶的氣候，變化非常厲害，往往日中熱到九十多度，夜間冷到零度，故在沙漠地帶旅行的人，必須隨帶夏冬兩季的服裝，才能適應一日夜間氣候的劇變。因此，官兵的被服，也須有充足的準備，從而增加汽車的負擔。沿途飲水，因汽車行程可以超過普通的驛站，雖不至發生困難，但有些地方只得一口水井，水量不夠供大軍使用，於是擬買新式掘井機到時加強掘井。這種計劃，不僅可以滿足行軍一時的需要，為便利以後永久行旅計，也是很重要的工作。玉門以西沿途原有的水井，多半是左宗棠當年行軍時所開掘的，能乘此機會多掘些，為後人造福，也是最有價值的事。

　　黃氏為辦理籌備事項方便，並與各方聯絡起見，特在北平設辦事處，派陶鈞負責。到了三月底，他自己親往北平主持，我在南寧曾接到他由蚌埠發的儉（廿八日）電，謂現赴北平云。

六、北路東段南路西段並用

　　由內地到新疆省會迪化，有南北兩條路線。南路為以前官道，由西安經蘭州、酒泉、玉門、安西、哈密、七角井、鄯善、吐魯番而達迪化，即左宗棠西征時所取的路線。北路為綏新間的駝路，也是北方商業交通的要道，由歸綏經武川、百靈廟，沿陰山北麓的草原地帶，經三德廟轉入寧夏省北部的阿拉善旗與額濟納旗間的草

原地帶而到居延海，再經遙稅山口到哈密後，繞出天山以北，經鎮西、木壘河、奇台、阜康而達迪化。南北兩路的比較，如就往昔普通旅行著眼，自然是南路人煙稠密，物資豐富，氣候溫和；北路人煙極少，物資缺乏，氣候寒冷。黃氏為軍事著想，他決定南北兩路兼用。在起初取北路，由歸綏到居延海，轉入酒泉，再沿南路西段而至迪化。其理由有三：

第一、當時由西安到酒泉的汽車路尚未暢通，而綏新汽車路卻通行無阻。

第二、在綏遠方面進行各種工作，易於保守秘密，陝甘方面則耳目眾多。

第三、安西（按：安西為甘肅省極西的一個縣份）以後，須以哈密、鄯善、吐魯番等處為對迪化集結作戰的基地。

七、蘭州會晤朱紹良胡宗南

遠征各項籌備工作都部署好了，最後的問題為部隊的派撥與編成。內政部長手下是沒有軍隊的，黃氏事前曾請示蔣委員長，奉諭待籌備就緒後，由胡宗南軍中抽撥。胡部那時正駐在蘭州附近，派遣至為方便。所需砲兵，他也商得閻錫山同意撥給山砲兵一團。山西砲兵很多，閻所指撥這團，四月間即在綏遠點交。

黃在綏遠、北平方面的事已完，遂於四月下旬由北平乘機飛洛陽，再轉機飛西安。陝西省主席郡力子、綏靖主任楊虎城曾留遊覽西安名勝古蹟。他因急於進行遠征工作，次日即乘機飛蘭州，只由空中鳥瞰關中形勢，盡入眼底。飛越六盤山高空，須在一萬二千尺以上，空氣漸薄，呼吸頗感困難，人覺疲倦不堪。到了蘭州，甘肅省主席朱紹良招待他住在省政府後花園。那時，由綏遠出發偵察道路的陳勁節，已由居延海經毛目、酒泉回到蘭州；由北平先期派來蘭州聯絡的黃劍鳴，也在此見面；分別向他報告情形。

他來蘭州的目的，首先是和朱主席商談新疆進行問題，並請朱協助一切。因為他以後要在酒泉集中部隊，並集積許多糧食以及各種必需的物品，這是甘肅的省境，必須得朱同意協助，才能順利進行。朱對此舉，表示十分贊同；並檢出省政府所珍藏的左宗棠經營新疆的文卷資料給黃參考。可惜黃沒時間，不能把這些寶貴資料完全讀過。其次是和胡宗南軍長商談使用他的部隊問題。那時此事還未奉到正式命令，但他事前必須和胡商洽。一天，胡集合在蘭州的部隊幹部在省府開座談會，把黃氏遠征新疆的計劃逐一報告，希望大家奮勇參加。他們都一致贊成。同時，因他們遠處西北，對中央以及各省情形未能十分明瞭，紛紛提出詢問；尤其關心長城戰事與塘沽協定問題。黃氏一一為之答覆解釋，使得到了解和安慰。

八、貧苦西北需要國家投資

那時候，國內輿論界對於開發西北的論調唱得很高。宋子文和上海的實業界鉅子多人，也在黃氏到蘭州後一星期來蘭，並飛往青海視察。他們是以經濟開發為目的，甘青兩省地方人士久苦貧困，對於經濟開發特別歡迎。

但是黃氏就他自己觀察，西北的經濟價值，不是在目前，而是在將來；不是需要個人的投資，而是需要國家的投資。因為當時的西北，並不是遍地黃金，而是到處貧苦與黑暗，要解決這普遍的貧苦問題，非由國家用很大的資本、很長的時間、大規模興修水利、開發礦產、改良畜牧不可。那時西北社會的經濟條件是太缺乏了，人民的生活程度和文化水平，若和各省比較，恐怕要相差五十年的時間。移東南的人民去開發西北，實在是一種不合實際的理想。而且西北人民的現時生活，決非東南人民所能忍受。東北移民之所以成功，實由東北的生活條件優於關內人民的生活條件所致，兩者決不能相提並論。故他以為開發西北，必須先由國家投資，然後再

由個人投資：必須不顧目前微薄的利益，才能獲得將來優厚的利益云。

九、顧慮中蘇衝突歲月蹉跎

黃氏一到蘭州即患腳氣病，左足趾潰瘍，疼痛不堪，伏處將及半月，不曾出省政府一步。他在閒住中，忽奉蔣委員長來電，囑將遠征新疆計劃停止進行，命他即回南京。這封電報突如其來，不啻晴天霹靂，令他惶惑懊喪，莫可名狀。此中原因如何，當時既不可知，也無從探問，而事實上已不容繼續進行了。西北氣候較遲，時令雖已殘春，園花卻正燦爛爭妍，他自己心病足病，兩難其行，在百無聊賴中，吟〈浪淘沙〉一闋以寄慨，詞云：

> 行不得哥哥，徒喚奈何！殘春況值客邊過。隔院鴣啼庭院冷，愁比花多。
>
> 歲月苦蹉跎，萬里奔波，不因阻隔便情疏。引領長空西北望，天際黃河。

到此，他已無留在蘭州的必要，即乘飛機經西安、洛陽而返北平。到後精神疲倦不堪，幾至成病。勉強將各項經手事務結束，乃乘車南下。到南京後，才知道停止進行的原因，係恐怕引起中蘇外交上的衝突，因京中得悉蘇聯的志願軍隊，已開抵新疆邊界。其實是引狼入室者早已和蘇方有所勾結的。

黃氏評論此事云：「照我的觀察，當時新疆的盛（世才）、馬（仲英）之戰，乃是個人地方性的衝突，中央既不顧問，蘇聯遂與之勾結，而以志願軍入境援助。若中央斷然出兵制止，則盛、馬兩方，必有一方聽命中央。而蘇聯見我中央出兵干涉，自知師出無名，亦必有所顧忌，或不至與我國發生國際的正面衝突，而新疆問

題卻可因此獲得徹底解決，對國防經濟收穫之大，當不可以數量計。乃因顧慮太深，致放棄國家應有的權利，不予過問，任其演變，造成十年來紛擾變化的局面，這不僅是我個人畢生的恨事，亦國家政策上莫大的缺憾也。」誠慨乎言之！

他失望之餘，意態消極，請假三個月回廣西。我們大家留他在省內辦理實業，為桑梓造福。他很願意。但當時兩廣和南京仍有隔閡，謠言很多，蔣先生電催，他又回南京去了。

肆、馬曉軍為何不滿黃紹竑？

去年夏間，有一位同鄉向台灣返港，攜贈台北民國五十五年一月一日出版的《傳記文學》第八卷第一期一冊，示我以內載鄧澂濤氏的〈馬曉軍生前兩篇未刊稿〉一文。這兩篇稿，一是〈廣西革命軍發源誌略〉；二是〈覆某友人書〉。贈者因兩稿內都曾提及我，我看到必感興趣，且可印證稿中所舉事實的真確如何？我當時匆促地粗讀一遍。後來一病數月，久忘此事。近翻架上書，又復看到，而兩稿中的主角皆已物化，感念逝者，因寫此文。

一、鄧澂濤表揚馬氏遺文

先由鄧澂濤先生發表馬氏兩稿的經過說起：

鄧氏文章首先敘述他和馬曉軍先生同是立法委員，在立法院共事多年，沆瀣一氣，甚為親密。馬於民國四十六年二月九日函鄧氏賀年，附舊文稿兩篇。鄧以兩文頗有歷史價值，未敢毀棄。馬氏逝世六年後，鄧先生為表揚亡友的潛德幽光，特檢馬氏的原函和兩篇文稿交《傳記文學》發表，以供將來研究歷史者的參考。舊文稿兩篇，一為〈廣西革命軍發源誌略〉，二為〈覆某友人書〉。馬氏原函是用「立法院用箋」親筆所寫，兩篇文章卻是用臘紙油印。緣由敘過，接著便列「一、曉老原函」，「二、廣西革命軍發源誌略」，「三、覆某友人書」，鄧先生並在每件後附以簡單的意見。

鄧先生文中雖有「深維曉老給我以函文，初無表露之意」的話，但由於「兩篇文章卻是用臘紙油印」看來，馬氏是準備將兩文分送多人的。我記得民國四十八年四月港九鄉友籌備「馬曉軍先生

追悼會」通告中，便附〈廣西革命軍發源誌略〉一篇在〈馬公曉軍行狀〉後面，〈誌略〉標題旁邊有「載台灣《心聲導報》」一行小字；正文前有該報編者成璞完氏短引，其中有云：「幸前年先生舊存手稿遺編者，記述廣西革命軍發源頗詳，特刊於此。」又有港友遊台，馬氏亦曾出〈誌略〉相示。更可為證。現在我們可以想見馬氏的心情是恐怕他一生最重要的事業，即艱難培育廣西革命軍種子的史實會被湮沒無聞，所以寫此〈誌略〉分送知交的。至〈覆某友人書〉，卻因某友人承受了他模範營遺產的發展為革命軍後，竟在著作中抹煞了繼承關係的重要史實，因感不平而有此書。兩篇文章，同一用意。到如今，那革命軍已為狂潮所沖滅，創始者與繼承成功者亦皆已不在人間，檢讀遺文，為之悵然！

二、〈廣西革命軍發源誌略〉

《傳記文學》刊布的〈廣西革命軍發源誌略〉和以前《心聲導報》刊布的完全相同，當是出自同一的蠟紙油印。全文約三千字。末署「馬曉軍述。民國卅年於重慶。」白崇禧氏在〈馬公曉軍行狀〉中云：「公對於往事，每倦倦於懷，曾撰廣西革命軍發源誌略，諮之崇禧，因就記憶所及提供意見。已而復列舉更正之點再就崇禧考證，旨在作成實錄。質而不華，約而不蔓，亦足以昭示來者。」〈誌略〉所述，前一部分和後一部分我都身在其中，確為實錄，也有小誤。內容專記廣西陸軍模範營的誕生、成長以至後來演變成為廣西革命軍的情形。我往年在《八桂憶往錄》第八篇〈模範營在護法中的演變〉和第九篇〈新軍在舊軍分崩中合流〉兩文，記的也是同樣事實，足資參閱。馬氏的〈誌略〉，旨在強調模範營為後來的革命軍培植種子的母體，和此旨無關係的事實便略而不談。我的上述兩文，卻涉及模範營全般的表現和廣西革命軍成長的全貌。現為避免過分重複，故對〈誌略〉未錄全文，只摘其主旨所在

的各段。

　　〈誌略〉一開頭便說：「廣西僻處邊陲，民十以前，純為舊軍閥之勢力所盤踞，與國民黨主義極端相反。乃自革命興——①協助北伐以統一海宇，②同力抗戰以抵禦強鄰——廣西軍大有春雷蟄起、一鳴驚人之勢。其間緣何起點以養成如許武力？孰先指南以趨弔於革命大道？由來者漸，決非一朝一夕之故。花茂有根，洪流有源，當為有心者欲悉其詳，而知所始終也。」

　　繼述民元至民十，廣西軍政大權操於陸榮廷一系舊軍人之手，對軍校出身的青年忌不敢用，以致許多人皆託足外省。馬氏本人民五由日本陸軍士官學校第十期畢業回桂，初時格格不入，幾經遷就，翌年乃得任廣西督軍署中校參謀。深感孤掌難鳴，急欲謀取一工作據點，以便集合有志青年，共同奮鬥。乃向陳炳焜軍建議創辦陸軍模範營，多方陳說，備盡委曲，幸得見納，馬氏被任為營長。於是援引陸大生五人、保定軍校生十一人、廣西陸軍速成生十二人、廣西講武堂生二人、北京軍需校生一人，分任營附、連長、連附、副官、軍需各職。招考學兵五百人，中多高小和中學生。民六年五月一日成立。至此，馬氏的初步計劃成功了。嗣後，護法入湘，左江剿匪、調粵駐防，反駐百色，警備田南，其間五易番號，並收編舊軍和民團。民十一年五月，陳炯明撤退佔桂的粵軍回粵叛孫，廣西自治軍蜂起，桂局分崩無主。馬氏率部由百色到邕，無法立足，轉往靈山。但孤軍異地，接濟盡失；孫大統統蒙塵滬濱，毒霧迷離，頓失向往。乃托黃紹竑率帶全部入鬱林歸李宗仁自治軍，暫獲給養，以圖生存，馬氏自己則隻身由北海赴香港。馬在港，陳炯明願給餉彈命其回率所部駐於容、藤為陳策應，拒絕；回容縣，沈鴻英請其任參謀長或師長，亦拒絕；只與黃紹竑密商，將所部編歸沈氏，待沈有變，從內動兵以掣其肘。後沈叛孫敗歸，黃遂乘機驅逐沈部而克復梧州。黃受孫大元帥任為廣西討賊軍總指揮，白崇禧為參謀長，以模範營同志為中心幹部，於極短時間克復大河及灘

江下游一帶，進窺邕寧，所向披靡，至民十三年秋，於桂已三分天下有其二。十四年更與李宗仁部協力將沈、陸殘部並侵桂客軍逐一肅清，廣西全省遂盡插革命旗幟，得與廣東同為革命策源地。民十五年李宗仁、白崇禧兩同志更率兵北伐，所至有功，其幹部多半屬十年來同營奮鬥之舊同志云。

於是總結說：「綜厥由來，廣西軍在革命史上，其能肅清省內軍閥勢力，相隨革命軍旗幟以奔走，白崇禧同志等自有殊功。但莫為之前，雖美弗彰；非創辦陸軍模範營為立足點，則英雄無用武之地；非集合多數同志，共同奮鬥，則不但孤掌難鳴，恐亦猶各異；更非披荊斬棘，篳路藍縷，衝開舊軍閥之門，則不入虎穴，更無從取得虎子！廣西軍擔任革命事業重而且大，撫今追昔，微該模範營，則廣西今日情形如何不可知；微廣西軍北伐，則革命前途難苦如何不可知！啜茗懷波，一局棋枰，良非偶爾。」馬氏在文末更說：「談黨國之興，不能忘乎革命軍；談革命軍之功，不能缺乎廣西軍；談廣西軍之力不能忘乎陸軍模範營。物有本末，事有始終，瀏覽斯誌，而游心於廣西軍革命史者，更瞭然於源頭活水之由來也。」

廣西革命軍是由林虎護國第二軍和馬曉軍模範營所留貽的新軍種子，在廣西紛亂時期中，由李宗仁和黃紹竑分別繼承後再結合而發育成長的。這點，馬氏當然知道，但他這篇文章主旨在明確指出模範營和他本人在廣西革命軍歷史上所佔地位的重要，關於李部方面，不須他來代言，自然從略了。他平日對幹部不談革命掌故，更不談政治問題，但他在廣西革命軍史上的地位是無人懷疑的。

三、〈覆某友人書〉指黃紹竑

馬氏的〈覆某友人書〉這篇稿，在標題後尚有「讀《五十回憶》後作覆」一行小註。某友人是指黃季寬（紹竑）。《五十回

憶》是黃季寬的自傳，分上下兩冊，民國三十四年杭州雲風出版社發行。這封書比〈誌略〉更長，但又不便割裂摘錄，只好把全文照鈔如下：

　　××吾兄故人如見：十年來久疏通候，亦鮮見面，良因各在一方，縱有時萍踪偶及，而地位各殊，炎涼有異，其不便使我走見者，亦勢也。月前台從入都，略跡忘分，辱及敝廬，多年來束諸高閣之輩，猶得重逢話舊，殆亦光武念及嚴子陵，洪武念及老和尚，同一心事歟！復承賜我《五十回憶》大著，更覺感不盡於此心也。士別三日，刮目相看，兄與我別後，長足進展，飛鳴驚人。披讀大著，引人入勝之處，有如《水滸傳》，而兄遇險獲救，逢死得生，不啻宋江其人焉。竊嘆天之生材，篤愛之，又必鍛鍊之，讀大任將降一書，其所受險阻阨塞與痛苦，決非常人所能夢想，而兄皆有焉，宜其事業過人，良非偶然也。兄與我冠劍相遇，屬在丁年，更於仕途，同一出發點，甘苦與共者，六七寒暑，亦可謂具有根因與夙緣矣。回首當年，細柳營中，濟濟袍澤，兄與劍生兄（編者按：指白崇禧）可稱為我同心之二人焉。當年兄對我誠懇心事，真有〈陳情表〉所謂形影相弔相依為命之勢。記得在靈山時，有某一件公事我不便直率批下，乃出於稍涉客氣之語句，兄旋對我言之曰：「司令，您何必這樣客氣的批下，今日我相隨之久，相得之深，又是同鄉，又是世好，莫說您罵我，就是打我，我亦等於父親打我一樣了。」云云。這等心腹肺腑之言，真可動天地而泣鬼神，所以我讀到《五十回憶》大著，愈令我回憶中復回憶，不禁攘臂下車，再與之執筆談談也。

　　大著前前後後，一切一切，非吾所身經者，不敢贊一辭，惟關於模範營一段，鮮見有扼要懇切之處，而對於弟個

人者，亦未免太過冷淡。須知無模範營為基礎，兄雖勇如孟賁，恐獨力亦難施也。弟披荊斬棘創辦茲營，詩曰：「為王前驅」，吾當改曰：「為黃前驅」，這原來是一段因緣，殆亦數有前定焉。記得民十一年冬，我回鄉居住，無聊中乩仙得詩曰：「無庸問世慨沉吟，桃李公門長茂陰。一點楊枝甘露滴，生天佛果證婆心。」爾時我的部隊交給兄手，而兄率該隊駐於容城，觀此詩，雖未出茅廬，三分早定矣。未幾梧州起義，實為吾兄前途大業飛鳴之第一聲，設當時無該部隊在手，則何從起義？又非得該部隊經我訓練多年之子弟兵，又何從替生替死、百戰百勝以攫取八桂？這種鐵的事實，有眼皆見，夫豈庸忘！先施公司起首得二萬元之資本，冠生園起始得五百元之資本，其當事人皆殷殷樂道之，蓋不忘本也。兄生平知遇，如李任潮（濟深）、李德鄰（宗仁）等，皆是也，但彼等悉遇兄於有了相當權位之時，大家利用勢力互相結交，非真交也，亦很尋常事也。惟弟遇兄於微時，而知之篤，愛之真，信之切，自己手中的東西悉付之於兄，孟子曰：託妻子於其友而之楚遊，有同類焉。這種心腹與懇切，比之李（濟深）、李（宗仁）等，決非可以同日而語。乃讀《五十回憶》中，對於本營及弟之經過，均無扼切重要之一言；反之，對於李（濟深）、李（宗仁）諸公則備致推重；無他，彼等地位較好，因而重之，我地位不及，為之所輕耳。噫！季兄季兄，我們大家都是五十以上、六十以上的人了，一切宦海浮雲，飽經閱歷，大家總得講句良心話較好一點。百色受創，乃吾輩復興之最大關頭，官兵經此一役，皆抱曹沫覆辱之志，即我個人亦對同澤大眾聲聲口口誓曰：「吾輩軍人視槍如命，今後寧可命先失，而槍不能失也」云云，用能以一當十，以十當百，以百當千。未經此創敗以前，吾們實在太過書生，太過幼稚，不知應變；經

此教訓，如大徹大悟。惟我醒來，卻無第二了，「一失足成千古恨，再回頭已百年身。」殆完全為我個人道之。惟兄等機會卻源源而來，百發百中。回想當日猝遭巨創的時候，我跑到果德縣向粵軍作秦庭之哭，及率兵克復百色，我們重獲相見，兄爾時何等灰心，何等懊喪！那晚上，我邀兄於電燈局商量，請兄往黃蘭收編黃炳煊部槍械，兄兩淚涔涔謂曰：「司令，您尚幹什麼？我家和您家都有一碗飯吃，我想我個人終身誓不願做軍人了，教子教孫不要食軍人飯了！」我乃百方勸慰，言無不盡，始獲兄拭乾眼淚，重秣其馬。當時兩手空空，一錢莫名，借到何庚心大洋八百元，給七百元與兄往作收編費，留一百元我司令部使用，你話幾等孤寒。厥後轉戰於那波、凌雲、西林各地，兄偶不如意，輒形懊喪。弟只得頻頻勸慰，撫若嬌兒，並嘗謂曰：「境遇挫折者，乃天所以鍛鍊我們也，倘精神挫折，則不可救藥也。粵省陳炯明幾百爛槍可以復粵，我們幾百爛槍當可以興桂。更謂世界如有一日開明，都是我們這班青年軍官的世界，倘長此黑暗，那就是自治軍世界罷了；但世界是向前進的，決無向後退的。深信將來廣西省牛耳，必屬於我們之手。」云云，這係當日自慰自豪之語，但後來事實演變，著著實現，我的話都兌現了。可見吾率所部，吾志所在，吾言多中。迨由百色、南寧退出，到了靈山，遇陳變叛，大家感覺孤軍異地，粒食維艱，王粲既不願依劉，廉頗復亟思歸趙，乃與兄商酌，派陳傑夫、劉劍奇二人入鬱與李德鄰接洽，由我個人隱歸，將部隊托兄帶往寄食於李下。陳劉回報，李欣然允諾，並謂可由馬司令派心腹人帶隊入來，我們大家合夥便是，將來馬司令可以出山時，我隨時可以交還部隊等語。有了這一段事實，而後兄與煦蒼（編者按：指夏威）等實行開隊入去。我適在北海，接到來電，請我暫避，我覺實踐初衷，閱之欣

然，蓋當時為自治軍環境所迫，我不能不暫避其鋒也。這個
關頭，就是我與兄事業興替之分野，我由是而退，兄由是而
進；我由是而與，兄由是而取；磊落光明，可為法式。我人
尚未受赤化共產黨洗禮之前，猶守禮義之邦聖賢之教，尊
堯舜而賤操莽，則此進退大義，出處名節是不可不講究者。
乃兄《五十回憶》中，對我倆承轉關頭完全抹煞。並謂南寧
退出，由西鄉塘渡過邕江南岸，那時高級官長只有韋雲淞、
馮春霖、陸華甫與兄四人；並謂率隊入鬱林，中途碰見令兄
天澤，無緣無故，非常詫異，係奉李德鄰委託，密來等候云
云。噫！吾人非諳魔術，非作幻夢，何得有此神奇？其不合
事實，並令弟個人，無名無目，陷入於虛無縹緲之鄉，未免
太失真矣。吾人作史傳也可，作小說雜誌也可，總要實錄，
總要那件事實對人對己說得圓通過去，方有價值。若專為
形勢逢迎，有力者則抬舉之，無力者則屏棄之，天下所以
無真是非也。廿四史無真史，已為千古所詬病，而董狐龍
門輩所以為史家珍寶也。噫！李兄，淮陰不忘一飯，古今播
為美談，我與兄關係決非一飯之比，而兄大將胸襟應有過於
韓氏，吾所以不得不本春秋之義，從嚴責備於賢者也。弟嘗
自問，生平做官手段實太差，做人的心事實在太好；即就當
年帷幄與聚而識拔於帳下諸士，首席位置，借重劍生兄與吾
兄居之；次之者，旭初與煦蒼居之；再其次，為其他多士
居之；即吾胞弟漢西、內弟周己任等在隊，亦只按格任用，
從無私毫偏袒，為眾共見。但第二團官長多狹隘，目不識
人，每謂我偏愛於劍生與吾兄，諸多違言，欲譖於陸裕光師
長以壓力施我，厥後使我向譚督軍方面用了不了委曲求全
的方法，彼始無奈，亦卒達我借重於劍生兄等之目的。自是
以後，迄至於今，天降大任，兄等次第彪炳於國中，而成就
之分量，大小輕重，殆與我昔年在柳營中安排者如出一轍，

形成一幅小照片與大照片而已，足見吾眼無花，可對同人而無愧。民廿二、三年，刁國屏營長到南京見我，自慚形穢，嘗慨然謂曰：馬團長，您真有知人之明，深悔我們當年太無智識，致今日不能享團體上之好處云云，蓋自悔磋砣矣。說起來話亦長，夜長夢多，講極不盡。蔣先生有兩句格言：窮理於事物將變之始，研幾於心意初動之時；兄與吾最後分離時，對我實有留戀不捨之心事，迨其後，日復一日，年復一年，愈隔愈遠，愈離愈疏；孟子所謂久假不歸，烏非知其有，《三字經》所謂性本善、習相遠，均不刊之論也。然亦怪吾生多艱，實命不猶，對於名位向不積極，如果我後來仍搏得高官厚祿，富貴迫人，則兄等之觀感亦必不同。抑吾人不可不信命，閒常星算家算我八字，恒有曰：您的命，一生是做好人，但您雖以好心待人，人們未必以好心報您云云。又兄初於梧州起義時，我在家乩仙得一詩有曰：「成陰桃李報君知，異日纍纍結實時，得魚知否難忘筌，猶在人天造化機。」觀此，則一切一切，胥有前定；歸之於己，於己不有；歸之於兄，於兄不受；歸之太空，太空冥冥，不可得而名；亦曰命而已矣。

　　吾書至此，純是為兄做了《五十回憶》有一段與我極端關係者，不禁回憶回憶，事重提，想亦為兄所容諒歟？不然，春夢一場，舊債勿算，「爭看桃李繽紛日，那管風霜冷落人。」鴻雁已翔於寥廓，而羅者猶視夫藪澤，亦太不智矣。兄以為何如？肅泐拜覆。並候潭綏！

——馬曉軍民國卅六年於南京。

四、故人皆物化猶留是非

　　我是民十夏間承曉老推薦由其步二團團附調任廣西督軍署參

謀，而在百色和他分袂的。那是他處境順利時期，此後便漸入逆境了。是年六月陸譚攻粵，調去他團中兩營，只留原來模範營那一營給他。陸譚戰敗出亡，馬君武博士主桂，以我為省署軍政處總務科長，曉老為田南警備司令。曉老因收編舊軍反被繳械，粵軍往救，得返百色，他在電燈局與季寬商量那一幕我不在場。民十一年五月，陳炯明盡撤在桂粵軍，致自治軍乘機蜂起，省署不支而星散，我返南寧對岸家居。曉老和季寬率所部由西鄉塘渡過邕江南岸後在江邊休息，離我家不遠，我聞知即趕往和一班老友把晤，匆匆又別，後來曉老在靈山托季寬帶隊入鬱一幕，我也不在場。十一年冬，德鄰邀我到鬱為參謀，而季寬到鬱編入李部已過了三個多月，我當時也不在場，事情經過順利，過後人未談及，久了便多難憶。

往年在桂林，曉老因讀了季寬的《五十回憶》很為不滿，便曾向我表露過。但說得抽象而簡單，更未提及具體事實，並不知道他寫有〈誌略〉和〈覆某友人書〉。所以自抗戰勝利以來，我雖和曉老、季寬、德鄰、劍生、煦蒼各位不時聚首，卻不曾向他們問及「書」中列舉的事，現在讀到，彷彿謎一樣了。

在港九「馬曉軍先生追悼會」中，黃二明（華表）兄告我道：「前年遊台，馬出示所寫〈廣西革命軍發源誌略〉，以見其創辦模範營的勳勞。」我說：「他對此事常念念不忘，曾對我批評過季寬的《五十回憶》。」二明兄說：「弟子顯達，豈不是師長更有光輝？故我輓他的聯中有何必封侯之句。」我又因〈誌略〉中有「密派陳傑夫、劉劍奇赴鬱林商量將余所部寄托李下。」和「與黃紹竑同志密商，將所部編歸沈氏。」兩事向來未聞友好間談及，追悼會過後曾函問夏煦蒼兄是否事實？夏答以日子太久，不復記憶，難作肯定答覆。然無論有無，在曉老立場，只有如此寫才光彩耳云。

數月前某日，我和龔漢賢（傑元）兄談季寬率部歸李往事，龔道：「德鄰聞季寬率部到靈山，特派人來容縣邀我前往商洽。我偕黃天澤到鬱，德鄰令我倆親赴靈山。我們行抵興業縣城隍墟，因土

匪太猖獗，無法前進，只得就地僱人設法送信給季寬。」如果曉老已派陳、劉兩使到鬱，何以德鄰又另派龔、黃呢？此點難明。龔又說：「季寬率部駐容縣後，曉老想歸還部隊不止一次，但大家未作歡迎表示，故未成為事實，因曉老用錢的態度不為眾人所喜。」不知曉老想歸部隊的動機是否起因於陳炯明或沈鴻英的延攬？但我在李部幕中，卻始終未聞有曉老向德鄰索還部隊的事。至於原部隊未作歡迎一點，後來劍生和傑夫在粵為季寬向孫大元帥請得廣西討賊軍總指揮任狀，曉老那時正在大本營充任參軍，他既不自謀，而季寬、劍生、傑夫等也不替他去謀，原因或即為此。

綜合來看，曉老印布兩篇文章，似是先由要不回交出了的部隊，次因受遺產者發達後對他毫不援引關顧，終因在著作中發表革命的歷史也將其認為關鍵最重要的事實隱沒，氣實難平，因而有此。這亦人情之常，曉老的心情是人當予諒解的。

季寬的《五十回憶》中對曉老特別恭維的話誠然不多，只在左江剿匪結束時記有「當我們部隊開回南寧時，五屬人民皆派代表到營舉行盛大之歡送，甚且有為馬營長建生祠者」的語句。對模範營功績，在開始時便寫「後來模範營對於廣西之軍事改革，貢獻頗多。而陸譚政權最後之消滅，多出當日陸軍學生及模範營分子之手。與滿清建新軍而亡於新軍者如出一轍。則又非辦理時始料所及，殆亦為新陳代謝自然之理歟！」這樣寫法，曉老自然感覺難以滿意了。

伍、晚年的黃紹竑與我

在一班老朋友中，黃紹竑（字季寬），和我是小同鄉。兩家相距不過二十五里。但同姓不同宗，小時彼此不相識。民國六年五月馬曉軍氏任廣西陸軍模範營長，以我為連長，季寬為連附，彼此開始共事。以後，部隊和職務各迭有變更。到民十四年李宗仁氏領導大家戮力將混亂三年的廣西統一。民十五年國民革命軍北伐，李宗仁氏統率廣西部隊參加，季寬和我留在省內。民十八年武漢事變發生，李、白敗歸省內，率領在省部隊繼續反抗中央；民十九年出兵入湘又敗歸。季寬厭惡內戰，遂於是年八月馬（廿一）日通電主張和平，是年底即和我們分手，離開廣西到中央去了。我始終是在省內服務，有時到中央出席會議，季寬必為東道主；京官多患窮，黃氏偶也向我請助。他曾數次回省，大家歡聚，無異昔時。其間情事，我多已介紹刊布。現在專記季寬與我晚年的關係，也就是彼此最後的關係。

一、國共和談破裂，老友從此分裂

我和季寬最後一次分袂，是民國三十八年四月中旬在南京。當政府和談代表團正在北平與中共方面折衝期間，李代總統四月八日由南京通電話到桂林，要我赴京一行。因廣西省參議會開幕在近，我待出席報告省施政概況後，四月十四日才由桂林飛南京，到後，李氏令在傅厚岡代總統邸舍同住。十六日下午，政府和談代表團推黃紹竑將政府和中共雙方代表擬定的「國內和平協定」攜回南京報告政府。當夜，李、黃和我曾就和談如果破裂我們以後應取如何態

度交換意見。十八日晚上十時，李代總統在他的邸舍召集黃紹竑、白崇禧、李品仙、夏威、韋永成、程思遠和我聽取黃紹竑在北平商討和平經過的報告後，各人即發表意見。代總統表示：我為和平而代理總統，如和不成，我將交還不再代理而即引退。黃紹竑說：戰既無勝算，此時應謀自存之道，宜和。白崇禧說：如果這樣的和，好比一盤雞肉，肥的先被揀吃，其次雞頭雞腳終被一概吃光。白說了不等談論結束便先離去。黃紹竑說共產黨無此態度，愈不中聽的話愈用心聽下去。這是我和季寬最後一敘會。十九日我飛返桂林。同日，黃紹竑向和談特種委員會報告政府和談代表團折衝經過及結果，特委會對「國內和平協定」予以否決。二十日國民政府電北平政府和平代表團轉知中共，對投降式的和平協定不能接受。費時兩旬的和談遂告決。黃紹竑當日即由南京飛廣州轉往香港。從此拋棄國民政府，自行其是，離開我們。

黃季寬是徹底主和的，他到香港後，四月廿六日函致德鄰、健生、旭初陳三策：速和，上也；暫緘默旁觀，中也；作戰到底，下也。此函他原派陳良佐送來，臨行時陳傷足，季寬乃託其甥女於三十日帶交我收。時德鄰在桂林，健生在廣州。五月一日桂林有人赴香港，我簡單函覆季寬云：「此間同人研討時局問題，所見與兄或有出入，然決不盲目隨人以墜入深淵，亦決不使地方受到糜爛。」

五月三十日桂林有人赴港，我託帶函致季寬云：「淪陷區人民無自由，應否與共方進行和談，實值考慮。」

五月三十一日季寬邀集港報記者發表其致李德鄰函，勸李勿驅人民為蔣朝殉葬。事前李曾告季寬勿將此函發表，而他不聽。

八月十三日季寬在香港約集四十四人發表聲明與中共合作。共方即催促其須有行動表現。

十月一日中共在北平樹立政權。十月七日華中我軍由衡陽向桂邊撤退。十月十三日國民政府由廣州遷至重慶。十月二十八日廣西

省政府由桂林遷至南寧。十一月一日晚間，黃紹竑在北京向廣西人民及各機關袍澤廣播，勸廣西局部與中共和平，否則人民應起來打倒李白。但人民及袍澤未受其煽動。

二、《大公報》刊黃函，勸舊友返大陸

大陸被中共統治後，逃難到海外的舊友，很多接得舊友從內地寄來勸告大家回去的信，但都是各別的。到一九五五年二月十二日，香港《大公報》忽然刊布〈黃紹竑手書〉數千字的長函，在開頭是：

「李宗仁、白崇禧、黃旭初、李品仙、夏威、胡宗鐸各位舊友們並轉達與你們有關的舊友們：我與你們是四十多年的舊友，在過去的歷史上曾有密切的關係。但由於時代的演變和進步，對於政治問題的認識上各有不同的見解，因而走上不同的道路，這是很自然的。五年以來，又在不同制度的社會裏生活，認識的距離更加大了，也是必然的。但我仍願盡我所知的勸告你們不要再錯誤地跟隨□□□走，更不要受美國的利用，應趕快退出黑暗的途程，轉向光明的道路。」

接著便長篇大論說中共樣樣都好。最後解釋幾點：一、大陸人民的自由，憲法規定極為廣泛，非資本主義國家所能及。二、大陸上都市農村的面貌都已日漸改變，人民生活逐步提高，以往一切社會黑暗罪惡已一去不復返。三、中蘇友好是實行孫中山以俄為師的遺教，不應誹謗。結論是：「只要你們棄暗投明，立功贖罪，人民是會諒解你們的。」這是他對各袍澤普遍的勸降。最先看到這封書的當然是在香港的朋友，他們的反響，似是當作一件新聞，看過就算了。白、李（品仙）、胡三位在台灣，當時不知曾否看到。我正旅居日本，承友人將《大公報》原文轉寄給我，我想縱然覆信，也難保能達季寬眼中，遂亦置之。後來李宗仁氏在美國覆他長函，逐

段加以駁斥，在一九五五年五月十七日香港《中聲晚報》、及五月十九日舊金山《世界日報》刊布，季寬得看與否我未有所聞。

三、任他熱情躍然，惜我心如此水

一九五六年我仍旅居橫濱，忽接程思遠六月二日香港來函云：「月前承友邀赴海濱泳場避暑，遇見任伯、季叔等，他們對你特別表示殷勤問候。回來時季叔交來一函，囑為面致我公。聞公將南返，故此信擬待面呈。我公何時動程，乞迅賜示。」函中的任伯指李任潮（濟深），季叔指黃季寬。

我六月八日覆程一函：「諸伯叔對我的好意，心感之至！我早欲返港，然不知何時方能成行。來函敘述太簡，能稍加詳，並將季函寄來以供快睹為盼。」旋得程六月十九日信：「遵將季函寄上，收到請先賜數言，再將此行詳情續陳。」附季寬函，白色信封左上印淡綠色一座洋樓，中間橫寫左行「上海大廈」四字；白信箋中央也印淡綠色大洋樓，但無文字。信封上寫「煩面致、黃旭初兄、竑緘」，草書，一看即知是季寬手筆。信如下：

> 旭初兄：久不通問，積想為勞，想遠處異國，必有同感也。思遠兄回國與我談得很多，我的意見託其面達。國內國外形勢，彼亦有深刻的認識，當可為兄告也。總之，要看清前途，掌握自己的命運，不必有所躊躇而坐失機會而迅速回來。並以此意轉勸諸舊友。四十年舊友由衷的盼念，不盡欲言。此頌安好？
>
> 季寬手啟　五、廿二、上海。

六月廿二日我函程云：「季函雖簡單而情意誠懇。但我必須徹底了解其真意，自己方好打算。請將其心中深處欲說的話見告，我

一切當守秘密。六月廿六日程覆如左：

手書敬悉，茲將北行詳情敬為我公陳之。

四月廿四日，在××報服務之同鄉×××君來訪，謂北平方面欲我前往一行。我以事出倉卒，允明日答覆。廿五日我對他說我可以去，但不代表任何人，亦不願公開行踪。遂於廿五日深夜乘船赴澳門，由一人陪同赴廣州。廿六晚搭一列專車北上，同車者均為東南亞華僑赴京參加五一勞動節代表。

到京後，由華僑事務委員會派員接待，首先住中四旅館，後搬往新僑飯店，這是招待外賓的處所，派有汽車一輛代步。五月二日清早八時，季寬約往其公館吃早點，一直談到中午，就在那裏吃午飯，他的夫人也出來作陪。在談話中，他約略介紹國內一切情況和他的生活情形，另外也問及我公近況，不過沒有表示請公回去之意。在他談話中，他對於目前一切是很滿意的，並舉出他的房屋、汽車以作證明。誠然，他住在一所三層樓的花園洋房裏，並用著美製Chryler牌汽車，有私人廚師，有舊日侍從副官服侍，舒適程度，較往日尤有過之。每年暑假全家赴青島或北戴河避暑，一切費用都由公家供給。每週看戲及跳舞也不用自己掏腰包。所以他此刻的用度是很寬裕的。另外，他過去並不能參加民革，但今年二月民革三全大會，他已經被選為民革中央常委了。由此不難推測其精神生活日益改善。

五月三日，任潮約吃飯，這是官式的宴會，參加者有真如、賢初、憬然、季寬、劭先、宗鎏、此生等。席間各人對公都很關注，並希望早日回去，參加祖國社會主義建議。不過我以為這僅是應有的話，並不能代表政府的政策，我只是諾諾連聲而已。劭先除政府職務外，還兼著民革團結委員會

主委；此生則是民革副秘書長。關於民革，我要附加說明：原來國內民主黨派，老早就決定不再發展了，可是今年又大事擴充，而民革也做著大事安排三代人物的工作。所謂三代人物，就是滿清遺老、北洋時代及國民政府時代所留下的人。

五月四日及六日，文白請吃便飯話舊，他說：「在一次會議席上，周總理對我說你回來了。他好像在什麼地方見過你，但印象有點模糊了。」他又說：「明日政協禮堂有個酒會，你會有請帖的，我將介紹你和周總理見面。」

七日酒會上，各黨派的上層人士都到了。文白特別介紹我和周總理見面，周態度非常親切，和他立談許久。從此以後，仲容、仲華被派陪我遊山玩水，每日節目都排得很緊湊。

過了數日，周總理在中南海紫光閣請吃飯，被邀的有任潮、季寬、力子、文白、為章、此生、仲容。這次足足談了四個鐘頭，周提到基本政策、日內瓦中美談判、台灣問題、中蘇關係；最後他說到對德鄰先生始終伸出手來。但立刻又轉口說：「如果他有所不便，那麼就請旭初先生回來罷。」

兩日以後，一天清早，我剛起身，季寬打電話來說即來看我。我說，那麼我們在西餐廳一同吃早點罷。不多一刻他就來了，他說：「現在把一般問題丟開，先說廣西問題。」停了一忽，他繼續道：「德鄰問題放在第二步，第一步先爭取旭初回來。你對旭初說，個人不能永遠在外面打流，打流是個不了之局。並且一個人在政治舞台上混久了，而今沒有個政治地位，是寂寞得非常難堪的。」以後他又說：「再告訴旭初，要在政協會議以前回到。」為什麼如此，他沒有說明，大概是便於為公安排某種職位吧？

十五日季寬赴滬視察，我十七日亦離京赴滬，我和他同

住在百老匯大廈（現改為上海大廈），幾乎天天在一起。臨去，他設宴餞行，殷勤囑咐，說：「如果你此去一無所成，那你自己也要回來才行！」並在當時交給轉公的一封信。

由此可知請公回去是出於當局的決定，初非季叔個人的建議，季叔後來頻頻以此為言，不過是貫徹政府決策而已。匆匆草陳，如尚有未明，統乞賜示，當再詳告。並乞速作決定，以紓遠注。

思遠廿七日再補一函，謂前函意有未盡。引述陳劭先、張治中、章伯鈞各人評論中共的話。意在消滅我對中共的疑團，好下回去的決心。

思遠這次是作客，出門有人陪伴監視，壞的看不見，也就寫不上，卻把四十年老友對我的熱情描繪得躍然紙上。而我自脫出政界，覺一身輕鬆，已心如止水，對此途不感興趣。但若推諉拒絕，無論如何措詞，對方必將追纏不放，為表示乾脆，寧違背常情，索性連信也不覆。累得思遠七月三日、九月一日兩次函催，我仍不答。

四、早已厭惡政途，只好一字不覆

過了一個多月，忽接季寬夫人十月八日由香港給我夫婦一函，這是向來所未曾有過的。函中先敘寒暄。次言她去北京住了半年，生活比從前在上海還要舒服，精神也很愉快。五月間回港，決定本月底全家搬去北京。次言在京時季寬時常提起我們及一班舊朋友，最近季寬有一封信要她轉給我，希望我倆回來和她一同北上，作一次秋季旅行。到京可在她家裏住，因為每層四大間的三層洋樓只一家人住，相當大了。最後望決定即回信，以便由季寬轉知政府沿途照料，一切可以擔保無事云云。

季寬的信，比之前次詳略大不相同，如下：

　　旭初兄：前由思遠兄轉信及意諒亮察，尚未得復，不勝思念之至。我自解放後，無論精神上和生活上都是十分愉快的，國內的舊友也都是快快樂樂的，因此，我很遺憾地對於過去沒有足夠的幫助使兄等也同樣過這樣愉快的生活。兄孤身遠處異國，即使物質生活過得去，精神的痛苦是可以想見的。最近鄒秉文博士由美國回來了，他有學術上的地位，拿聯合國的優薪，生活當然不成問題，但終於回來了。原因很簡單，就是無論在外國生活多麼過得去，離開偉大可愛的祖國，對人生來說，是沒有什麼意義的。若果處在反動的地位，就被人人所唾棄了。政府對於他很照顧。我同他是老朋友，見面談得很多，他深深地覺得回來是正確的，是光榮的、快樂的、他要號召其他在美國的高級分子回來為祖國建設而努力。

　　我親自聽到領導人和許多你熟識的人對於你們沒有惡感，歡迎回來。並且說：「如果有什麼懷疑，可以先回來看看，不好，再出去，保證來去是自由的。」以一般常情來說，國家之大、人材之眾，何在乎少數人的不回來？但是中國共產黨和人民政府的策政，是要團結全國力量進行社會主義建設，它不願有一個人落在後面或留在外面。在愛國家的口號之下，不但有公理，而且有感情，我這幾年來，就深深地為黨的公義和感情而激動了。我以我的體會勸你們快些回來，就是由於這樣的激動而發生的。我希望你們不要有什麼懷疑，更不要對桂系或台灣或美帝有什麼幻想，那是死路一條，看清了光明道路就坦然地回來，一些問題都沒有的，我可以我四十年來的人格和很多朋友作為保證。我不過先行了一步，你後一步進來並不為晚，切記不要後進來就難堪沒有

面子，祖國的大門是開著的。回來吧，四十多年的舊友！此祝安康。

季寬手啟　九、十四

接著思遠十月九日又來信：「季近來函，欲知我公意向。現由季嬸逕函我公徵詢意見，務祈直接答覆季嬸，以便其歸京面達。以遠度之，當局正以結團一切可能團結的力量號召天下，季不惜謙恭虛懷卑詞敦勸，固為公計，亦為國家計也。」

季寬和他的夫人對我們的親切殷勤簡直如一家人，好意盛情，令人十分感激。然而我既厭惡政途不願再入，又不相信人在中共治下能有自由，故對他倆這番敦勸，依然如古井無波，木然不動，只好忍心辜負，一字不覆。這件事就無聲無息而沉寂下去。

五、大鳴大放之後，季寬兩度尋死

季寬自認為滿意的生活好景，被一九五七年的鳴放陰謀所玩弄而完全打破了。下面是我所得報導的彙記：

一、一九五七年七月港友函：「季寬被中共指為反革命右派分子，要在人代會向中共認錯。」

二、一九五七年十二月，季寬之姪自紐約來函：「中共在大鳴大放後，許多民主人士被整肅，傳說廿七叔（指季）因此跳樓自殺。」

三、一九五九年九月末，程思遠到北京參加中共國慶，回港後告一鄉友說：「國慶大宴會季寬沒有份。他的一切職務似已全被解除。能會見的人也被限制，連我和他這樣的關係，都要經過請託才得一見，並由劉為章、覃巽之及兩個我不相識的人陪著我去。季寬已無汽車配給，只留一名服務員和一名廚子照料，月給用費一百四十元。」

四、有一老友在北京因生活萬分困難，展轉探知我的地址，一九六一年七月來函求助。他和季寬也是老友，我覆信時用隱語問他季寬近況如何？他答覆謂：「季近年情形報紙上發布很多，你當看到；但有一件未見各報刊述及，即他不能忍受面斥鬥爭，放不下舊架子，曾自尋短見兩次，幸遇救得活。我很少和他見面，前月我特到他家訪問，覺其狀況已大不如前，門庭靜寂，出入已無汽車，惟體力尚好，時玩圍棋消遣。」

精神上受到嚴重的打擊，想求解脫而不可得，這種痛苦也夠他忍受了。

六、挽舟舟子背如弓，灘頭仍隔一重重

德鄰老友於一九六五年七月二十日由瑞士到北京，季寬親到機場迎接，這是他曾敦勸回國的第一人，彼此相見當極快慰。我旋接德鄰八月十九日由北京來函，其中一段提及季寬：「我所住房子與季寬住屋不遠，徒步五、六分鐘可到。渠去歲身體很差，現已復元，氣色很好，常到坐談。一次，他慨歎地說：『我和你已經修得正果，享盡晚年福氣。可惜患難與共的老友旭初、煦蒼（夏威）兩人尚徘徊於十字街頭，不知有所抉擇；而健生尤為處境可憐，奈何奈何！』云云。」

徐亮之應「李宗仁於一九六五年九月二十六日在北京舉行記者招待會」的邀請，北上參加後回港對我談及：「季寬曾談到你也該回去以娛晚景了。」老友真是老友，熱情殊可感念。

我在一九六七年三月將盡，聽到季寬在北平逝世消息，為之歎息感傷。四月二日其在港家屬舉行簡單的追思儀式，我和許多舊友都往參加。但其逝世情形及月日均不能悉。

〈浣溪沙〉 　　　　　黃紹竑

畫意詞情種未收，老來重拾少年遊。山川美景為人留。

照水不愁頭已白，此心常與綠波儔。一身輕似水邊鷗。

幾片歸帆遠近中，群峯倒影晚來紅。灘頭仍隔一重重。

灘急故違歸客意，挽舟舟子背如弓。疏林處處淡煙籠。

漁父歸來理釣鈎，鷺鷥洲畔打魚舟。魚兒水裏又添愁。

煙水無邊楓葉落，寒鴉點點樹梢頭。欲留夕照慢些收。

　　季寬向喜填詞。右錄〈浣溪沙〉三韻，題為「桂江晚眺」，係其一九五六年冬回廣西視察司法執行時所作。夏煦蒼兄在報上讀到「灘頭仍隔一重重」，「挽舟舟子背如弓」兩句，說他果然是白賣氣力，終遭清算。

附錄　李、白、黃怎樣撰寫回憶錄？

　　距今數十年前，胡適博士即提倡人寫自傳，亦即回憶錄。此事近已蔚為風氣，且有傳記、雜記出現了。

　　我的好些老朋友都有回憶錄，如現居台灣的徐啟明、陳恩元各位。李品仙兄的正在著筆中。李宗仁、黃紹竑、白崇禧三位，皆曾服務過地方和中央，各自著有回憶錄，黃最早，李次之，白最晚。如今白、黃、李三人都已先後作古，世人對於他們的回憶錄，或有願得一讀的。現特就我所知，作此簡單的報導，難滿所望，極抱歉仄！

　　　　　　　　　　　　　　　——庚戌大暑記於九龍半島

一、黃紹竑著《五十回憶》

　　黃氏此書，約四十萬言，分上下兩冊，民國三十四年秋由杭州「雲風出版社」印行。是年十二月即行再版，可知行銷頗廣。文用語體，極為流利。

（一）著作的緣起及其經過

　　關於著作此書的緣起，黃氏在書末「寫後的話」中有所詳述，節錄如次：

　　「民國三十年，廣西的朋友要編統一廣西的戰史，有信來要我將親自見聞的事蹟敘述出來，並附寄他們所編的初稿要我校閱補正。我看了那個初稿，認為在史實方面，固然有許多錯誤脫漏之處，而在體裁方面，亦覺未盡妥善。同時我又覺得那時我所經過的

事實，也實在太多了，有好多重要的事情，那位執筆的人根本就不知道。如果在他們的初稿上作片段的補正，下筆甚為困難，而且仍是掛一漏萬的。於是我想自己寫一本《廣西統一始末記》，把我在廣西從事革命的情形，作有系統的敘述。目錄擬好了，由我口述，晏忠承同志為我筆記，這是三十一年的事。後來晏同志離開省府，我又沒有繼續下去，就耽擱下來。但是我想這事終於要做而且想把它擴大成為我以往全部經歷的敘述。這年（三十二年）剛巧度過四十九歲的生辰，五十歲快到來了。五十歲是人生的重要關鍵，要是把五十歲以前自己所經過的事跡全盤敘述出來，既可供自己的反省，亦可資社會的參考，比光寫廣西統一的一段事實，範圍更廣，涵義較深，未嘗不是一件值得做的事情。於是我把以前所述的《廣西統一始末記》的名詞廢去，而改為《五十回憶》。

「在引言中，我已把我的用意及立場申明。我想照此思索，照此著筆，但是隔了很久，還是不易著筆。三十三年六月中旬，我由重慶回浙江，在贛州、寧都的途中，為大水所阻，祇得在銀坑一個幽靜的招待所內休息兩日。這是江西公路處的招待所，似乎他們早就知道戰時的旅途是不很舒適的，而在這僻靜的中途，準備旅客意外棲息的地方。江西公路處雖然招待得十分周到，但我還是感覺得非常寂寞。停滯在這寂寞的中途，會把個人以往經過的一切，翻騰到腦海裏來。尤其是最近過去的一年，是我遭遇最壞的一年。我自己染了危險的鼠疫，雖然得救，而我的大兒子德芳卻在一個月前死亡！我覺得人生的修短是沒有一定的。『及時行樂』是消極的愛惜生命，而『及時做事』卻是積極的光大生命，在這種感想之下，於是我將寫下的《五十回憶》就在那裏著筆起來。

「……全部的初稿於三十四年七月底才告完成，共分二十七章。……」

文末署：「黃紹竑，三十四年七月卅一日於浙江雲和。」

（二）寫述方法的三點見解

關於此書的寫述方法，黃氏在「引言」中說根據三點見解，非常合理，值得先為介：

他先述其個人歷史關係的複雜：「我是一個當代人，而且還是一個與當代政治頗有關係的當事人。在滿清時代生長，而參加滿清革命。在廣西舊軍閥下當軍官，而起來推翻舊軍閥。曾與中共合作，而又與中共作戰。曾擁護中央，而又反對中央，後來仍然擁護中央。在許多人的方面，或者由朋友而變成仇敵，或者由仇敵而變為朋友。中間的變化是太多了。若就普通的觀點來看，簡直是一種兒戲。但是事實的演變，確實如此複雜。這種情形，非身經其事的不能知道，也不能描寫出來。事情是這樣的複雜，即使有一個知道很詳細，而又是後來的局外人，要描寫一段歷史，已很難著筆；何況是我，在自己方面，就有很多不同的立場；在人家方面，又有很多不同的關係；要處處顧到自己，又要處處顧到人家，真是要比沒有關係的局外人難以著筆得多。

「但是我必先自己設法解除本身的束縛，同時預先要求讀者也解除歷史上的束縛，然後我本人可以寫出正確的事實，讀者也可以得到正確的認識。

「第一、關於中國歷史上的政治記載，我認為過去對於『正統』與『順逆』的觀念是太重視了。當局者或勝利者是都要把自己的一方看作順天應人的王統，而把對方看作大逆不道的反叛，把自己一方面的事實，就是極壞的都渲染得正大堂皇；把人家的事實，就是極好的都抹殺得乾乾淨淨。……此外許多秉筆作史的人，也總是先有了他自己的『正統』和『順逆』，然後依著這種標準寫出文字來，因而使得一般讀者受到先入為主的影響，而失去他客觀的理解。我不願再蹈這種陳套，我沒有『正統』『順逆』的成見。因為我自己就是一個在正統順逆中間顛來倒去的人。

「第二、對於人的關係上，我認為最容易犯的毛病，就是『怕得罪人』與『故意得罪人』。因為怕得罪人，所以許多的重要事實就因人而隱諱，不敢公然直陳。因為故意得罪人，許多並不重要的事實也就無中生有，肆口謾罵。這種不誠實不坦白的態度和作風，都是作者主觀生出來的結果，並不是絕對不能解決的問題。在我們這般人中，過去無論是由敵而友，或由友而敵，現在都在國家統一之下，成為工作的一員。以前的事實，照我看來，已無彼此隱諱的必要。即使以後尚有為敵為友的變化，亦是時勢使然，於現在記載，並不發生直接的關係。若果我們不論以前站在任何方面，都能坦白敘述出來，不作損人利己的想頭，常懷揚善存真的觀念，即使當事人讀了，既可作為追思借鑑之資，並可作為見面時彼此笑談材料，亦無傷於情感也。

「第三、關於事的方面，我認為以往對於事的敘述，太重視事的正面，而忽略了事的背景。往往將許多事的起因，歸之於人。所謂『一失當，則舉天下之罪，皆歸諸其人之身。』因人諱事，人與事之間，不能得到平衡。非為事而犧牲人的和諧性，即為人而犧牲事的真實性。殊不知事與人皆各有其時代背景與社會背景，我們若不將時代背景與社會背景明顯看清，則事與人的是非糾紛，將一切無從判析。所以我對於事與人的關係看得輕一些，對於背景的關係看得重一些。希望讀者同此見解，以免這種癥結永遠不能解除。」

他依據這些見解去寫，遂成為事蹟真確的一部史料。

（三）香港影印改裝一厚冊

黃氏在《五十回憶》以後是否尚有續寫，未有所聞。但其晚年處境不同，即有續寫，能否從心所欲，揮灑自如，亦不可知。幸而廿五年前出版的《五十回憶》，近得黃氏好友在香港影印，改裝為一厚冊，由各書店發售，讀者方便，內容不消再詳細介紹了。

二、李宗仁著《我與中國》

李氏此書是他旅居美國時寫的。美國人研究遠東問題的興趣，到第二次世界大戰後愈高，各學術機構多方搜求遠東有關的資料，中國旅美的在野政要，成為它們直接徵求此項資料的對象。李氏寓居新澤西州（77 NEW STREET, ENGLEWOOD CLIFFS, NEW JERSEY），亦為被徵求者之一，他的回憶錄便由此寫成。

李氏和我經常通信，現將有關此事的函件摘記，自可明白他寫述經過的概略。

（一）李氏由美來函要資料

一九五八年九月五日李來函云：「哥倫比亞大學校長前月來函請我合作寫回憶錄，我覆信婉卻。其後，該校長託東方學院中國經濟教授何廉（湖南武崗人）再來面商，事乃決定。彼方係提倡東方文化，須要瞭解中國近代史，完全義務性質，版權歸弟所有。弟本久有此意，以茲事體大，未敢輕率著手。今人力物力大有幫助，機會難逢，本月內即可開始工作。請從旁協助，貢獻寶貴意見。如存有廣西建設資料，祈郵寄賜贈為荷。」

我那時旅居日本的橫濱，九月十六日覆李函云：「公寫回憶錄，此誠對公對私均屬有益之舉。將一個時代政局興衰之脈絡癥結，以公親身之經歷貫穿指點，使讀者一覽了然，只要不夾雜情感，自成信史，必將風行海外。承索廣西建設資料，茲開列數種，請將尊處未存者示知，以便檢寄。」

李九月廿二日來函云：「回憶錄專注重英文，中文當在次要。廣西綏署編油印本統一《廣西戰史》、《北伐戰史》、請付船寄，以便參考。回憶錄書名擬用《我與中國》，似較堂皇。」九月廿七日我即將戰史寄去。

（二）李氏又函告撰寫情況

我於一九五八年末由日返港居住。一九五九年一月，李函何福榮兄向我索借季寬的《五十回憶》。我即交何轉寄；嗣告知何：所需李劍農著的《中國近百年政治史》，書局有售。何即購寄。過了許久，我又將雷嘯岑著《卅年動亂中國》上冊寄去。是年中，李數函港友和我詢往事，我有能答，有不能答。九月十二日李又來函說，回憶錄已寫至圍攻武昌，只唐德剛（安徽人）一人工作，整理文字、抄寫文字、譯成英文，全都是他，故進展緩慢。完成後或有百萬字等語。秋冬間，我因患甲狀腺病，入醫院很久，與各方友好暫不通信。

（三）勸李氏筆下勿雜情感

一九六〇年一月十二日我致李函云：「回憶錄達百萬言，誠一巨著。以公之地位與歷史，似宜擇其關係國家民族之大事書之，勿求細大不遺。能不雜以情感恩怨，則讀之感人必深。倘為情節有趣，不忍割愛，則另寫一雜著，亦是快意之事。」

但一月廿一日李覆云：「回憶錄我亦如尊見之意思作基礎，以免累贅和繁瑣。無奈校方負責主持之歷史專家說，愈詳細愈有價值，否則不能透視當時社會實際背景，和政治複雜演變之根源。確屬內行說法，不無道理。至對人對事敘述，當然注意不情感用事。然遇到不能代人文過飾非時，只有坦率直書，奈何奈何！」

又三月廿六日李來函云：「回憶錄今方寫到第五十四章，希望能在年底完全脫稿。哥大已將前半中文初稿譯成英文初稿，校中研究中國近代史家稱許為寶貴史料。因國人著民國史者，多屬教書匠或非政治舞台幕中人，為出版計，即使了解若干史實，亦未敢直書，以觸權貴之怒。而我今日之處境則無此顧忌，可以任意大書特書聞所未聞之秘事，所謂寶貴，即此之謂也。」

（四）擬由哥大出版英文稿

一九六一年十二月十二日李來函云：「回憶錄今春初稿雖已竣事，仍須我自己仔細核閱校正。」

一九六二年一月二十日李來函云：「去春已竣事之回憶錄，中文有六十萬字。依工作慣例，應由唐德剛繼續整理，因哥大另有時間性工作須唐擔任，對此不擬出版之回憶錄，待後整理。」

一九六三年七月廿四日李來函云：「回憶錄中文稿及英文稿，原擬概不出版，只為哥大存儲圖書館參考材料。其後哥大聘請中美研究中國歷史權威數人閱讀，認為此乃中國史之絕無僅有者，價值甚高，主張出版問世。哥大為美國之最高學府，欲藉此以表彰其崇高學術地位與成績；又因聯邦中央政府鑑於中共政權日趨強大，實為美國太平洋彼岸之勁敵，去歲通令全國各大學，列研究中國歷史為必修科之一；故要求我同意將英文稿由哥大之出版部印行。我自不便堅拒校方此種情意。惟中文稿，自得讀我兄在《春秋》發表之史實文章後，深感在許多章節中，實較弟之回憶錄所紀述為覆實而詳細，極有借鏡補充修正之必要，但不知在《春秋》由第幾期開始發表？祈賜示為盼。」

我八月七日函覆謂「始於《春秋》第一〇三期，完於一四七期，如欲補閱，當為寄上。」他九月三日函囑我將《春秋》第一四五至一四七期寄去。我即空郵照寄。

（五）李氏回憶錄猶未出版

一九六四年春，白崇禧氏亦為寫回憶錄而向我索閱廣西綏署編的油印戰史。三月十六日我即函李請其將戰史寄港。七月三日戰史寄到，我翻看一遍，見有李氏用鉛筆親自批上脫漏錯誤之處十餘起，我即轉寄台北白氏。

李氏一九六五年六月離開美國到瑞士，我得他七月八日由蘇黎

世來函云：「哥大當局集中精力整理英文回憶錄工夫，正擬與我商洽今年秋間訂立合同出版事宜，而我事前已起程來此，祇好停頓，唐德剛以副教授兼哥大圖書館中國館長，一身數職，趕理英文稿，常至深夜尚未回家，所以中文稿之整理充實，不便向其催促。」

一九六六年一月間，得一鄉友轉告：「德公已通知哥大，英文回憶錄稿不擬出版，因立場已迥異云。」

依上述情形，李氏的回憶錄今後是否印行，尚不可知，如想快睹，或者只有求之於美國哥倫比亞大學圖書館了。（編按：《李宗仁回憶錄》中文版，1979年為廣西壯族自治區政協文獻研究室出版內部本。後陸續有各種版本與盜印本。最近版本為廣西師範大學出版社2005年12月出版，及台北遠流出版社2010年2月1日出版。）

三、白崇禧的回憶錄遺稿

關於白氏寫回憶錄的情形，我所知的較為簡略。共有兩次，都是到台灣後從事的。書名「自傳」或「回憶錄」，我均不詳。

第一次是蔣總統命令各高級幹部每人寫一份呈閱，內容僅屬軍事抑或並及政治，現存何處？未聞人道及。

第二次是白氏應中央研究院近代史研究所的請求，口述一百零六次，錄音整理而成。（編按：《白崇禧先生訪問錄》，1984年由中央研究院近代史研究所出版，列為「口述歷史叢書」。採訪者有賈廷詩、馬天綱、陳三井、陳存恭。）他為此事，曾於一九六四年向我借閱廣西省政府編印的《桂政紀實》和廣西綏靖公署編印的《統一廣西戰史》、《北伐戰史》作參考。

白氏在一九六六年十二月二日忽然逝世，身後事全無吩咐，家屬對他的回憶錄似未十分留意。一九六七年一月間我曾函託台北舊友查詢，旋得馬啟邦兄二月廿六日函告云：「白氏遺稿及有關戰史圖籍，據白家兒女說，早經中央研究院派員到來蒐集帶去，以

備治史參考了。」兩部戰史同被蒐去，《桂政紀實》我已取回。白氏遺稿現當仍存中央研究院。

　　白氏寫述環境不及李氏的自由，寫述態度與方法不知同否黃氏一樣？何日得讀？企予望之！

Do人物28　PC0490

黃旭初回憶錄
——廣西前三傑：李宗仁、白崇禧、黃紹竑

作　　　者／黃旭初
主　　　編／蔡登山
責任編輯／段松秀、辛秉學
圖文排版／連婕妘
封面設計／王嵩賀

出版策劃／獨立作家
發　行　人／宋政坤
法律顧問／毛國樑　律師
製作發行／秀威資訊科技股份有限公司
　　　　　地址：114 台北市內湖區瑞光路76巷65號1樓
　　　　　電話：+886-2-2796-3638　傳真：+886-2-2796-1377
　　　　　服務信箱：service@showwe.com.tw
展售門市／國家書店【松江門市】
　　　　　地址：104 台北市中山區松江路209號1樓
　　　　　電話：+886-2-2518-0207　傳真：+886-2-2518-0778
網路訂購／秀威網路書店：https://store.showwe.tw
　　　　　國家網路書店：https://www.govbooks.com.tw

出版日期／2015年8月　BOD一版　定價／460元

|獨立|作家|
Independent Author

寫自己的故事，唱自己的歌

黃旭初回憶錄：廣西前三傑：李宗仁、白崇禧、黃紹竑
/ 黃旭初原著；蔡登山主編. -- 一版. -- 臺北
市：獨立作家, 2015.08
　　面；　公分. -- (Do人物；PC0490)
BOD版
ISBN 978-986-5729-78-3(平裝)

1. 民國史

628   104006717

國家圖書館出版品預行編目

讀 者 回 函 卡

感謝您購買本書，為提升服務品質，請填妥以下資料，將讀者回函卡直接寄回或傳真本公司，收到您的寶貴意見後，我們會收藏記錄及檢討，謝謝！

如您需要了解本公司最新出版書目、購書優惠或企劃活動，歡迎您上網查詢或下載相關資料：http:// www.showwe.com.tw

您購買的書名：_____

出生日期：_____年_____月_____日

學歷：□高中 (含) 以下　　□大專　　□研究所 (含) 以上

職業：□製造業　□金融業　□資訊業　□軍警　□傳播業　□自由業
　　　□服務業　□公務員　□教職　　□學生　□家管　　□其它_____

購書地點：□網路書店　□實體書店　□書展　□郵購　□贈閱　□其他

您從何得知本書的消息？

　□網路書店　□實體書店　□網路搜尋　□電子報　□書訊　□雜誌
　□傳播媒體　□親友推薦　□網站推薦　□部落格　□其他_____

您對本書的評價：(請填代號　1.非常滿意　2.滿意　3.尚可　4.再改進)

　封面設計____　版面編排____　內容____　文／譯筆____　價格____

讀完書後您覺得：

　□很有收穫　□有收穫　□收穫不多　□沒收穫

對我們的建議：_____

_____

_____

_____

11466
台北市內湖區瑞光路 76 巷 65 號 1 樓
獨立作家讀者服務部　　　　收

....

（請沿線對折寄回，謝謝！）

姓　　名：_____　年齡：_____　性別：□女　□男

郵遞區號：□□□□□

地　　址：_____

聯絡電話：(日) _____ (夜) _____

E-mail：_____